国家级一流本科专业建设点监狱学·系列教材

国外罪犯矫正制度概论

Introduction for Foreign Offender Corrections System

翟中东／著

法律出版社
LAW PRESS·CHINA
北京

图书在版编目(CIP)数据

国外罪犯矫正制度概论 / 翟中东著. -- 北京：法律出版社, 2023(2025.7 重印)
ISBN 978-7-5197-7827-9

Ⅰ. ①国… Ⅱ. ①翟… Ⅲ. ①犯罪分子－监督改造－研究－国外 Ⅳ. ①D916.7

中国国家版本馆 CIP 数据核字(2023)第 067033 号

国外罪犯矫正制度概论
GUOWAI ZUIFAN JIAOZHENG ZHIDU GAILUN

翟中东 著

责任编辑 慕雪丹
装帧设计 汪奇峰 臧晓飞

出版发行 法律出版社
编辑统筹 法商出版分社
责任校对 赵明霞
责任印制 胡晓雅
经　　销 新华书店

开本 710 毫米×1000 毫米 1/16
印张 15.5　　字数 278 千
版本 2023 年 6 月第 1 版
印次 2025 年 7 月第 2 次印刷
印刷 北京建宏印刷有限公司

地址:北京市丰台区莲花池西里 7 号(100073)
网址:www.lawpress.com.cn
投稿邮箱:info@lawpress.com.cn
举报盗版邮箱:jbwq@lawpress.com.cn

销售电话:010-83938349
客服电话:010-83938350
咨询电话:010-63939796

书号:ISBN 978-7-5197-7827-9
定价:45.00 元

凡购买本社图书,如有印装错误,我社负责退换。电话:010-83938349

总　　序

如果从20世纪初国人翻译日本学者佐藤信安、小河滋次郎等人的监狱学著作算起，现代意义的监狱学在中国出现已有百余年。历经百年沧桑，监狱学已经发展成为涵盖数十门分支学科的学科群。从移译西学到自主创新，从依附西方到独立自主，中国监狱学的百年发展成为中国学术由弱到强发展历程的缩影。

2018年，为推进教材建设，中央司法警官学院启动了监狱学系列教材编写的计划，首批推出五本教材，分别是《犯罪心理学》《监狱学基础理论》《狱政管理学》《罪犯教育学》《法医学》。教材出版得到了兄弟院校的支持和肯定。三年来，高等教育形势发生了变化，监狱工作改革不断推进，司法警官教育取得了一系列成绩，现实对教材建设提出了新要求、新期待。

从全国高等教育形势来看，全国教育大会胜利召开，为加快推进教育现代化、建设教育强国、办好人民满意的教育指明了方向；教育部发布《关于加快建设高水平本科教育　全面提高人才培养能力的意见》（新时代高教40条），教育部会同有关部门联合推出"六卓越一拔尖"计划2.0；教育部、财政部、国家发展和改革委员会联合发布《关于高等学校加快"双一流"建设的指导意见》，明确"双一流"建设的核心是人才培养；《深化新时代教育评价改革总体方案》印发，对引导全党、全社会树立科学的教育发展观、人才成长观、选人用人观具有重大意义。

从监狱改革发展来看，2018年以来，司法部连续召开了两次全国监狱工作会议，要求提高政治站位，夯实监狱事业发展基石，狠抓内部管理，深化监狱改革，打造过硬队伍，不断开创监狱工作新局面。2019年4月，中共中央办公厅、国务院办公厅印发《关于加强和改进监狱工作的意见》，要求努力建设一支信念坚定、执法为民、敢于担当、清正廉洁的高素质监狱人民警察队伍，并强调，加强教学练战一体化培训，进一步加强司法行政系统所属院校警察类专业毕业生培养和入警工作。同时,《刑法修正案(十一)》施行,《社区矫正法》以及修订后的《未成年人保护法》《预防未成年人犯罪法》正式实施,这些新规定的出台,都要求监狱学专业教育教学内容作出及时调整。

作为监狱学研究和教学的重要机构,中央司法警官学院三年来取得了一系列成绩。2019 年 12 月,经教育部高等学校教学指导委员会评议,中央司法警官学院监狱学专业、侦查学专业获批国家级一流本科专业建设点。这是全国首个监狱学一流本科专业建设点,标志着司法行政系统所属高等院校学科专业建设取得历史性突破,对提升人才培养质量、增强服务监管改造工作能力和水平具有重要意义。此后,狱内侦查学入选首批国家级一流本科课程,罪犯教育学课程和团队被评为国家级课程思政示范课程和团队,"新文科建设框架下的监狱学专业升级改造"成功获批教育部首批新文科研究与改革实践项目。

在上述背景下,监狱学专业人才培养目标、培养规格、课程体系乃至教学方式方法等都有必要作出相应调整。为此,我们组织校内外相关学者,同时吸收实务部门专家共同编写"国家级一流本科专业建设点监狱学系列教材"。

教材是教育理念的反映,同时也引领教育理念的变革。一些重要的教育理念,往往可以通过教材内容、形式的变化得到反映。教育需求决定教育创新,学习需要影响教学方式。诚如陶行知先生所说,教的法子必须根据学的法子,学习方式的变革正在悄悄影响着教学方法和教学理念。在教材编写过程中,我们充分考虑学习需求,努力贯彻"学生中心、产出导向、持续改进"理念,注重将价值塑造、知识传授和能力培养三者融为一体,力争体现高阶性、创新性和挑战度。同时,在教材体例上作出调整,在每节之前增加了要点提示,节末设置研究与思考题,在章节中增加图例、图表、专栏或案例,尽量方便学生自学。

期待这个系列教材能为监狱学专业的教育改革、为司法警官教育的高质量发展作出应有的贡献。

中央司法警官学院教材编审委员会

2021 年 7 月

目录
Contents

第一章　国外罪犯矫正制度的发展

重点提示

1. 国外罪犯矫正制度发展过程。
2. “布莱德威尔劳动所”的地位。
3. “独居制”与“沉默制”的概念。
4. “矫治”的产生与发展。
5. 重返社会政策对监狱工作的影响。
6. 惩罚公正理念出现的原因。
7. 危险防控的探索。
8. 社区矫正模式的演进。

在国外，罪犯矫正这一概念相当于我国广义上的刑罚执行。

按照发展的过程，罪犯矫正大体经历了改造阶段、矫治阶段、重返社会关注阶段、实现惩罚公正阶段和综合治理阶段。

第一节　罪犯改造的兴起

罪犯改造（reform）这一概念出现在16世纪前后的欧洲。这一概念不仅是刑罚观念文明化的产物，是基于否定肉刑、死刑需要而诞生的概念，而且是刑罚制度文明化的先行者。

一、罪犯改造早期的探索与实践

“罪犯改造”是罪犯矫正领域最先出现的表达改变罪犯意义的词语。其基本内涵是使用劳动、宗教教诲等方式，使罪犯由“罪人”“恶人”改变为“善人”。按照英国法社会学家哥兰德（Garland，D.）的解释，改造主要指道德上的忏悔，即通过道德上的劝导,或者宗教精神的导入,改变自己,而不是指行为上的改正。①

(一)"罪犯改造"最初的探索

一般认为,罪犯改造的实践始于英国"布莱德威尔劳动所"(Bridewells Workhouse)。② "布莱德威尔劳动所"是由一所位居伦敦的古老的皇家宫殿而改建的,为所谓"社会垃圾"提供住处与劳动的场所。根据维基百科,③"布莱德威尔劳动所"1553年主要收押无家可归的孩子与违法的妇女,到1556年开始收押罪犯。建立"布莱德威尔劳动所"的目的是向流浪者、"不劳而获"的罪犯注入犹太教、基督教(Judeo - Christian)所共有的道德、劳动与节俭的道德。这种道德主张体力劳动有利于人的灵魂升华。④

关于"布莱德威尔劳动所",美国学者辛克尔(Hinkle, W. G.)在他的专著《布莱德威尔监狱的历史,1553—1700》(A History of Bridewell Prison, 1553 - 1700, Edwin Mellen Press, 2006.)序言中写道:"布莱德威尔劳动所"是人类历史上第一所替代死刑、肉刑的监狱;是第一所通过劳动改造罪犯的机构。"布莱德威尔劳动所"的创立为后来"悔罪营"(penitentiary)的建立开辟了道路。"布莱德威尔劳动所"是"悔罪营"的先驱。从一定意义上来说,"布莱德威尔劳动所"也是一种悔罪营。按照荷兰刑事法历史学家斯皮伦伯格(Pieter Spierenburg)的说法,"布莱德威尔劳动所"开启了刑罚改革之路。从16世纪开始,法院使用劳动工厂或者强迫罪犯在其他劳动场所劳动的刑罚形式替代鞭刑、绞刑等,使监禁刑开始登上历史舞台。⑤ 概括地说,"布莱德威尔劳动所"将罪犯改造的思想付诸实践,开启了刑罚改革的大门,拉开了建立现代监狱的序幕。

为什么在16世纪50年代英国出现了"布莱德威尔劳动所"?

1."布莱德威尔劳动所"是英国经济发展的结果

15世纪前后,随着新航路的开辟,世界各地区、各民族之间的经济和文化交往扩大。英国地处大西洋航运的中心线上,对外贸易急剧扩大。这刺激了英国羊毛出

---

① Garland, D., *Punishment and Welfare: A history of penal strategies*, Gower, 1985, p.127.

② 在中文中,有些论著将"布莱德威尔劳动所"(Bridewells Workhouse)译成"布莱德威尔习艺所"或者"布莱德威尔教养所"。这种翻译不大妥当。"布莱德威尔劳动所"的设立目的与内容主要在要求罪犯劳动方面,"向罪犯注入劳动的道德"。安排罪犯"习艺"、对罪犯进行教养,是20世纪的监管机构的目标。

③ "Bridewell Palace", http://en.wikipedia.org/wiki/Bridewell.

④ Carlson, N. A., Hess, K. M., Orthmann, C. M. H., *Corrections in the 21st Century: A Practical Approach*, Wadsworth Publishing Company, 1999, p.47.

⑤ Schmalleger, F. & Syykla, J. O., *Corretions in the 21st Century*, McGraw - Hill, 2007, p.52.

口业和纺织业的发展。随着毛呢产业的迅猛发展,市场上的羊毛价格开始猛涨,使养羊变得有利可图。但是,养羊需要大片的土地。于是,贵族们纷纷把原来租种他们土地的农民赶走,甚至把他们的房屋拆除,把可以养羊的土地圈占起来。一时间,在英国到处可以看到被木栅栏、篱笆、沟渠和围墙分成一块块的草地。这就是英国历史上的"圈地运动"。

被赶出家园的农民,丧失了赖以养家活口的土地,无家可归,于是流浪到城市。城市里流浪者、乞丐数量激增,不仅使社会秩序混乱,而且使犯罪大量增加。为维护社会秩序,同时,强迫失地的农民接受工作,英国采取了一系列措施。这些措施包括将流浪规定为犯罪。亨利十三颁布的"鞭刑法 1530"(The Whipping Act 1530)就是用以惩治无所事事的流浪者。

"布莱德威尔劳动所"就是在这种背景下诞生的。"布莱德威尔劳动所"设计的目的是通过强迫罪犯劳动的措施控制流浪者与乞丐,同时为企业提供劳动力。

2."布莱德威尔劳动所"是刑罚文明化的产物

中世纪的刑罚以死刑、肉刑为核心。14 世纪欧洲出现了文艺复兴,中世纪的刑罚与文艺复兴的思想主旨相冲突。文艺复兴对酷刑制度与实践予以了猛烈的冲击。人文主义要求尊重人,而当时的刑罚,即使"颈手枷"这样的轻刑,也显然与人文主义冲突。人文主义的传播必然要求降低刑罚烈度,要求刑罚文明化。

关于"布莱德威尔劳动所"的设立,英国最终设立"布莱德威尔劳动所"似乎是因为统治者已用尽严厉的刑罚,从鞭刑到致残、死刑与暴尸,①但无济于事,仍然不能控制犯罪,才选择设立了"布莱德威尔劳动所"。可是,如果将"布莱德威尔劳动所"的设立置于文艺复兴的大背景下,我们可以看到,设立"布莱德威尔劳动所"有被迫的一面,也有主动的一面。英国比较快、比较早地接受了人文主义。托马斯·莫尔和莎士比亚是人文主义思想在英国的代表人物。托马斯·莫尔的"空想社会主义"和莎士比亚的作品,首先影响英国,然后影响别的国家。人文主义具有文化的基本性。人文主义不仅影响文艺作品创作,也对刑事政策制定有影响。人文主义影响了英国当时的刑事政策选择,符合文化传播逻辑。设立"布莱德威尔劳动所"体现了英国在人文主义上的选择。

3."布莱德威尔劳动所"是基督教悔罪文化发展的产物

悔罪是基督教文化中的重要组成部分。信徒要悔罪,犯罪者更在题义内。

如何悔罪?

---

① Garland, D., *Punishment and Modern Society – A Study in Social Theory*, Clarendon Press, 1990, p. 97.

在基督教中，通常的悔罪是向主忏悔。但随着新教传播，悔罪方式扩展到劳动。新教认为，人是否可以得到灵魂拯救，取决于他是上帝的“选民”还是“弃民”，而“选民”的标志就是在尘世间取得事业的成功。因此，人们只有勤勤恳恳，热爱劳动，刻苦努力，才能够证明自己是上帝的选民。

英国是一个接受新教的国家。在英国的新教徒看来，劳动不仅是生活需要，而且是修行的需要，培养道德的需要，成为一个体面的人的需要。将罪犯、流浪汉送到“布莱德威尔劳动所”是帮助罪犯、流浪汉学习勤奋与节俭，①帮助他们恢复道德的生活。②

如果说“布莱德威尔劳动所”尚未清楚表明设立劳动所的宗教价值，“布莱德威尔劳动所”之后设立的劳动所则清楚表明了劳动所设立的宗教价值，即通过监禁、劳动使罪犯悔罪。

（二）“罪犯改造”思想的传播：罪犯劳动所的发展

由于“布莱德威尔劳动所”有利于解决16世纪时英国的流浪者、乞丐问题，有利于解决工业企业劳动力紧缺问题，所以，劳动所在英国各地迅速开办起来，到1631年英国每个县都有了像“布莱德威尔劳动所”一样的改造设施③。不仅如此，欧洲其他国家也开始设立劳动所。比较有名的劳动所有：巴黎的豪皮投·詹尼然（Hopitaux Generaux）劳动所，阿姆斯特丹的萨斯陶思（Zuchthaus）与斯宾浩斯两个劳动所。④ 阿姆斯特丹这两个劳动所，关押男犯的叫“锉房”，关押女犯的叫“织造所”，由于建立了一整套管理制度，因而它在监狱史上被认为具有开辟新篇章的意义。

在英国，罪犯所从事的劳动有：纺毛、织布、制衣、种植、烘烤面包等。⑤

在法国，罪犯被强迫在军舰上划船，大约持续200年。到18世纪中期，罪犯被强迫到土伦（Toulon）、布雷斯特（Brest）、罗什福尔（Rochefort）等地方的船厂劳动。罪犯白天劳动，晚上到军械仓库睡觉，睡觉时还使用镣铐铐在床上。

在德国、瑞士，罪犯所从事的劳动包括铁矿井下挖掘、修围墙、修路、建房子、清

---

① Schmalleger, F. & Syykla, J. O., *Corretions in the 21st Century*, McGraw - Hill, 2007, p. 53.

② Spierceburd, P., *The Body and the State: Early Modern Europe*, in Morris, N. & Rothman, D. eds., The Oxford History of the Prison: the Practice of Punishment in Western Society, Oxford University Press, 1995, p. 44 - 70.

③ Hardman, P., *The Origins of Imprisonment*, 177 Prison Service Journal 16 (2008).

④ Garland, D., *Punishment and Modern Society - A Study in Social Theory*, Clarendon Press, 1990, p. 101.

⑤ Schmalleger, F. & Smykla, J. O., *Corrections in the 21st Century*, McGraw - Hill, 2007, p. 51.

理粪便等。①

(三)对罪犯改造早期探索的评价

在“布莱德威尔劳动所”成立之前人类在刑罚领域只有罪犯惩罚,而没有罪犯“改造”,更没有过“改造”罪犯的实践,而“布莱德威尔劳动所”将“改造”观念引入刑罚领域,从此,刑罚领域的精神与面貌逐步发生变化,最终促成现代刑罚与刑罚执行制度。

罪犯劳动所的建立与推广使得监禁措施在各国普遍适用,在一定程度上替代了死刑、肉刑,为监禁刑登上历史的舞台做了制度与设施上的准备。

罪犯劳动所的出现为现代监狱管理做了初步的探索,成为现代监狱产生与发展的基础。

二、罪犯改造实质性的突破与制度化

虽然“布莱德威尔劳动所”率先提出罪犯改造,但是“布莱德威尔劳动所”的罪犯改造并未被确定为刑罚执行的基本目标。

罪犯改造成为刑罚执行的基本目标,始于十八九世纪的美国。18 世纪后由于美国找到了实现罪犯改造的方法,使罪犯改造有了载体,罪犯改造开始在刑罚领域落地生根,并不断发展,最终闯入刑罚执行的目的王国,使罪犯改造成为重要主题。

(一)寻求刑罚文明

不仅中世纪的欧洲刑罚残酷,即使在殖民地时期的美国,刑罚也很残酷。德舒卫芝(Dershowitz, A. M.)指出:在殖民地时代,矫正与刑事司法没有任何联系。当时,刑事司法的任务就是及时、公开与严厉地惩罚犯罪行为。②

美国独立后,源于英国功利主义思想家、法国思想家的思想为美国人所接受,成为美国思想的一部分,天赋人权被广泛接受,理性主义融入美国文化。在这种背景下,人们视传统的刑罚为非理性与野蛮的,欲像扫除英国统治一样将其摆脱。贝卡里亚与启蒙学者的著作受到人们的青睐。尽管贝氏的书是 1764 年出版的,但是 1777 年美国就有了其英文版本。③

美国的改革者接受了下列观点:罪刑相适应;在保证刑罚所带的害大于犯罪所

① Schmalleger, F. & Smykla, J. O., *Corrections in the 21st Century*, McGraw-Hill, 2007, p. 52.

② Dershowitz, A. M., *Background Paper*, in Twentieth Century Task Force on Criminal Sentence, Fair and Certain Punishment, McGraw-Hill, 1976, p. 67-130.

③ Cullen, F. T. & Gilbert, K. E., *Reaffirming Rehabilitation*, Anderson Publishing Co., 1982, p. 54-63.

带之利中,刑罚的确定性至关重要;过重的刑罚不仅不合法,而且会削弱刑罚的威慑性;监禁应当广泛使用。①

在贝卡里亚与其他启蒙学者的影响下,美国改革家试图开创美国的人道的、理性的刑罚,但是,摆在改革者面前的问题是:用什么刑罚代替旧的刑罚,用什么刑罚代替肉刑、死刑? 用于惩罚重罪的刑罚是什么?② 建立一个新世界的难度远高于破坏一个旧世界的难度。

1. 独居制的问世

今天看来,宾夕法尼亚的贵格会(Quaker)的教徒在刑罚创新上的努力最终为美国刑罚改革找到了一条出路。

当美国刚独立时,位于费城沃尔纳特街(Walnut Street) 看守所的管理人员常向被关押人员卖酒,而被关押人为了饮酒常对更弱的被关押人施暴,甚至将同伴的衣服扯走卖了然后买酒。目睹这些,费城的医生、作家,独立宣言的签字人之一拉什(Rush, B.)认为,监狱应当改造罪犯而不是羞辱罪犯。他呼吁监狱对罪犯实施改造计划,对罪犯进行分类关押、推行监狱劳动、不定期刑、个别矫正处遇。③ 在拉什的努力下,"费城减轻罪犯痛苦协会"(The Philadelphia Society for Alleviating the Miseries of Public Prisons)于 1787 年 5 月 8 日创立。协会的章程不仅反映了贵格会的乐观主义、人道主义,而且反映了其对刑罚的态度,那就是帮助罪犯恢复做人的道德与尊严。④ 贵格教徒提出要建立独居监舍。"独居加艰苦的劳动是改造、教化这些不幸的罪犯的好方法。"⑤

1790 年 4 月 5 日他们得到授权,在沃尔纳特街看守所建立独居监舍。由于独居监禁要求罪犯忏悔、自责、"闭门思过",研读《圣经》,可以说,此时,"悔罪所"(penitentiary)⑥制度在美国出现。

---

① Cullen, F. T. & Gilbert, K. E., *Reaffirming Rehabilitation*, Anderson Publishing Co., 1982, p. 54 – 63.

② Cullen, F. T. & Gilbert, K. E., *Reaffirming Rehabilitation*, Anderson Publishing Co., 1982, p. 51.

③ Gill, H. B., *Correctional Philosophy and Architecture*, 53 Journal of Criminal Law, Criminology and Police Science 312(1962).

④ Cullen, F. T. & Gilbert, K. E., *Reaffirming Rehabilitation*, Anderson Publishing Co., 1982, p. 56.

⑤ McKelvey, B., *American Prisons: A History of Good Intentions*, Patterson Smith, 1977, p. 8.

⑥ 有学者将 penitentiary 译成"教养院""感化院""监狱",我国台湾地区还有学者将其译成"惩治监"。笔者认为不大妥当。penitentiary 是从 penance(自责)、penitent(忏悔的)发展而来的词汇,penitentiary 不仅有关押的意识,而且有忏悔、自责的要求,具有道德反省的价值取向,并未有中文中的"教养""感化"之意,或者"惩罚"之意。将 penitentiary 译成"悔罪所"可以更好反映矫正发展初期的那种忏悔精神的宗教文化内涵。

所谓独居制,就是单独监禁罪犯,要求罪犯忏悔、自责、“闭门思过”。

沃尔纳特街看守所的做法很快被接受,有两座监狱也推行独居制:一座是位于匹兹堡的监狱,另一座是位于费城的查里荷(Cherry Hill)监狱。后者是著名建筑学家哈维兰(Haviland, J.)设计并于1829年完成的。每个监舍的尺寸为:长12英尺,宽7.5英尺,高16英尺。罪犯每天可以在与其监室连接的院中放风1小时。①

此时的美国已经开始变成流动的社会,而此时的美国人对犯罪的看法也不同于他们的前辈。他们的前辈认为犯罪是人精神的堕落或者非理性的表现,现在他们认为犯罪是社会到处存在的症状。由于人犯罪被认为是自身抵抗力弱,受社会腐败之气污染,有作者认为,对罪犯“应当将其与家庭、社会隔开,将其置于人造的、没有腐败的环境。在这里他可以学到他曾经忽视的课程,以提高他对邪恶的抵抗力”②。监狱被认为是帮助罪犯悔罪的理想场所。这样,监狱寻找到了发展的文化基础。仅1797—1817年美国就建立了10所监狱。③

独居制的设立目的是促进罪犯悔罪。监管罪犯的方法是:将罪犯单独关押,无论黑夜还是白天,都不允许其与其他罪犯、社会人士接触。即使管理人员,罪犯也与其接触很少。且在室内只放读物《圣经》,要求罪犯每日研读,以反省罪恶。后来“悔罪营”中向罪犯分配少量的劳动,如做鞋或者纺织。

2.“沉默制”的出现

由于工业革命,18世纪的社会发生了很大的变化,移民美国的人越来越多。监狱人口上涨很快。特别是当时的纽约、宾州等地区。1816年纽约在奥伯恩(Auburn)建了一所新监狱,即著名的奥伯恩监狱。受宾夕法尼亚的独居制思想影响,1821—1823年该狱引入独居制。他们将被认为最老的、最恶的罪犯关入独居室中,并且没有让他们劳动。然而,后果却非常不理想:有的罪犯想自杀,有的罪犯心理崩溃。事实上,宾州的独居制推广后很多人都表示失望。甚至有人说:“抛弃这些东西,回到以前的简单的处理犯罪人的道路上吧。”④

在这种情况下,奥伯恩监狱的监狱长林泽(Lynds, E. L.)放弃了独居制。林泽

---

① Cullen, F. T. & Gilbert, K. E., *Reaffirming Rehabilitation*, Anderson Publishing Co., 1982, p.62-63.

② Rothman, D. J., *The Discovery of the Asylum: Social Order and Disorder in the New Republic*, Little, Brown and Company, 1971, p.71.

③ Carlson, N. A., Hess, K. M. & Orthmann, C. M. H., *Corrections in the 21st Century: A Practical Approach*, Wadsworth Publishing Company, 1999, p.64.

④ Gill, H. B., *Correctional Philosophy and Architecture*, 53 Journal of Criminal Law, Criminology and Police Science 312(1962), 313.

设计了一种罪犯管理的新制度,这种制度后来被称为"沉默制"。所谓沉默制,就是要求罪犯劳动,允许罪犯在一起,但是要求罪犯们保持绝对的沉默。林泽提出:罪犯晚上睡觉独居,但是在吃饭、劳动与礼拜祈祷时应当在一起。但是,当罪犯在一起时,林泽不允许罪犯说话;罪犯站立步伐要整齐,移动要快步,脚不能离开地面;要面对看守,眼看着地面;要严格地沉默,不能接见客人,不能收邮件;所能接触到的读物就是《圣经》。这种做法要求罪犯劳动,允许罪犯在一起,但是要求罪犯们保持绝对的沉默。如果说独居制是以高墙为隔绝工具将罪犯分隔,沉默制则是通过沉默纪律并辅以皮鞭将罪犯分开。①

关于沉默制下的监狱管理,美国学者罗德曼(Rothman, D.)做过如下描述:大多数监狱每天强迫罪犯劳动8~10个小时。在纽约的监狱,罪犯通常是5点起床,劳动2小时后吃早餐,然后工作3小时45分后吃午餐,然后劳动4小时45分。基于沉默、劳动、纪律要求,监狱实施半军事化管理。罪犯需要穿制服、理短发。监狱管理人员也需要穿制服。②

"沉默制"的出现,使"独居制"不再孤独,也使"独居制"受到挑战。由于组织罪犯劳动,不仅得到非新教教徒支持,而且也得到新教教徒支持;不仅得到资本家的支持,而且也受到普通群众的拥护。19世纪中期,林泽推行的监狱管理方式风行美国,几乎成为美国所有监狱的样板。③ 从1825年到1869年有30个州采用了沉默制。在实施沉默制监狱中被认为最好的监狱是1825年纽约建的星星(Sing Sing)监狱与1852年加州建的圣昆丁(San Quentin)监狱。④

(二)改造的定位

为解决监狱工作自独居制出现后存在的发展问题,并为未来确定发展方向,1870年10月美国"国家监管工作会议"(the National Congress on Penitentiary and Reformatory Discipline)在辛辛那提(Cincinnati)召集各州、县及国外的矫正工作者就此进行讨论。同年格兰特总统签令成立了美国司法部。会议有130名代表参加,代表美国24个州,并有加拿大和南美洲的国家代表参加。根据美国学者库伦

---

① Miethe T. D. & Lu, H., *Punishment – A Comparative Historical Perspective*, Cambridge University, 2005, p. 63 – 64.

② Rothman, D., *Perfecting The Prison: United States*, 1789 – 1865, in Morris, N. & Rothman, D. eds., The Oxford History of the Prison: the Practice of Punishment in Western Society, Oxford University Press, 1995, p. 100 – 116.

③ Cullen, F. T. & Gilbert, K. E., *Reaffirming Rehabilitation*, Anderson Publishing Co., 1982, p. 64.

④ Carlson, N. A., Hess, K. M. & Orthmann, C. M. H., *Corrections in the 21st Century: A Practical Approach*, Wadsworth Publishing Company, 1999, p. 71.

(Cullen, F. T.)和吉尔伯特(Gilbert, K. E.)的研究,这次会议对美国国内外罪犯改造理论与实践进行了全面总结,并形成了一个“原则宣言”(Declaration of Principles)。该宣言有37条,主要内容是:

第一,改造,而不是惩罚应当成为监狱工作的目的;

第二,罪犯分类应当以“点数制”①为基础;

第三,对罪犯好的行为应当奖励;

第四,根据党派利益任命监狱官员、监狱管理中朝令夕改是监狱改革的大忌;

第五,对监狱的管理应当放在州政府这一层面中;

第六,对每个岗位的官员都应当进行培训;

第七,在监狱中应当推行不定期刑制;

第八,对罪犯的宽恕应当由司法机构决定;

第九,宗教教育与文化教育是罪犯改造中最重要的两个方面工作;

第十,应当对罪犯进行职业培训;

第十一,应当取消罪犯的劳动合同;

第十二,考虑罪犯类型的不同,实施独居制的监狱应当小型化;

第十三,监狱设施应当保证足够阳光与空气;

第十四,要建立正式的刑罚统计。

这次会议明确了罪犯改造的地位。1870年辛辛那提改造工作会议的组织者翁石(Wines, E. C.)说:“刑罚不仅是对罪犯因犯罪而施加的身体上的道德的惩罚,而且是通过改造预防其再犯的措施。犯罪就是一种道德疾病,而刑罚是治疗方案。治疗罪犯就为了保护社会。然而,惩罚不仅指向犯罪,而且指向犯罪人……监狱纪律的最高目标不是报复罪犯,而是改造罪犯。”②

三、罪犯改造兴起的意义

罪犯改造的兴起,不仅推动监禁刑登上刑罚的王座,将肉刑、死刑从刑罚王座

---

① “分数制”(mark system)是英国人马克诺基(Maconochie, A.)在澳大利亚诺福克岛(Norfolk)所使用的罪犯管理制度。1787年到1857年,英国将大量已决犯送到澳大利亚。对于有明显的再犯罪危险的罪犯,政府又将他们送到离大陆有930英里的诺福克(Norfolk)岛。由于这些罪犯很难管控,马克诺基在诺福克岛推行“分数制”,以调动罪犯遵守监规纪律的积极性:对获得分数高的罪犯予以减刑,罪犯表现不好者加刑。具体内容参见第四章第三节。

② Wines, E. C., ed., *Transactions of the National Congress on Penitentiary and Reformatory Discipline Held at Cincinati, Ohio, October* 12–18, 1870, Weed, Parsons, p. 548.

上掀翻,最终否定了肉刑,给死刑以极大的压力,实现了刑罚的文明化,而且直接诞生了现代监狱,使监狱制度翻开新的篇章。

早期的监狱相当于现在的看守所。其功能是审前拘押、行刑前拘押。早期的监狱也用来通过拘押强迫偿还债务、羁押惩罚奴隶。早期的被监禁强迫劳动的对象包括罪犯、流浪者、债务人。① 随着罪犯改造的兴起,现代监狱出现。现代监狱具有以下性质:第一,监狱是监禁刑执行机构;第二,体现刑罚人道主义。现代监狱这两个性质的形成都与罪犯改造兴起密切相关。

(一)监狱是监禁刑执行机构

在刑罚变革初期,由于监禁是帮助罪犯改造、帮助罪犯"赎罪"的基本途径,"监禁"便变成了实现罪犯改造的手段。由于"监禁"同时能够给罪犯带来痛苦,实现法律的正义,替代残酷的肉刑,体现文艺复兴后被全社会接受的人文精神,所以,"监禁"的刑罚化变成历史趋势与社会发展必然。这样,监狱便成了刑罚执行的机构,而不再是审前羁押、行刑前拘押的看押场所,只对犯罪的并被判处监禁刑的人执行刑罚,终止了对债务人、流浪者的监禁。美国学者司马勒格(Schmalleger, F.)教授等认为,"只对犯罪的人进行监禁,终止对债务人、流浪者的监禁"是现代监狱的重要标志。②

(二)体现刑罚人道主义

改造的兴起,是人文主义发展的果实,是人文主义否定肉刑、死刑的结果。没有文艺复兴,不可能有改造的兴起;没有人文精神,就没有改造。人文精神在刑罚领域表现为刑罚人道主义。改造与人文精神不能分割,就是改造与刑罚人道主义不能分割,刑罚人道主义是罪犯改造工作的有机组成部分。

因为改造与刑罚人道主义存在不可分割的关系,所以,改造罪犯的主张者在主张改造的同时,也会主张维护刑罚人道主义,如约翰·霍华德(Howard, J.)、弗莱(Fry, E.)女士。

虽然现代监狱发展初期的刑罚人道主义发展还不成熟,还未被广泛接受,但是,刑罚人道主义反映到罪犯出狱领域。在英国,18 世纪末就出现了"罪犯帮助协会"(Prisoners' Aid Societies),1862 年英国的《刑满释放人员帮助法》(The Discharge Prisoners' Aid Act)出台。1895 年由于负责监狱改革提议的"格拉斯通委员会"(The Gladstone Committee)认为刑释人员帮助工作缺乏组织性,于是在 1918 年

---

① Schmalleger, F. & Smykla, J. O., *Corrections in the 21st Century*, McGraw - Hill, 2007, p. 52.

② Schmalleger, F. & Smykla, J. O., *Corrections in the 21st Century*, McGraw - Hill, 2007, p. 53.

成立了"刑释人员帮助中心协会"(The Central Discharge Prisoners' Aid Society)。该协会1936年改名为"国家刑释人员帮助协会"(The National Association of Discharge Prisoners' Aid Societies)。该组织所获得的经费来源,除了有慈善组织,还有政府资金。①

第二节 矫治的崛起

20世纪前后,随着自然科学的发展,基督教在欧洲的社会地位受到全面的挑战。尼采宣称:上帝死了。自然科学的发展给建立在基督教思想基础上的"罪犯改造"概念及理论带来了极大的挑战,给罪犯改造工作、尚处在幼年时期的监狱工作带来了危机。然后,自然科学带来监狱危机的同时,也给监狱带来了机遇:以科学的方法矫治罪犯。于是,20世纪初的心理学研究成果、精神病学研究成果,甚至医学研究成果纷纷被引入监狱。"罪犯改造"(Reformation)被"罪犯矫治"(Treatment)替代。如果说,在改造时代,罪犯被视为"坏人",在矫治时代,罪犯则被视为"病人"。随着罪犯矫治的崛起,罪犯心理咨询、罪犯行为疗法等进入矫正领域。

一、矫治崛起的背景

(一)宗教的衰落

18世纪60年代,英国开始了工业革命,这也是近代以来的第一次技术革命。不过,在第一次工业革命期间,许多技术发明来源于工匠的实践经验,科学和技术尚未真正结合。在18世纪中叶以前,自然科学研究主要是运用观察、实验、分析、归纳等经验方法达到记录、分类、积累现象知识的目的。在18世纪中叶以后,由于启蒙运动的发展,理性思维迅速发展。理性思维就是对感性材料进行抽象和概括,建立概念,并运用概念进行判断和推理,提出科学假说,进而建立理论或理论体系。理性思维的发展让科学摆脱了巫术和经验的束缚,走出了摇篮,建立起了全新的"问题—实验—验证—解决"的程式,成为人类认识自己和认识整个世界的工具。理性思维的出现,推动了各个学科体系的全面建立和天文、地质、化学、物理等的重大突破。

---

① Whitehead, P. & Statham, R., *The History of Probation – Politics, Power and Cultural Change 1876–2005*, Shaw & Sons Limited, 2006, p.44.

自然科学的发展对宗教产生了严重的冲击。学者哈特斯莱(Hattersley, R.)说:“到了20世纪前后,越来越多的人对祈祷的力量、对主的信念、对堕落的拯救,持怀疑的态度。”①

实际上,从17世纪开始的启蒙,欧洲人的生活就走向世俗化,对世界的解释从宗教走向科学。从启蒙后,不乏历史人物在推崇科学的同时,批判宗教。尼采宣称“上帝死了”;罗素认为宗教是有害的;达尔文则通过进化论,否定了上帝的存在。这些主张都不同程度地削弱了以上帝为中心的“福音论”(Evangelical Theology)的社会影响。②

罪犯改造理论建立在基督教学说基础上,建立在“福音论”基础上。根据“福音论”,上帝创造了人,让人崇拜,然而,罪犯辜负了期望,实施了罪恶的行为,实施了不符合上帝意志的行为。作为罪人,罪犯应当借助对耶稣的信念被带到上帝的面前,向主赎罪。罪犯管理官员,无论是监狱管理官员,还是其他官员,都应当促进罪犯向主赎罪、悔罪。法学家格罗威尔(Glover, E.)说:任何有信仰的官员对于心中有被启蒙倾向的罪犯,都应当不失时机地向其提供劝导,促使其向上帝祈祷。③

然而,宗教的衰落、“福音论”的被怀疑,使罪犯改造的信念不再坚定,使罪犯改造的实践置于被怀疑的境地。

于是,罪犯改造方法上强调科学,主张从生理、心理、社会角度分析犯罪原因,进而探讨预防犯罪的方法与途径的主张迅速扩张。最后的结果是在监禁领域以宗教教诲与道德教育为主的改造让位于突出世俗的、心理的、科学的矫治。④

(二)实证犯罪学的出现

传统犯罪学是关注犯罪行为的犯罪学。贝卡里亚、边沁等犯罪古典学派思想家指出:人拥有决定自己行动的自由意志;人是快乐主义者,他寻求快乐避免痛苦;人是理性动物,会在行动前计算为此所付出的和从中得到的,然后才决定行动与否;严厉的惩罚会增加犯罪行为的成本,驱使人远离犯罪;惩罚越快速和越确定,越能阻止犯罪。

进入19世纪末,以龙勃罗梭为代表的实证犯罪学家采用了不同于古典犯罪学家关于犯罪行为的研究进路,而是采取了关注犯罪人的研究进路。

---

① Hattersley, R., *The Edwardians*, Little, Brown & Company, 2004, p.63.

② Whitehead, P. & Statham, R., *The History of Probation – Politics, Power and Cultural Change 1876 – 2005*, Shaw & Sons Limited, 2006, p.8.

③ Glover, E., *Probation and Re – education*, Routledge & Kegan Paul, 1956, p.254.

④ Whitehead, P. & Statham, R., *The History of Probation – Politics, Power and Cultural Change 1876 – 2005*, Shaw & Sons Limited, 2006, p.15 – 16.

1870 年 12 月,在意大利帕维亚监狱,龙勃罗梭打开了意大利著名的土匪头子维莱拉尸体的头颅,发现其头颅枕骨部位有一个明显的凹陷处,它的位置如同低等动物一样。他得出结论:这种情况属于真正的蚯突肥大,可以说是真正的正中小脑。这一发现触发了他的灵感,由此他认为,犯罪者与犯罪真相的神秘帷幕终于被揭开了,原因就在于原始人和低等动物的特征必然要在我们当代重新繁衍,龙勃罗梭从而提出了他的天生犯罪人理论。1876 年龙勃罗梭发表了他的成名作《犯罪人》第一版。由于当时可供他研究的材料较少,故该书仅是一本小册子,而从 1906 年到 1907 年《犯罪人》第五版问世时,已经成为一部共有三卷和附图一卷的巨著。第一卷和第二卷专讲人类学、法律学和刑事学关系中的犯罪人;第三卷讲精神病学;附图中有 102 个图表,画有犯罪人的头颅、犯罪人的容貌和身体各部的尺寸、犯罪人的身体和精神的症候,以及语言文字等。1893 年龙勃罗梭出版了《犯罪:原因和救治》一书。他在该书中指出:导致犯罪发生的原因是很多的,并且往往缠结纠纷。如果不逐一加以研究,就不能对犯罪原因遽下断语。① 关注犯罪个体的情况是龙勃罗梭研究的基本特征。

以龙勃罗梭为代表的实证犯罪学家的研究成果很快传遍欧洲国家,②并引起积极反响与回应。关注犯罪人,而不是犯罪行为,成为 20 世纪前后刑事司法最重要的思潮。③ 1898 年,法国学者撒拉雷斯(Raymond Saleilles)出版了《刑罚个别化》(L'individualisation de la peine en)。撒拉雷斯认为,只有面对犯罪人个体的刑罚才是有效的,才是公正的。

实证主义犯罪学传到美国,美国人认识到,每个人犯罪原因的不一样的,于是迅速将目光转向罪犯。他们认为,因为每个人犯罪原因不一样、经历不一样、经验不一样,因而矫治的方法应当有所不同。1912 年马萨诸塞州监狱协会的秘书史帕丁(Spaulding, W. F.)提出,在旧的体系中人们只知道罪犯犯罪,而不管其为什么犯罪。知道罪犯犯罪原因非常重要。每个罪犯的个体特点是不同的,应当根据罪犯个体特点,有针对性地矫治,而不是对不同的人,使用同一种方法。新的矫治方案应当体现个别主义。诊断是必须的,就像医生需要诊断病情。④

---

① 陈兴良:《刑法的启蒙》,法律出版社 1998 年版,第 163 - 189 页。

② Whitehead, P. and Statham, R., *The History of Probation – Politics, Power and Cultural Change 1876 – 2005*, Shaw & Sons Limited, 2006. p. 12.

③ Robinson, G. & Crow, L., *Offender Rehabilitation: Theory, Research and Practice*, SAGE Publications Ltd., 2009, p. 17.

④ Cullen, F. T. & Gilbert, K. E., *Reaffirming Rehabilitation*, Anderson Publishing Co., 1982, p. 76 – 77.

20世纪初美国移民数量很大,犯罪问题比较突出。如何控制犯罪?有的研究人员根据龙勃罗梭的研究方法与研究观点认为,智力低下是犯罪的主要原因。普林斯顿大学的亨利(Henry, H. G.)教授就是持这种观点的代表人物之一。这一观点被很多政界人士接受,甚至反映在政府报告中,如1919年堪萨斯州州长报告中就认为:智力低下是犯罪的主要原因,是威胁社会的重要因素。由于这种观点被政界人士接受,一些美国政界人士推动《绝育法》的立法,并在很多州成功立法。1907年印第安纳州通过了《绝育法》。根据该法应对智力低下者与强奸犯实施绝育。1909年加利福尼亚通过对犯过二次强奸罪的性变态犯罪人实施绝育的法律。联邦法院支持弗吉尼亚州对18岁以上的痴呆白人妇女实施绝育手术的法律。①

(三)心理科学的发展

虽然心理研究早在古代就有探索,但是现代心理学却始于19世纪后期。随着自然科学的蓬勃发展,科学实验方法被广泛采用,在前人工作的基础上,德国生理学家、哲学家冯特(Wilhelm Wundt)于1879年在莱比锡大学建立了世界上第一所心理学实验室,开创了心理学。

心理学之门一开,不同心理学派纷至沓来。19世纪末20世纪初,出现了以冯特、铁钦纳(Titchener, E. B)为代表的构造主义学派,以詹姆士(James, W)、杜威(Dewey, T)、安吉尔(Angel, J. R.)为代表的机能主义学派,以华生(Watson, J. B.)、托尔曼(Tolman, E. C.)、斯金纳(Skinner, B. F.)为代表的行为主义学派,以维台默(Wetheimer, M.)、考夫卡(Koffka, K.)、苛勒(Kohler, W.)为代表的格式塔学派,以弗洛伊德(Freud, S)、阿德勒(Adler, A.)、荣格(Jung, C. G.)为代表的精神分析学派,等等。心理科学迅速发展。

在上述心理学派中,精神分析学派很受社会关注。精神分析曾一时成为上流社会的时尚,文艺界、社会名流,甚至知识界人士都以到心理医生处、躺在沙发上陈述心事为时髦,而心理医生则用精神分析学派的理论与术语来与"病人"谈心,进行心理治疗。于是,在很长一段时间,"潜意识""恋父情结""恋母情结""生殖器崇拜"都成了热门术语。精神分析学派的创始人就是弗洛伊德。弗洛伊德的精神分析理论主要内容包括潜意识理论、内驱力学说、客体关系理论、人格结构理论。弗洛伊德的精神分析理论对人的行为具有重要的解释力。其不仅对人通常的行为具有解释力,而且对人的特殊行为,如犯罪行为也具有解释力。

---

① Banks, C., *Punishement in America: A Reference Handbook*, ABC-CLIL, Inc., 2005, p. 72-75.

根据弗洛伊德的人格理论，虽然“本我”中的原始本能是犯罪的根源，如性的本能、死亡的本能，但是，在一般情况下，人们并不会去犯罪。人格中的“超我”是人的行为中重要的控制系统，人们会根据现实社会道德法律的要求约束控制自己，使“本我”遵纪守法。但是，如果“超我”存在问题，行为人已有的道德的自我控制力无法抵御本能的冲动，或者“本我”突出，冲破了道德、法律所形成的对人的内在约束，就可能导致犯罪行为的发生。

由于弗洛伊德的理论对犯罪行为具有解释力，所以，弗洛伊德的理论容易为监狱工作者、保护观察（社区矫正）工作者所关注、学习。于是，弗洛伊德的理论便进入监狱领域、保护观察（社区矫正）领域。英国学者鲁滨逊（Robinson，G.）等认为，罪犯矫治思想形成于19世纪末。① 弗洛伊德的理论除了前述的潜意识理论、内驱力理论、人格理论，还有精神疗法理论。这样，精神疗法便也进入监狱领域、保护观察（社区矫正）领域。根据弗洛伊德的精神治疗理论，心理障碍是潜意识中的矛盾冲突引起的，所以精神分析疗法致力于挖掘病人压抑到潜意识中的幼年创伤性经验，带入意识之中，启发病人重新认识这些经验，使潜意识的矛盾冲突获得解决，从而消除病人的症状。

随着弗洛伊德理论成功进入监狱领域、保护观察（社区矫正）领域，其他心理学家的研究成果也随后进入这些领域。

（四）矫治时代的到来

19世纪末20世纪初以前，罪犯改造工作是教士的舞台，教士通过向罪犯传导《圣经》，促进罪犯悔罪，使罪犯改造。但是，随着宗教衰落，科学时代的到来与发展，罪犯皈依上帝的真诚受到质疑；罪犯“改造”的宣言受到怀疑。实证犯罪学、心理科学的发展，为改变罪犯指出一条发展道路，这就是“罪犯矫治”：首先，要将罪犯当成“病人”；其次，要对罪犯进行病情“诊断”；再次，根据罪犯的“病情”，开出“药方”；最后，对罪犯个体进行“治疗”。罪犯矫治时代与罪犯改造时代最大的区别在于：在罪犯矫治时代罪犯被当作“病人”；罪犯改造时代罪犯被当作“罪人”“恶人”。

二、矫治模式的形成

随着宗教衰落，实证学派兴起，精神分析学派等心理学理论在监狱及保护观察（社区矫正）领域的传播，罪犯矫治时代来临。

---

① Robinson, G. & Crow, L., *Offender Rehabilitation: Theory, Research and Practice*, SAGE Publications Ltd., 2009, p. 30.

关于罪犯矫治时代的存在与重要性，矫正学界看法一致，但是，关于罪犯矫治时代兴起的时间，学者却有不同看法。美国学者卡尔森（Carlson, N. A.）等认为矫治时代始于1930年，①即罪犯矫治时代始于"二战"前，而司马勒格、昌平（Champion, D. J.）等认为，矫治时代始于1945年，②即罪犯矫治时代始于"二战"后。在司马勒格、昌平等看来，矫治在1945年以前在监狱与保护观察（社区矫正）领域不成气候，不足以宣告矫治时代来临。卡尔森等认为，既然矫治在监狱及保护观察（社区矫正）领域已经有了实践，就应当认为矫治时代来临。

由于"二战"前的罪犯矫治理论与实践是"二战"后罪犯矫治理论与实践的基础，所以，分析矫治模式，研究矫治时代，需要了解"二战"前的罪犯矫治理论与实践。这里以第二次世界大战为界，分别介绍罪犯矫治发展情况。

（一）"二战"前的探索

由于宗教的衰落，罪犯改造可能的被质疑，监狱与保护观察（社区矫正）出现工作目标正当性的危机，面临工作目标与方法的重新选择问题。恰于此时，实证犯罪学、心理科学产生并进入监狱与保护观察（社区矫正）领域。

实证犯罪学关注犯罪人而不是犯罪行为，提倡对罪犯进行科学研究。③ 实证科学下的罪犯是具体的罪犯，是有生命的、有生活经历的罪犯，而不是无血无肉、法条上的抽象的人。使用这种研究方法激发了大家的热情，呼唤起罪犯矫治的希望，也促成了人们对罪犯改造时代监狱与保护观察（社区矫正）工作的反思与批判。1930年美国矫治工作者巴尔内斯（Barnes, H. E.）说："我们整个的刑事司法的方向是错误的与不科学的，因为从开始我们将其建立在让刑罚适应犯罪的假设上。"④1935年，K. 闵宁格（Menninger, K.）说："将罪犯逮捕，然后关起来，也就是他们打了你，你反过来再打他。这似乎是理所当然，但是这种方法对罪犯没用。"⑤

实证犯罪学与心理学不仅在倡导科学矫治罪犯上是完全一致的，而且在主张罪犯矫治上互相支持。从一定意义上说，实证犯罪学主张的"关注犯罪人而不是犯

---

① Carlson, N. A., Hess, K. M. & *Orthmann, C. M. H.*, *Corrections in the 21st Century: A Practical Approach*, Wadsworth Publishing Company, 1999, p. 20 – 21.

② Schmalleger, F. & Smykla, J. O., *Corrections in the 21st Century*, McGraw – Hill, 2007, p. 267. Dean John Champion, *Corrections in the United States: A Contemporary Perspective*, Pearson Education Ltd., 2005, p. 12.

③ Robinson, G. & Crow, L., *Offender Rehabilitation: Theory, Research and Practice*, SAGE Publications Ltd., 2009, p. 17.

④ Barnes, H. E., *The Story of Punishment: A Record of Man's Inhumanity to Man*, Paterson smith, 1972, originally published in 1930, p. 265.

⑤ Menninger, K., *The Crime of Punishment*, Penguin Books, 1966, p. 5.

罪行为"就是为在监狱与保护观察(社区矫正)领域引入心理方法矫治罪犯鸣锣开道。于是,随着龙勃罗梭的思想与学说在监狱与保护观察(社区矫正)领域的传播,心理学家进入监狱与保护观察(社区矫正)领域。

英国人莫兹利(Maudsley, H.)或许是最早进入监狱与保护观察(社区矫正)领域研究罪犯的心理学家。他于19世纪末就提出监狱及保护观察(社区矫正)机构应当将罪犯当成病人。① 奥地利人艾茨霍恩(Aichhorn, A.)是较早将心理分析理论运用于罪犯的心理学家。英国心理学家霍林(Hollin, C. R.)指出,由于心理学家不满足对犯罪行为的心理学解释,急切地将理论运用于实践,所以一些心理学家在20世纪20年代将心理学理论研究成果运用于罪犯。②

心理学进入监狱领域、保护观察领域,受到了实务界人士的欢迎。罪犯矫治模式的热烈拥护者K.闵宁格认为:将罪犯关押起来,而不考虑罪犯因不适应社会的社会而犯罪的心理原因,太愚蠢!只有对罪犯进行心理的矫治,才能改变罪犯,才能体现监狱、保护观察(社区矫正)机构存在的价值。在罪犯矫治工作的支持者看来,罪犯犯罪是因为罪犯的精神存在缺陷、情感功能上出了问题,罪犯就是存在心理疾病的患者。要改变罪犯,就需要对罪犯进行"治疗"。③ "治疗"(treatment)一词具有浓厚的医学色彩。

在美国,1921年纽约的那帕诺科(Napanoch)开办了关押精神有问题的未成年人监狱。1922年马萨诸塞州的布里琦威特(Bridgewater)也设置了关押精神有问题的未成年人监狱。1926年有67所监狱聘任了精神病专家,45所监狱聘请了心理学家。④

20世纪前30年,由于联邦监狱管埋混乱,美国国会建立了联邦监狱局。资深的监狱长贝特斯(Bates, S.)被任命为首任联邦监狱局局长。联邦监狱局成立后首先建立联邦监狱系统,对监狱进行分类,将监狱分为悔罪营(penitentiaries)、改造所(reformatories)、监狱营(prison camps)、监狱医院(medical hospitals),设置了对特别罪犯的治疗机构,如对吸毒犯的治疗机构。贝特斯所作的重要贡献之一是在美国

---

① Crow, L., *The Treatment and Rehabilitation of Offenders*, SAGE Publications 2001, p. 23.

② Hollin, C. R., *To Treat of Not to Treat?* In Hollin, C. R. ed., Handbook of Offender Assessment and Treatment, John Wiley & Sons. Ltd., 2001, p. 3 – 16.

③ Clear, T. R. & Dammer, H. R., *The Offender in the Community*, Wadsworth / Thomson Learning, 2003, p. 46.

④ Rotman, E., *The Failue of Reform: United States*, 1865 – 1965, in Morris, N. & Rothman, D. eds., The Oxford History of the Prison: the Practice of Punishment in Western Society, Oxford University Press, 1995, p. 151 – 177.

联邦的监狱中使用心理学学者、精神病学者参与对罪犯的矫治工作。①

在英国,在实证犯罪主义者胡顿(Hooton, E.)、萨拉东(Sheldon, W. H.)等促进支持下,心理学家麦克伍德(Mackwood, J.)博士1935年在沃姆伍德·斯科汝波(Wormwood Scrubs)监狱开展精神治疗的工作。胡顿、萨拉东认为,矫治应当成为监狱,特别是未成年犯监管机构的中心工作。此后,英国内政部就罪犯心理治疗可能性请著名的实验精神病学家伊斯特(East, N.)爵士作研究报告。1939年伊斯特的报告问世,建议政府建立精神性治疗监狱,对罪犯进行矫治。②

从20世纪20年代开始无论是美国的保护观察(社区矫正)机构,还是英国的保护观察(社区矫正)机构,罪犯矫治也开展起来。③

对罪犯应采用什么方法进行矫治?精神分析方法似乎成了大家不二的选择。④虽然后来医学方法也进入罪犯矫治领域,但是,精神分析方法长期居于主导地位,直至20世纪70年代。⑤

因为精神分析理论认为心理障碍是潜意识中的矛盾冲突引起的,所以精神分析疗法致力于挖掘病人压抑到潜意识中的幼年创伤性经验,带入意识之中,启发病人重新认识这些经验,使潜意识的矛盾冲突获得解决,从而消除病人的症状。这就好比,屋里的异味如果是由地毯下发霉的垃圾散发的,要想彻底消除异味,只在地毯上打扫是不行的,必须把地毯下发霉的垃圾清除掉。为了达到上述目标,精神分析心理疗法主要采用自由联想和释梦等技术。弗洛伊德认为浮现在脑海中的任何东西都不是无缘无故的,都是具有一定因果关系的,借此可挖掘出潜意识中的症结。自由联想就是让病人自由诉说心中想到的任何东西,鼓励病人尽量回忆童年时期所遭受的精神创伤。精神分析学说认为,通过自由联想,病人潜意识的大门不

---

① Carlson, N. A., Hess, K. M. & Orthmann, C. M. H., *Corrections in the 21st Century: A Practical Approach*, Wadsworth Publishing Company, 1999, p. 81.

② Morris, T., *British Criminology*: 1935 – 48, in Rock, P. ed., A History of British Criminology, 1988, Oxford University Press, p. 20 – 34.

③ Whitehead P. & Statham, R., *The History of Probation – Politics, Power and Cultural Change* 1876 – 2005, Shaw & Sons Limited 2006, p. 15 – 16.

④ Clear, T. R. & Dammer, H. R., *The Offender in the Community*, Wadsworth/Thomson Learning 2003, p. 46; Brien, P. O'., *The Prison on the Continent: Europe*, 1865 – 1965, in Morris, N. & Rothman, D. eds., The Oxford History of the Prison: the Practice of Punishment in Western Society, Oxford University Press, 1995, p. 178 – 201; Whitehead, P. & Statham, R., *The History of Probation – Politics, Power and Cultural Change*1876 – 2005, Shaw & Sons Limited, 2006, p. 18 – 19.

⑤ Hollin, C. R., *To Treat of Not to Treat*? In Hollin, C. R. ed., An Historical Perspective. Handbook of Offender Assessment and Treatment, John Wiley & Sons. Ltd., 2001, p. 3 – 16.

知不觉地打开了，潜意识的心理冲突可以被带入意识领域，医生从中找出病人潜意识之中的矛盾冲突，并通过分析促进病人领悟心理障碍的"症结"，从而达到治疗的目的。自由联想是精神分析的基本手段。弗洛伊德认为梦乃是做梦者潜意识冲突欲望的象征，做梦的人为了避免被人家察觉，用象征性的方式以避免焦虑的产生。所以发掘潜意识中心理资料的另一技术就是要求病人在会谈中也谈谈他做的梦，并把梦中不同内容自由地加以联想，以便治疗者能理解梦的外显内容和潜在内容。①

在精神分析的框架下，罪犯不再是"恶人"或者"罪人"，而是"病人"。"罪犯矫治"以"咨询"的形式展开。"咨询"往往是矫治工作者探索服刑人员犯罪动机、内心世界的"长途旅行"：他们试图探索犯罪的内在原因，并寻找解决犯罪内在原因的途径。矫治工作者有时也调查服刑人员早年的生活，以发现其犯罪的内在线索。罪犯的"情感""逻辑"，都用以对罪犯犯罪原因的"解码"。②

鉴于监狱工作人员、保护观察（社区矫正）领域的工作人员不熟悉精神分析方法，所以，监狱与保护观察（社区矫正）管理机构在支持心理学家参与罪犯矫治工作的同时，有意识地培训矫治工作者有关精神分析的课程。如在英国，1930 年内政部支持设立的"治安法院保护观察人员培训项目"（Police Court Mission Training Scheme）向保护观察（社区矫正）人员传授弗洛伊德的心理学理论。③ 1932 年"未成年人科学矫治研究所"（the Institute for the Scientific Treatment of Delinquency）设置了"临床心理分析学校"（the Clinical Psychoanalytic School）以期培养矫治工作者。④

（二）"二战"后的发展

"二战"后，随着和平的降临，罪犯矫治迎来了黄金时期。

首先，"二战"后，由于越来越多的人相信科学，所以，越来越多的人相信罪犯是有病的人，经过治疗他们完全可以转变为健康人。⑤

---

① SOSO 百科："精神分析疗法"，http://baike.soso.com/v217587.htm，2018－09－18；心灵之光："精神分析疗法的常用技术"，http://blog.163.com/sqz166@126/blog/static/10750891820091131318408863/。

② Clear, T. R. & Dammer, H. R., *The Offender in the Community*, Wadsworth / Thomson Learning, 2003, p. 46－47.

③ Whitehead P. & Statham, R., *The History of Probation – Politics, Power and Cultural Change 1876－2005*, Shaw & Sons Limited, 2006, p. 18.

④ Crow, L., *The Treatment and Rehabilitation of Offenders*, SAGE Publications, 2001, p. 23.

⑤ Whitehead, J. T., Pollock, J. M. & Braswell, M, C., *Exploring Corrections in America*, Anderson Publishing Co., 2003, p. 49.

其次,“二战”前理论界与实务界关于罪犯矫治的探讨与实践为“二战”后罪犯矫治的开展奠定了基础。

“二战”后的罪犯矫治的知识与方法承接“二战”前的成果。精神分析方法在罪犯矫治中一马当先,并长期居于罪犯矫治的核心地位。①

根据有关精神分析专家的观点,对来访罪犯的精神分析治疗可以包括四个阶段,即开始阶段、移情发展阶段、修通阶段和移情分析阶段。② 开始阶段由两部分组成:第一部分是通过会谈了解当事人的问题,并决定是否适合于进行精神分析治疗,即确定来访罪犯的心理障碍是不是精神分析疗法的适应证。在确定适合作精神分析以后,要就精神分析治疗的规则及咨访双方各自的职责进行解释和商讨,以取得共识。然后进入第二部分,治疗者设法了解来访罪犯及潜隐的无意识冲突的情形,记录下一些最基本的信息、资料。但在开始阶段,治疗者只适宜处理一些表面上的问题,不深挖更多的无意识的材料。移情的发展及对它的解释是精神分析疗法中的第二阶段。在这一阶段,随着治疗的开展,来访罪犯开始出现对医生的移情。移情实质上是来访罪犯对过去生活中重要人物的情感投射,此时,医生已成为当事人生活中的一个重要角色。医生要向他解释这一点,向他表明,他现在对医生的知觉、理解和反应的方式是与过去对父母的方式同出一辙的。随着当事人对过去经验影响目前行为的原理的认识,就能促进他进行比较合理的决策、选择比较合理的行为方式。在解释移情的同时,治疗者要注意到反移情出现的可能性,反移情即治疗者自己未经解决的对某个重要人物的情感可能会转移到被治疗者身上,并可能会影响对当事人的理解。如果治疗者和当事人都能对他们之间的关系中出现的移情和反移情有清醒的认识,将会大大促进整个的治疗过程。修通阶段是精神分析疗法中的第三阶段。这一阶段与上一阶段有所交叉,是上一阶段的继续和深化。在这一阶段,矫治人员要使用以解释为主的各种技术,结合自由联想的材料和移情表现,向当事人揭示他的无意识愿望和无意识冲突,使当事人了解症状的真实含义,并得到当事人的认识和领悟。对阻抗的克服是修通工作的重要任务之一。移情的解决阶段是治疗的最后阶段。在这一阶段,无意识冲突已得到修通。当事人对症状的本质已获得了领悟,自我的力量也已经增强,治疗面临结束。但是,往往就在这时,当事人的移情一下子表现得更为强烈和突出,常见的是当事人已经消失的症状

---

① Hollin, C. R., *To Treat of Not to Treat*? In C. R. Hollin ed., An Historical Perspective. Handbook of Offender Assessment and Treatment, John Wiley & Sons. Ltd., 2001, p. 3 – 16.

② 章恩友主编:《罪犯心理矫治技术》,中国物价出版社 2002 年版,第 313 – 338 页;狄小华:《罪犯心理矫治导论》,群众出版社 2004 年版,第 344 – 348 页。

突然恢复,病又可能加重,或者推翻原来的解释和领悟,这实际上是当事人不愿结束治疗、不愿结束他与医生长时期建立的情感依恋关系的表现。如果通过医生的解释,当事人意识到自己的问题和原因,真正愿意结束治疗关系,并做好结束后的各种准备,那么原来的领悟就可以恢复,治疗就可以结束。

最后,医疗方法受到了更多的关注。西方国家对“矫治模式”的另一种称谓是“医疗模式”。这种称谓表明医疗方法在罪犯矫治中也具有很高的地位。

医疗方法主要是用于矫治毒品犯①与患精神病的罪犯。在加拿大,1953 年成立的福特(Fauteaux)委员会在 1956 年指出:监狱应当以矫治为中心,监狱应当不断提高监狱管理人员的专业水平,重视对罪犯使用医疗方法。20 世纪五六十年代,加拿大通过对酗酒的罪犯、吸毒的罪犯的治疗,探索医疗方法在罪犯矫治中的运用。②英国则重视对精神病犯进行医疗矫治。为更好地开展对精神病犯的矫治,20 世纪 60 年代英国将格林顿·安德伍德(Grendon Underwood) 监狱改造成精神病犯的治疗机构。格林顿·安德伍德监狱是一所关押女犯的监狱③。

“二战”后罪犯矫治突出的特点是,除了重视精神分析疗法,使其在监狱、保护观察(社区矫正)机构在罪犯的矫治工作发挥重要的作用,还不断探索地将其他治疗方法引入罪犯矫治领域,如行为疗法④、人本主义疗法。⑤

行为疗法最基本的理论基础是行为学习理论。这一理论认为:人的正常的和反常的行为和习惯都是通过学习获得的。因此,人的反常行为和习惯也可以通过另外的学习而得以矫正。与精神分析疗法注意无意识冲突的分析、了解病犯童年的痛苦经历、强调情感的发泄和领悟不同,行为疗法更关心病犯当前的行为,强调病犯的自我控制能力,以及通过学习来矫正异常行为,最终治愈疾病。行为学习理论包括经典条件反射原理、操作性条件反射原理和社会学习理论。行为疗法的技术和方法有系统脱敏法、厌恶疗法、电击疗法、行为塑造法、消退疗法等。系统脱敏法,又称交互抑制法,主要用于治疗恐怖症以及超出一般紧张的焦虑或恐怖情绪。

---

① Crow, L., *The Treatment and Rehabilitation of Offenders*, SAGE Publications, 2001, p.6–8.

② Moore, D. & Hannah–Moffat, K., *The Liberal Veil: Revisiting Canadian Penality*, in Pratt, J., et al., The New Punitiveness: Trends, Theories, Perspectives. Dovon: Willan Publishing, 2005, p.85–98.

③ Robinson, G. & Crow, L., *Offender Rehabilitation: Theory, Research and Practice*, SAGE Publications Ltd., 2009, p.35.

④ Whitehead, J. T., Pollock, J. M. & Braswell, M, C., *Exploring Corrections in America*, Anderson Publishing Co., 2003, p.249.

⑤ Worrall, A. & Hoy, C., *Punishment in the Community – Managing Offenders, Making Choices*, Willian Publishing, 2005, p.146.

该疗法利用的交互抑制原理,亦即放松和焦虑或恐怖是两种交互抑制的状态,设法使病犯处于放松状态,就会抑制住病犯的焦虑或恐怖状态,如此反复多次,就会使罪犯不再感到焦虑或恐怖。由此,使罪犯放松是先决条件。放松训练有许多方法,常用的有肌肉放松法、深呼吸等。厌恶疗法,又称对抗性条件反射疗法。这种疗法的理论基础是条件反射原理。它是把令人厌恶的或惩罚性的刺激与罪犯需戒除的不良行为结合起来,通过厌恶性条件反射的作用,来消除或减轻这种不良行为。这种方法可用来克服酗酒、吸毒等行为,也可用来治疗强迫症。治疗中常用的厌恶刺激有电击、药物、巨声、恶臭、烟熏等。例如,利用催吐药物治疗酗酒者,让罪犯服用催吐药,然后饮酒。这样病犯以后一闻到酒味就会呕吐,从而达到戒酒的效果。电击疗法的基本原理是:迅速给予能引起罪犯焦虑或恐惧的强烈刺激,在实际的恐惧事实面前,罪犯会感觉到并不像想象的那样恐惧,就会逐渐地消除恐惧感。这种疗法运用于有强烈治愈动机的病犯。由于刺激比较突然、强烈和反复,因此,对于体质虚弱、心理承受能力较差,或患有心脏病、高血压等疾病的病犯要慎重使用。在治疗过程中,多数罪犯开始时会加重焦虑或恐惧情绪,医生必须用哄骗、谈判或命令等手段使罪犯坚持住。行为塑造法的理论基础是操作性条件反射原理。它把期望罪犯形成的新行为的塑造过程分成若干塑造阶段,并从低水平向高水平强化。在每一个阶段,若罪犯完成医生要求的行为,就给予奖励(积极强化),最终达到塑造新行为,克服不良行为的目的。消退疗法的理论基础也是操作性条件反射原理。行为治疗学家认为,人的不良行为是由不良刺激因素起到强化作用的结果。如果去除这些强化刺激,不良行为就会自行消退。①

人本主义疗法是强调人的意识所具有的主动性和自由选择性的心理疗法,是由心理学家罗杰斯所开创。罗杰斯认为,人是有理性的,并具有自我实现的积极天性,而某些“恶”的特征只是由于防御的结果。当事人心理困扰是由于自我实践的倾向受到阻滞而致。罗杰斯认为,人所得到的感觉是他个人对客观世界感知的结果。究竟是什么伤害了他,什么是恨,什么是爱,有什么经验,下一步应朝哪一个方向去,只有当事人最清楚。罗杰斯认为,心理治疗应当设法使当事人朝着自我调整、自我成长,逐步摆脱外因控制的目标前进。在人本主义疗法中,医生不是主导者,他与当事人的地位是同等的。在整个治疗过程中,医生要为当事人提供一个自然和谐的良好氛围,要尊重当事人的人格尊严,设身处地去理解当事人的感情和处境,把治疗过程看成促进当事人自然成长的教育过程。只有这样,才能最终使当事人

---

① 狄小华:《罪犯心理矫治导论》,群众出版社 2004 年版,第 349 - 353 页;章恩友主编:《罪犯心理矫治技术》,中国物价出版社 2002 年版,第 339 - 345 页。

内心世界发生变化，排除心理障碍，达到治疗的目的。在人本主义疗法中，医生的交谈技术对疗效具有很大的作用。医生切忌将自己的价值观和偏见带入谈话中，对当事人的话不作解释和评价，不提供信息、建议和忠告等。医生对当事人的谈话内容要鼓励、重复，并对当事人表达的感情要有所反应。①

除了行为疗法、人本主义疗法等心理学主流治疗方法被引入监狱，一些非主流的方法，诸如瑜伽也被引入监狱。心理学工作者、精神病医生替代了教士。②

此外，心理学工作者不断探索适用于罪犯"病情"的矫治手段，如有些矫治工作者试图使用"电击疗法"（Electroshock Therapy）、前额手术（frontal lobotomies）矫治精神病罪犯。③

为促进罪犯矫治理论研究与方法探索，《英国不法青少年研究》（*the British Journal of Delinquency*）于1950年创刊。该杂志发表了大量关于罪犯矫治的文章。1955年著名犯罪学家、该刊编辑格罗威尔（Glover, E.）明确提出犯罪是有病因的。④

随着矫治工作的不断探索，罪犯矫治模式基本成型。根据美国学者卡尔森等的著述，罪犯矫治模式的框架见表1－1。⑤

表1－1　罪犯矫治模式的框架

罪犯犯罪的原因	社会或者个人的疾病
罪犯的形象	病态的、自己不能控制的社会或者经济产品
罪犯监管机构工作目标	矫治罪犯，让罪犯以健康的心态回归社会
罪犯监管机构的职责	矫治罪犯让他们重返社会
矫治与惩罚的角色	矫治是必须的、惩罚是矫治的手段
执行刑罚的方式	矫治罪犯
惩罚的类型	不确定刑期以适应罪犯的改变
谁决定释放	专家（对成年犯而言是假释委员会，对未成年人而言是工作人员）

---

① 狄小华：《罪犯心理矫治导论》，群众出版社2004年版，第353－356页；章恩友主编：《罪犯心理矫治技术》，中国物价出版社2002年版，第359－376页。

② Whitehead, J. T., Pollock, J. M. & Braswell, M, C., *Exploring Corrections in America*, Anderson Publishing Co., 2003, p. 249.

③ Whitehead, J. T., Pollock, J. M. & Braswell, M, C., *Exploring Corrections in America*, Anderson Publishing Co., 2003, p. 49.

④ Crow, L., *The Treatment and Rehabilitation of Offenders*, SAGE Publications, 2001, p. 24.

⑤ Carlson, N. A., Hess, K. M. & Orthmann, C. M. H., *Corrections in the 21st Century: A Practical Approach*, Wadsworth Publishing Company, 1999, p. 18.

在矫治时代,心理学方法不仅是罪犯矫治的方法,而且是罪犯分类的知识根据。"二战"后,罪犯分类主要由心理学工作者、社会工作者、职业教育工作者与精神问题工作者完成。根据各自的知识决定罪犯的分类及处遇。①

在20世纪70年代以前,不仅监狱改革者、保护观察(社区矫正)的改革者对矫治满怀乐观,而且立法者对矫治也满怀乐观。② 学者们也对罪犯矫治予以了充分肯定。法国刑法学家、社会防卫论的倡导者安塞尔(Ancel, Marc)认为,对罪犯进行心理咨询与向罪犯提供就业帮助一样,体现着人道主义精神。③ 安塞尔将"罪犯矫治"的道德地位提到同"罪犯改造"一样的高度。

第三节　重返社会政策的提出

一、重返社会政策的内涵

从有关文献看,关于"重返社会"政策的表述不尽一致。围绕"重返社会"政策使用的词汇有 reintegration、resettlement、reentry、transition 等。如何理解上述概念?美国学者司马勒格与斯莫凯(Smykal, J. O.)在他们的《21 世纪的矫正》(*Corrections in the* 21*st* *Century*)一书中认为,reintegration 是使罪犯转变为建设性社会成员的过程。④ 在澳大利亚犯罪学研究院的一个报告⑤中,reintegration 被定义为使罪犯成为具有建设性的、独立人格的目标与过程。这个报告将 reintegration 与 resettlement 视为同一个意思。Reentry 被定义为监禁释放后的一个时间段。司马勒格与

① Rotman, E., *The Failue of Reform*: *United States*, 1865 - 1965, in Morris, N. & Rothman, D. eds., The Oxford History of the Prison: the Practice of Punishment in Western Society, Oxford University Press, 1995, p. 151 - 177.

② Rotman, E., *The Failue of Reform*: *United States*, 1865 - 1965, in Morris, N. & Rothman, D. eds., The Oxford History of the Prison: the Practice of Punishment in Western Society, Oxford University Press, 1995, p. 151 - 177.

③ Brien, P. O', *The Prison on the Continent*: *Europe*, 1865 - 1965, in Morris, N. & Rothman, D. eds., The Oxford History of the Prison: the Practice of Punishment in Western Society, Oxford University Press, 1995, p. 178 - 201.

④ Schmalleger, F. & Smykla, J. O., *Corrections in the* 21*st* *Century*, McGraw - Hill, 2007, p. 79.

⑤ Borzycki, M., *Interventionsr for Prisoners Returning to the Community*: *A Report Prepared by the Australian Institute of Criminology for the Community Safety and Justice*, Australian Government Attorney - General's Department, 2005, p. 11 - 12.

斯莫凯将 reentry 定义为罪犯从监狱到社会的过渡过程。[①] 还有的学者认为，reentry 的意思就是 reintegration。[②] Transition 被认为是监禁与社会的桥梁，具体体现在允许罪犯在外就业、允许罪犯与家庭联系等实质的与社会交流上。

何为“重返社会”政策？

简单地说，重返社会政策就是主张通过帮助服刑人员适应社会生活、融入社会，使服刑人员不再重新犯罪的政策。重新犯罪是犯罪的一个种类，但是，由于重新犯罪的犯罪主体具有特殊性，其不仅具有犯罪的经验，而且具有服刑的经验，犯罪主体不同程度存在犯罪的敢为性、狡猾性、对刑罚惩罚的适应性，甚至有的犯罪分子已经完成犯罪职业化的过程，成为职业犯罪人，因而，重新犯罪具有危害大、防治难度大等特点。

如何防治重新犯罪？历史上先后出现威慑政策、矫正政策、剥夺政策、重返社会政策、综合政策等防治重新犯罪的政策。威慑政策主张通过对服刑人员施加刑罚，以威慑罪犯不再重新犯罪；矫正政策坚持通过对服刑人员矫正，帮助服刑人员改恶从善，不再犯罪；剥夺政策坚持通过剥夺服刑人员犯罪的能力，使服刑人员不再犯罪；重返社会政策是主张通过帮助服刑人员适应社会生活，使其不再重新犯罪的政策。上述四种政策，虽目标一致，但方法迥异。在综合政策的主张者看来，上述政策在防治重新犯罪中，都有重要价值，而不能一叶障目，不见泰山，因偏爱某一种重新犯罪防治政策的功用，而否定其他政策的价值。重返社会政策是防治重新犯罪的重要政策之一。

二、重返社会政策的产生

帮助服刑人员“重返社会”的思想早在 19 世纪就已出现。基于仁慈与人道观念，19 世纪中期，在英国出现了由志愿者组成的刑释服刑人员帮助组织——“刑释服刑人员帮助者”。在美国，社会机构开始参与服刑人员矫正，以便帮助服刑人员顺利重返社会。较早的有“霍普家庭”、“底特律矫正之家”、中途之家等，向刑释人员、女犯提供帮助。但是，这些措施并不是重新犯罪防治的主流。

20 世纪 60 年代后，“重返社会”政策渐入防治重新犯罪领域的聚光灯下。鉴于犯罪率的不断上升，美国前总统约翰逊 1965 年在国会上提出建立小组专门研究解决犯罪控制问题。这个小组发现，重新犯罪带动了犯罪的上升，于是，他们提出重视

---

① Schmalleger, F. & Smykla, J. O. , *Corrections in the 21st Century*, McGraw - Hill, 2007, p. 327.

② Maruna, S. , Immarigeon, R. & Lebel, T. P. , *Exoffender Reintegration: Theory and Practice*, in Maruna, S. & Immarigeon, R. eds. , After Crime and Punishment, Willam Publishing, 2004, p. 5.

保护观察与假释等帮助服刑人员重返社会的意见:第一,被纳入社区矫治的对象不仅应当包括青少年犯、犯轻罪的服刑人员,而且包括犯重罪的服刑人员;第二,假释的服刑人员都应当接受监督;第三,国家应当向所有的服刑人员提供文化教育与职业培训;第四,应当建立立足于矫正的监狱企业;第五,应当扩大渐进性释放①与请假离监的范围,并保持与社区矫正机构的联系;第六,检察机关应当有选择地提起公诉,对于适宜放到社会上的服刑人员,应当进行司法分流。小组的意见最终在《1965 年法律实施救助法案》(Law Enforcement Assistance Act of 1965)与 1968 年的《犯罪综合控制与安全街道法》(Omnibus Crime Control and Safe Streets Act)中得到反映。② 此后,社会机构开始大规模参与服刑人员矫正,中途之家、工作释放中心、社区矫正中心迅速发展。帮助服刑人员找房子、找工作,帮助其接受教育等被纳入官员的责任范围。"重返社会"的概念与理论也在这时候产生。在英国,1966 年成立"全国服刑人员关心与安置帮助协会"(NACRO),该组织的宗旨就是帮助在狱内外服刑的人员重返社会。由于帮助服刑人员重返社会在降低服刑人员重新犯罪上有明显效果,这一观点得到了很多研究成果的支持,所以,帮助服刑人员重返社会逐渐被越来越多的国家接受,并成为降低重新犯罪率的重要策略。③

从犯罪学视角看,重返社会政策概念的出现与犯罪外因论的兴起密切相关。犯罪外因论是解释犯罪发生的理论之一。这一理论与犯罪内因论相对而言。犯罪内因论认为犯罪是罪犯个体的生理或者心理因素缺陷导致的。犯罪外因论强调导致犯罪的外在因素对犯罪人犯罪选择影响的重要性,认为诸如工作机会获取不公平、无业可就、无房可住等因素导致了犯罪分子最后作出犯罪的选择。犯罪外因在犯罪发生中具有根本性与最终性。犯罪外因远比犯罪内因重要。加之犯罪外因比犯罪内因更具有可操控性,因此,犯罪外因论认为,犯罪控制,特别是对重新犯罪的控制,应当通过对服刑人员予以社会帮助实现,通过帮助罪犯适应社会、再社会化,预防其重新犯罪。

---

① 指通过宽管、半监禁、学习释放、假释等制度逐步扩大被监禁服刑人员自由,以帮助服监禁刑罚的服刑人员逐步适应社会。

② Mackenzie, D. L., *Sentencing and Corrections in the 21st Century: Setting the Stage for the Future*, the U. S. Department of Justice, 2001, p. 6 – 7.

③ Borzycki, M., *Interventions for Prisoners Returning to the Community: A report prepared by the Australian Institute of Criminology for the Community Safety and Justice*, Australian Government Attorney – General's Department, 2005, p. 11 – 12.

三、重返社会政策兴起之原因

监狱最初作为刑罚的执行载体被视为替代肉刑与死刑的完美选择。然而，随着越来越多地适用监禁刑，监狱的弊端慢慢地被发现。同时，人们认识到服刑人员犯罪的原因，除服刑人员内在的"恶"的原因，还有其家庭、接受教育、就业技能等原因。要防止重新犯罪，人们需要通过帮助解决服刑人员家庭、接受教育、就业等问题，促进服刑人员融入社会，成为社会合格的成员。

（一）监狱弊端不断凸显

1. 监狱可能成为服刑人员学习犯罪方法的学校

18 世纪时，就有人认为监狱是大染缸，是服刑人员学习犯罪的学校。他们认为，监狱使在那里服刑的人获得了监狱经验；监狱使不知反社会的人开始有了反社会的观念。① 这一观点甚至被英国的边沁、法国的托克维尔（De Tocqueville）、意大利的龙勃罗梭所认同。还有人认为，服刑人员在监狱服刑时间越长，越可能重新犯罪。② 美国著名犯罪学家萨瑟兰（Sutherland, E. H.）认为，服刑人员在监狱中生活更容易导致其重新犯罪。萨瑟兰于 1939 年在《犯罪学原则》中第一次详细阐述了犯罪习得理论。他特别强调服刑人员群体对犯罪行为影响的重要性。服刑人员群体的孤立与欣赏，都可能成为特定服刑人员实施犯罪行为、坚定实施犯罪行为信念的动力。③ 在所有关于监狱弊端的研究中，斯坦福大学直姆巴多（Zimbardo, P.）教授的实验法使人印象深刻。直姆巴多为了了解监禁机构是否会导致人的理性与人性的变形，在斯坦福大学设置了一个模拟监狱。他从 75 个志愿者中选取了 21 人，让其中的 11 个人扮演看守，10 个人扮演服刑人员。这些参加者的条件是：情绪稳定、身体健康、成熟、守法。进入角色后，"看守"们很快开始想着确认他们的权威性及对"服刑人员"的主导性，他们使用工具污辱"服刑人员"、威吓他们，迫使"服刑人员"遵守纪律，对"服刑人员"进行去个性化、匿名化管理，使他们自卑。不到 36 个小时的实验，就有一名学生因压抑，不能忍受监管纪律被送回家中，此后天天有人退出。大多数"服刑人员"慑于"看守"任意执行纪律的权威而变得行为被动化。随着实验的推进，监狱中服刑人员心理与身体危险的增加，原本设计 2 周的实验被迫

---

① Tonry M. & Petersilia, J., *Prisons Research at the Beginning of the 21st Century*, in M. Tonry & J. Petersilia eds., Prisons, the University of Chicago Press, 1999, p. 1 – 14.

② Jaman, D. R. Dickover, R. M. & Bennett, L. A., *Parole Outcome as a Function of Time Served*, 12 British Journal of Criminology 5(1972).

③ Southerland, E. H., *A Sociological Theory of Criminal Behavior*, in Cote, S. ed., Criminological Theories, Sage Publications, Inc., 2002, p. 132 – 133.

于第6天中止。直姆巴多就此指出,“在监狱仿真环境下,正常的、健康的、有教养的人都转变得这么快,而且在这么短的时间内,更何况现实中的监狱。”①佛罗里达大学的阿克尔(Akers, R. L.)作了更加深入的探讨,认为人们在与实施过犯罪行为的人交往时,会感受到一种犯罪情境,容易做出犯罪行为是可接受的判断,甚至做出犯罪行为是合理的判断。这样,与服刑人员接触的人实施犯罪行为的可能性就会大大增加,而遵守社会规则的可能性就会降低。② 服刑人员相互交往在一定程度上又是相互进行精神鼓励、相互认同的过程。

2. 监狱很难有效控制服刑人员重新犯罪

监狱的价值在于控制服刑人员重新犯罪。然而,仅通过监狱控制重新犯罪几乎不可能。英国反社会排斥局认为,有多种因素影响重新犯罪,③包括教育、就业、毒品与酒精使用、精神与生理、社会态度与自我控制、监狱化、生活技能、住所、经济、亲友。涉及这些问题的状态与服刑人员重新犯罪密切相关,而监狱对上述因素的影响往往体现出消极的一面。具体见表1-2。④

表1-2 监狱对服刑人员的消极影响

影响因素	监狱对服刑人员的消极影响
教育	原来所受教育落伍,强化消极观点
就业	失去现有的工作岗位;强化对劳动“无聊、收入低”的看法;逐步使劳动技能落伍
毒品与酒精使用	可能使服刑人员在监禁期间少用毒品或者不用毒品,但也可能使服刑人员出狱后“使毒补偿”
精神与心理	可能使服刑人员产生精神疾病,或者加重精神疾病
社会态度与自我控制	强化对社会与被害人的消极态度
监狱化	严格的纪律与单调的交往可能损害服刑人员的思考力,使服刑人员与服刑人员关系密切
生活技能	使服刑人员安排个人生活的能力下降
住所	可能使服刑人员丧失住房

① Cullen, F. & Gilbert, K., *Reaffirming Rehabilitation*, Anderson Publishing Co., 1982, p.117-118.

② Akers, R. L., *Social Learning and Social Structure: a General Theory of Crime and Deviance*, Northeastern University, 1998, p.300-302.

③ The Social Exclusion Unit, *Reducing Re-offending by Ex-prisoners: Report by the Social Exclusion Unit*, the Social Exclusion Unit, 2002, p.6.

④ The Social Exclusion Unit, *Reducing Re-offending by Ex-prisoners: Report by the Social Exclusion Unit*, the Social Exclusion Unit, 2002, p.38.

续表

影响因素	监狱对服刑人员的消极影响
经济	经济能力受到极大的影响
家庭关系	家庭关系紧张,甚至破裂

从国外情况看,监狱不仅不能有效解决上述问题,反而会使这些问题加重,对服刑人员的重新社会化起到消极作用。比如,监狱拥挤就是影响监狱矫治的一个重要原因。英格兰与威尔士的"监狱长协会"主席尼威尔(Newel, M. L.)指出,监狱拥挤削弱了释放前计划的执行与服刑人员融入社会的努力;拥挤还增加了服刑人员的紧张,增加了服刑人员与管理人员的危险,等等。①

3. 监狱可能强化监狱化人格

美国社会学家唐纳德(Donald, C.)曾说:"监狱化首先源于服刑人员地位的变化。任何进入监狱的人都将变成被监管群体中的一个无名小卒,他的名字被数字代替,他的服装表明他是另类社会群体的成员。"②进入监狱后的服刑人员行为,包括吃饭、劳动、学习、睡觉、交往都有了监狱的意义,都打上了监狱特有文化的烙印。

随着"监狱化"概念的提出,对监狱功能的分析有了新的平台。通过"监狱化"概念,我们看到"监狱化"后服刑人员的变化。监狱化首先意味着服刑人员对监狱不再恐惧,使监狱的威慑功能丧失。其次,监狱化意味着服刑人员对监狱生活的适应,使监狱成为其生存空间的一种选择,这样,逮捕、定罪与判刑,对服刑人员来说只是换种生活方式。最后,监狱化意味着一种生活依赖,在监狱中虽然被剥夺自由,有人干预自己的生活,但是,只要遵守监管纪律,不仅有温暖的住宿,而且有吃有喝。离开监狱,便没有了这个环境。英国谢菲尔德大学犯罪学教授付瑞(Farrall, S.)与孔维莱(Calverlay, A.)认为,监狱并没有达到使服刑人员放弃犯罪的目的。监禁,即使是短期的,必然要破坏家庭关系,对犯罪人的就业方式与就业机会产生影响。许多在监狱服刑时间长的人对社会规则仅有很少的记忆。③

4. 监狱行刑经济成本大

监禁刑执行不仅需要提供衣、食、住,而且需要建设监管设施,保证足量的监管

---

① Newel, M. L., *A New Paradigm of Decarceration*, 150 Prison Service Journal 2(2003).

② Donald, C., *The Process of Prisonization*, in Radzinowicz, L. L. & Wolfgang, M. eds., The Criminal in Confinement, Basic Books, 1971, p. 92-93.

③ Farrall, S. & Calverlay, A., *In What Ways Does Imprisonment Impact on Processes of Desistance*? 164 Prison Service Journal 25(2006).

人员等,因而监禁刑执行是一种投入很大的刑罚执行方式。在美国,维持一单间监舍每年的费用大概是10,000美元。[①] 重新建一单间监舍大概需要35,000～50,000美元。[②] 每关押一人,国家要支出34,675美元。[③] 在英国,2000年到2001年,关押一名服刑人员的费用情况是:在青少年监狱(关押15～17岁)是47,500英镑;高度警备监狱是41,500英镑;女性地方监狱是30,700英镑;男性地方监狱是23,700英镑;男性关押C类服刑人员(危险程度较低的服刑人员)训练监狱是18,200英镑;男性开放监狱是17,500英镑;安全训练中心(关押15～17岁的男性)是130,000英镑。[④]

(二)帮助服刑人员适应社会受到了应有的关注

在20世纪60年代以前,世界上主要国家的重新犯罪防治的模式是矫治模式。无论专业人士还是公众都认为,矫治罪犯是防治重新犯罪的基本方法,甚至是唯一方法。这是因为,当时的人们认为,服刑人员犯罪的原因源于其内心的"恶"与心理不健康,如果通过改造罪犯、矫治罪犯能够减弱或者消除服刑人员内心的"恶"与心理不健康,就可以有效地控制其重新犯罪,或者降低重新犯罪可能。但是,在20世纪60年代后,越来越多的人认识到,导致服刑人员犯罪的原因,除了内心的"恶"与心理不健康,还有其家庭问题、受教育问题、就业问题,等等。如果仅关注服刑人员内心的"恶",仅对服刑人员实施矫治,忽略其家庭问题、教育问题、就业问题,服刑人员重新犯罪不可能得到有效控制。

研究表明,服刑人员不仅存在家庭问题、受教育问题、就业问题,而且所存在的问题远比普通人群突出。英国反社会排斥局2002年曾以普通人群为参照就服刑人员存在的家庭问题、受教育问题进行过调查,调查表明,与普通人群相比,服刑人员存在比较严重的社会性问题。调查结果见表1－3。[⑤]

---

① Hicks, S. D., *The Corrections Yearbook*, Criminal Justice Institute Inc., 1981, p. 27.

② Mullen, J. & Smith, B., *American Prisons and Jails*, *Volume* 3: *Conditions and Costs of Confinement*, National Institute of Justice, 1980, p. 119.

③ Schrag, C., *Rediscovering Punitive Justice*, in Krisberg, B. & Austin, J. eds, The Children of Ishmael: Critical Perspectives on Juvenile Justice, Mayfield, 1978, p. 465－466.

④ The Social Exclusion Unit, *Reducing Re－offending by Ex－prisoners: Report by the Social Exclusion Unit*, the Social Exclusion Unit, p. 31.

⑤ The Social Exclusion Unit, *Reducing Re－offending by Ex－prisoners: Report by the Social Exclusion Unit*, the Social Exclusion Unit, 2002, p. 18－21.

表 1－3 普通人群、服刑人员存在社会问题的比较

	普通人群(%)	罪犯(%)
孩提时离家出走	11	47(男性)/50(女性)
家长溺爱	2	27
有一个家庭成员被定罪	16	43
经常逃学	3	30
被学校开除	2	49(男性)/33(女性)
不满 16 岁辍学	32	89(男性)/84(女性)
没有任何资格证书	15	52(男性)/71(女性)
数学能力低于一级水平①	23	65
阅读能力低于一级水平	21～23	48
书写能力低于一级水平		82
失业	5	67(犯罪前四个星期)
无家可归	0.9	32(住在非长久的住所)

根据英国反社会排斥局 2002 年报告《降低重新犯罪率》(Reducing Re－offending by Ex－prisoner),许多服刑人员犯罪前存在严重的家庭问题、受教育问题、就业问题等。与常人相比,在需要关心上服刑人员比常人高 13 倍,有高 6 倍的可能成为年少的父亲,有高 10 倍的可能逃学,有高 13 倍的可能失业。由于存在上述问题,服刑人员中有 20% 的人没有书写能力,35% 的人没有计算能力,50% 的人没有阅读能力,或者阅读能力低于 11 岁的孩子,很多服刑人员无一技之长,几乎没有就业经验。根据上面的报告,监禁不仅没有解决服刑人员上述的问题,反而使服刑人员存在的上述问题恶化。② 例如,超过 2/5 的服刑人员与家人关系破裂,1/3 的服刑人员在监禁中丧失了他们的房屋;超过 1/5 的服刑人员陷入经济困难;2/3 的服刑人员因为判刑丧失了工作。

如果不帮助服刑人员解决上述问题,即使对服刑人员矫正很成功,服刑人员重返社会后,由于无家可归、缺乏基本教育、劳动技能水平有限等原因,他们不能在社

① 英国官方确定的文化教育领域能力测试中最低能力等级水平。

② The Social Exclusion Unit, *Reducing Re－offending by Ex－prisoners: Report by the Social Exclusion Unit*, the Social Exclusion Unit, 2002, p.7.

会立足、生存，一切矫正的努力都可能付之东流。①

鉴于帮助在监狱中服刑的人员解决家庭问题、受教育问题、就业问题等对防治重新犯罪的重要性，因而不乏研究人员提出有关政策建议。如剑桥大学的学者指出，控制犯罪的政策应当包括：帮助服刑人员建立稳定的家庭关系，帮助他们找到稳定的工作，以及帮助其切断与原来的犯罪有关的关系。② 建议的目的在于推动有关方面关注帮助服刑人员适应社会、融入社会问题。

四、重返社会政策的落实

为促进罪犯融入社会，帮助服刑人员成为合格的社会成员，很多国家都在探寻较好的方法。经过50多年的发展，从国际视野看，有关帮助服刑人员重返社会的措施已经形成百花齐放的格局，不同国家有不同的风景。但需要特别指出的是，虽然不同国家根据本国国情与社会需要进行独立的探索，但是，国际合作与借鉴亦是不可或缺的，正因如此，多数国家国内探索往往是与借鉴国际经验同时进行的，有关帮助服刑人员重返社会的措施不仅具有个性，而且具有共性。多数国家从下面三个领域开展对犯罪分子重返社会的帮助：一是从刑罚适用中帮助罪犯重返社会；二是在监禁刑执行过程中帮助服刑人员的重返社会；三是在社区矫正过程中帮助罪犯重返社会。

（一）刑罚适用中的重返社会帮助措施

为降低监禁刑使用的弊害，在维护刑罚公正的前提下，很多国家通过规定社区刑与半监禁刑，给服刑人员提供解决家庭问题、受教育问题、就业问题的时空，帮助他们适应社会、融入社会。社区刑是要求犯罪人在社区空间内服刑的刑罚。半监禁刑是犯罪人是既在监狱服刑，又在社区服刑，即跨空间服刑的刑罚。

目前各国所创制的社区刑与半监禁刑不尽一致。这里仅接受英、美的社区刑与半监禁刑。

2002年前，英国的社区刑包括社区矫正刑（Community Rehabilitation Order）、社区惩罚刑（Community Punishment Order）、社区惩罚与矫正刑（the Community Punishment and Rehabilitation Order）、宵禁刑（the Curfew Order）、关护刑（the Attendance Center Order）、监督刑（the Supervision Order）、排除刑（the Exclusion Order）、毒品治疗与检测刑（the Drug Treatment and Testing Order）、戒毒刑（the Drug Abstinence Or-

---

① Loney, M., *Community Against Government*, Heeinemann, 1983, p.45.

② Farrington, P., *Human Development and Criminal Careers*, in Caffrey, S. & Mundy, G. eds, Crime, Deviance and Society, Greenwich University Press, 1996, p.103.

der)、行动刑(the Action Plan Order)等10种社区刑。2002年出台的《刑事司法法》(the Criminal Justice Bill)将英国过去的所有社区性刑罚统一规定为社区刑(Community Orders)。根据法律规定,法官对可以适用社区刑者都可以适用社区刑,然后附不同的禁止性或者命令条件,要求服刑人员遵守,以促进服刑人员尽快融入社会。

英国的半监禁刑包括间歇监禁刑(Intermittent Custody)、监禁刑附加(Custody Plus)和监禁与训练刑(Detention and Training Order)。

间歇监禁刑是间歇监禁服刑人员的刑罚。其包括两种形式:周末服刑,这种形式一般适用于有稳定工作的服刑人员;周末回家,这种形式的间歇监禁通常适用于没有工作的服刑人员。监禁刑附加是替代短期刑的刑罚,包括短期的监禁与长期的社区监督。监禁与训练刑是英国1998年开始对未成年犯实施的刑罚。监禁与训练刑分为两部分:一部分是要求未成年犯在安全设施(Secure Accommodation)内接受监禁与培训,另一部分是在社区接受监督。两部分在刑期构造中各占一半。

美国的社区刑有保护观察刑(Probation)、社区服务刑(Community Service)、强化的监督刑(Intensive Supervision Programs)、家庭监禁(House Arrest)、日报告(Day Reporting Centers)。美国的半监禁刑有震动监禁(Shock Incarceration)、军训营(Boot Camp)。震动监禁是一种期望通过短时间监禁使罪犯受到威慑,然后在社区接受监督的刑罚。军训营是适用于实施非暴力犯罪、年轻犯罪人、第一次犯罪、犯轻罪的人的刑罚。因为军训营是震动监禁的衍生刑罚,因而,这种刑罚也包括两部分:一部分是接受监禁,另一部分是接受社区监督。接受这种刑罚的服刑人员需要在军训营接受监禁。

在当代,社区矫正工作者的职责除了监督服刑人员,还包括帮助服刑人员找工作、找住房、帮助服刑人员利用社会资源、要求服刑人员接受技能培训,要求服刑人员接受文化教育,甚至进行精神治疗、心理治疗,而后者在社区矫正工作所占分量更大。正因如此,法院对犯罪人适用社区刑、半监禁刑,除满足法律正义实现的需要,实质也为帮助服刑人员适应社会、融入社会进行了一种生活安排。

(二)监禁刑执行中的重返社会帮助措施

这类措施的特点是监禁执行机关在维护刑罚公正,依法惩罚犯罪分子的前提下,向服刑人员提供利用社会资源与适应社会的条件,促进服刑人员融入社会。

在英国,监狱管理部门通过设立临时释放制度、假释制度、家庭监禁制度为服刑人员建立与社会相融的关系创造条件。由于这三种制度使执行监禁刑的服刑人员有机会在社会上生活,他们的生存状态介于完全监禁与自由之间,所以这三种制度被称为监禁过渡措施。这里重点介绍家庭监禁制度。家庭监禁制度(Home

Detention Curfew）是1997年11月20日原内政部（现司法部）向议会提请要求设立的制度。设立的目的是强化服刑人员出狱前的社会适应，更好地解决其出狱后所面临的家庭问题、就业问题、居住问题等。议会接受了内政部的建议，在1998年通过的《犯罪与越轨法》（the Crime and Disorder Bill 1998）对家庭监禁进行了规定。根据规定，家庭监禁的适用对象是被法院判处3个月以上4年以下徒刑的服刑人员。家庭监禁的使用意味着刑罚执行的空间由监狱转移到社会，由监狱转移到服刑人员的家庭。

在美国，帮助服刑人员重返社会的措施主要有工作释放（work release）、学习释放（study release）、请假离监（furlough）与假释。

在德国，《刑罚执行法》规定，刑满释放前可下达从宽执行命令。从宽执行是依据服刑人员的矫正计划或执行计划进行的。根据具体规定，从宽执行的情形有：在有行刑官员监督的情况下，在狱外从事雇佣劳动（监外雇佣）；在行刑官员监督下，在外从事雇佣劳动（自由外出）；在行刑官员监督下，每天在规定时间里离开监狱；在无人监督情况下，每天在规定时间里离开监狱（外出）。

（三）对罪犯进行社区矫正

无论在刑罚适用中帮助犯罪分子重返社会，对犯罪分子适用社区性刑罚，还是在监禁刑执行中帮助服刑人员重返社会，对服刑人员适用假释与家庭监禁，其结果都是将罪犯交付社区矫正机构，由社区矫正机构对这些人员进行监管与矫正。社区矫正不仅是上述措施适用的归宿，而且在一定意义上说，是上述措施的有机组成部分。社区矫正是惩戒社会的越轨者并规制他们重新回到社会正常轨道的措施；社区矫正是帮助被监禁的服刑人员重新适应社会、融入社会的中介；社区矫正是帮助服刑人员重返社会的桥梁。正因如此，推进社区矫正被视为推行帮助罪犯重新返回社会政策的核心工作之一。

第四节　惩罚公正理念的确定

一、对矫治的批判

（一）阿提卡监狱骚乱引起的反思

"二战"后，由于越来越多的人相信科学，所以，越来越多的人相信罪犯经过治疗完全可以转变为健康人。① 于是罪犯矫治工作在“二战”后有了长足发展，精神分析方法在罪犯矫治中一马当先，并长期居于罪犯矫治的核心地位。② 一些新的心理学方法被陆续引入罪犯矫治领域，如行为疗法③、人本主义疗法，④甚至瑜伽也被引入监狱中。心理学工作者、精神病医生替代了教士。⑤ 20 世纪 60 年代，罪犯矫治在美国不仅被完全正当化，而且变成很时尚的东西。⑥ 1968 年美国学者哈里斯（Harris, L.）做了一个调查，调查结果显示：多数人认为矫正机构应当矫治罪犯。具体数据是：48% 的人认为监狱的主要目的是罪犯矫治，24% 的人认为监狱的目标是保卫社会，13% 的人认为是惩罚，15% 的人不能确定。⑦ 有 72% 的人认为矫正机构应当强化对罪犯的矫治。

然而，位于美国纽约州的阿提卡（Attica）监狱发生的骚乱引发了社会对监狱的关注，并最后导致了人们上述观念发生了颠覆。1971 年 9 月，阿提卡监狱的 1300 名罪犯参与一场骚乱。一些罪犯劫持了一些监狱管理人员。为控制骚乱，政府出动了防暴警察。在使用武力中，造成 80 名罪犯受伤、29 名罪犯死亡、11 名监狱管理人员死亡。⑧

阿提卡监狱骚乱后，人们由对监狱、矫正系统的关注，扩大到对刑事司法系统的关注。

人们开始注意到，美国 20 世纪 70 年代前后，犯罪率上涨很快。在上升的犯罪中，危害民众生活的暴力犯罪、财产犯罪快速上涨。

犯罪的上升引发人们对刑事司法的不间断的、强烈的批评。1975 年美国前总统里根（Reagan, R. M.）说：“你要想知道我们的国家为什么犯罪率上升得如此高，

---

① Whitehead, J. T., Pollock, J. M. & Braswell, M, C., *Exploring Corrections in America*, Anderson Publishing Co., 2003, p. 49.

② Hollin, C. R., *To Treat of Not to Treat*? In Hollin, C. R. ed., An Historical Perspective. Handbook of Offender Assessment and Treatment, John Wiley & Sons. Ltd., 2001, p. 3 – 16.

③ Whitchcad, J. T., Pollock, J. M. & Braswell, M, C., *Exploring Corrections in America*, Anderson Publishing Co., 2003, p. 249.

④ Worrall, A. & Hoy, C., *Punishment in the Community – Managing Offenders, Making Choices*, Willian Publishing, 2005, p. 146.

⑤ Whitehead, J. T., Pollock, J. M. & Braswell, M, C., *Exploring Corrections in America*, Anderson Publishing Co., 2003, p. 249.

⑥ Cullen, F. T. & Gilbert, K. E., *Reaffirming Rehabilitation*, Anderson Publishing Co., 1982, p. 8.

⑦ Harris, L., *The Public Look at Crime and Corrections*, Joint Commission on Correctional Manpower and Training, 1968, p. 7.

⑧ Whitehead, J. T., Pollock, J. M. & Braswell, M, C., *Exploring Corrections in America*, Anderson Publishing Co.,2003, p. 49 – 50.

不要看收入与财富,只要看看罪犯被捕、公诉、与监狱人口的数据就够了……主要的问题在于似乎刑事司法系统丧失了判断事实的能力,不能惩罚犯罪而保卫社会。”专栏作家布坎南(Buchanan, P.)说:“犯罪在20年间增长3倍因为犯罪者支付的代价低。由于犯罪成为一种激动的、可享受的而付出很少的风险因而成为发展很快的产业。在这10年间,成千上万的男人、妇女与孩子被谋杀,作为报应,我们的被告人只有一个执行了死刑。”1976年美国众议院议员斯泰格尔(Steiger, S.)批评道:“当今美国公民最头疼的问题是犯罪问题。”对于飞速上升的犯罪,“刑事司法机构不但没有控制,反而推进,至少是束手无策、无所作为”。“法官不能再将罪犯送回社会了。”①

美国社会犯罪率的上涨引发了人们对刑事司法系统有效性的怀疑,引发了人们对矫治模式的怀疑。

(二)马丁逊报告及社会回应

人们对罪犯矫治的有效性的怀疑早已有之。早在1954年美国学者马丁(Martin,J. B.)就说:“矫治是一种危险的梦想……事实上今天监狱中所实施的各种矫治措施,都是胡扯。监狱就是关押人的地方。从来没有超过这个意义。”②更早的时候一位伊利诺伊州的心理学工作者辛普森(Simpson, R. M.)说:“几乎很难有证据表明上述所提的方法对罪犯根深蒂固的行为倾向有影响……今天监狱之所为是愚蠢的、不适当的。”③

罪犯矫治在控制犯罪方面、控制重新犯罪方面发挥了什么作用呢?矫治能否发挥作用?带着诸如上述大家关注的问题,社会学家马丁逊(Martinson, R.)受托对1945年到1967年关于矫治效果研究的成果进行检验。1974年他以“什么有效?监狱改革的问题与答案”为名的报告公布了研究成果。他的结论是:除了个别的、孤立的例外,迄今为止所报告的矫治成果在控制累犯方面不理想。④ 1975年他与他的同事李普顿(Lipton, D.)、威尔克斯(Wilks, J.)在他们合著的著作中将详细情

---

① Cullen, F. T. & Gilbert, K. E., *Reaffirming Rehabilitation*, Anderson Publishing Co., 1982, p.94-96.

② Martin, J. B., *Break Down the Wall: American Prison - Present, Past, and Future*, Balantine Books, 1954, p.244.

③ Simpson, R. M., *Prison Stagnation since* 1900, 26 Journal of the American Institute of Criminal Law and Criminology 870(1936).

④ Martinson, R., *What Works? - Questions and Answers about Prison Reform*, 35 Public Interest 22 (1974).

况予以了介绍。[①]

马丁逊的报告否定了罪犯矫治的有效性。

无独有偶,马丁逊的结论在英国有重复的成果。英国的 The IMPACT(“保护观察与释放后矫治效果强度比较”, Intensive Matched Probation After - Care and Treatment)研究小组在 1971—1972 年对 4 个地区年龄在 17 周岁以上的大约 500 名男性罪犯进行矫治后的比对研究。研究人员将罪犯随机分为试验组与控制组,然后开展监控,对刑满后的矫治效果进行了评估。结论也是矫治方法对控制罪犯的重新犯罪没有显著效果。该成果重复了马丁逊的结论。[②] 也就是说,罪犯矫治模式不仅在监狱内效果不显著,在社区矫正领域内矫治效果也不显著。

对此,哈佛大学的威尔逊(Wilson, J. Q.)教授评论道:对待犯罪似乎只有采取矫治的方法才能取得好的效果,但是矫治的主张科学证明是失败的,主张通过矫治罪犯控制累犯是无效的。威尔逊认为人们应当追求与完成合理性的事业,而放弃荒唐的尝试,忘记乌托邦的构想。[③] 威尔逊让人们忘记矫治,抛开矫治模式。

如果说威尔逊是从学术角度主张放弃矫治模式,美国社会中的自由主义者与保守主义者[④]主张放弃矫治,则有政治与法律上的双重意义。

自由主义者认为,放弃罪犯矫治是因为矫治理论本身存在问题。自由主义者认为矫治政策模式应当让位于公正政策模式。自由主义者提出要揭开矫治滥用权力与低效的真面目,将“刑罚与犯罪人相适应”的理论扔掉,而建立公正模式。公正模式要求刑罚与犯罪行为的严重性一一对应,而不是与犯罪人相对应。这是一种简单而平等的刑罚。具体观点有以下几种,观点一:公正是可能的,所有的刑罚应当是确定的。根据这一观点主张取消不定期刑,控制权力滥用。观点二:使用公正原则而不是个别处遇原则调整罪犯所接受的刑罚。轻罪轻刑,重罪重刑,当然,对于 2

---

① Lipton, D., Martinson, R. & Wilks, J., *The Effectiveness of Correctional Treatment: A Survey of Treatment Evaluation Studies*, Praeger, 1975.

② Robinson, G. & Crow, L., *Offender Rehabilitation: Theory, Research and Practice*, SAGE Publications Ltd., 2009, p. 29.

③ Wilson, J. Q., *Thinking About Crime*, Random House, 1975, p. 222 - 223.

④ 自由主义与保守主义是美国社会的两大哲学、政治理念。这两大理念既冲突,又互补,在相当程度上左右美国的社会、政治生活。自由主义的特色为追求发展、相信人类善良本性以及拥护个人自治权,此外亦主张放宽及免除专制政权对个人的控制。更广泛的,自由主义追求保护个人思想自由的社会、以法律限制政府对权力的运用、保障自由贸易的观念、支持私人企业的市场经济、透明的政治体制以保障每一个公民的权利。保守主义的主要特征,是极其重视现存的传统、秩序、等级和自由的价值,认为这四大政治价值高于其他任何价值,维护这些价值是国家的根本任务。它反对任何激进的社会变革,认为传统和秩序高于一切。

次以上犯罪的还要重惩。观点三:刑罚应当由立法重新确立,应当尽可能地减小刑罚幅度。观点四:监禁刑的刑期应当实质性地降低。剥夺自由在自由社会是非常严重的刑罚,应当适当地使用。除了身体伤害与反复盗窃,其他犯罪应当尽量避免使用剥夺自由。自由刑不应当超过5年。观点五:法官的自由裁量权力应当实质性地严格控制。观点六:假释委员会应当被撤销。①

保守主义者强调,尊敬老人、热爱劳动、个人责任、宗教信仰、尊重权威是社会稳定之本。保守主义者指出:假释委员会表现出让暴力犯假释的倾向,法官表现出很不情愿地将惯犯关进监狱的倾向。那种"慈爱",导致很多具有较大危险的罪犯出现在我们的社区,而这些罪犯随时可能实施犯罪。数据显示,犯罪的罪犯中只有19%的人被捕,而被捕的罪犯中只有1%的人被审判。② 保守主义者认为,推行矫治政策使罪犯失去了学习"犯罪需要付出代价"一课的机会,降低了罪犯因犯罪所应当产生的对痛苦的感受,削弱了刑罚的威慑力,导致犯罪率的上升。推行矫治,导致假释委员会不能控制危险罪犯重新返回社会"捕食"善良、无辜的人们。③ 保守主义者认为,在矫治模式下罪犯更加堕落,罪犯矫治变成为罪犯提前释放的幌子,从而使其出狱后侵犯无辜的人。④ 保守主义者主张推行确定刑,而主张放弃不定期刑。保守主义者认为这一策略有助于威慑罪犯。保守主义者也不认为犯罪是一种"病"。保守主义者认为,虽然一部分罪犯犯罪具有心理上的原因,但是他们认为大多数罪犯犯罪是理性的,是经过计算的,认为犯罪之利大于犯罪之弊,于是选择了犯罪。由于犯罪是罪犯自由意志决定的,因而他们应当受到惩罚。他们认为,实行确定刑有利于对罪犯的特别威慑与一般威慑。⑤ 保守主义者认为,解决矫治所带来问题的"解药"就是确定刑,让那些被置于缓刑,随时可能侵犯无辜公民的罪犯回到监狱,让他们明白犯罪的代价。同时,保守主义者主张强制监禁。强制监禁意味着罪犯在监狱中什么都不做,只是将其与外界隔离。⑥

自由主义者与保守主义者的批评,最后导致美国刑事政策的变化、矫正领域中

---

① Cullen, F. T. & Gilbert, K. E., *Reaffirming Rehabilitation*, Anderson Publishing Co., 1982, p. 126 - 131.

② Haag, E. van den, *Punishing Criminals: Concerning a Very Old and Painful Question*, Basic Books, 1975, p. 157 - 158.

③ Cullen, F. T. & Gilbert, K. E., *Reaffirming Rehabilitation*, Anderson Publishing Co., 1982, p. 12.

④ Cullen, F. T. & Gilbert, K. E., *Reaffirming Rehabilitation*, Anderson Publishing Co., 1982, p. 89.

⑤ Cullen, F. T. & Gilbert, K. E., *Reaffirming Rehabilitation*, Anderson Publishing Co., 1982, p. 98.

⑥ Cullen, F. T. & Gilbert, K. E., *Reaffirming Rehabilitation*, Anderson Publishing Co., 1982, p. 12, 154.

政策的变化:罪犯矫正政策由矫治政策走向刑罚正义政策模式。对矫治的官方评价,使矫治的地位一落千丈。美国国家刑事司法标准委员会指出:“监狱、改造营仅留下失败的记录。关于矫正机构制造犯罪而不是预防犯罪的证据是压倒性的。”① 美国国会1986年制定了《全面控制犯罪法》(the Comprehensive Crime Control Act of 1986)。关于制定本法的理由,美国国会宣称:19世纪以来的矫治模式事实证明是错误的,其不再为刑事司法机关所遵循。② 矫治被迫让位。

二、刑罚公正政策的出台

马丁逊报告发布后,保守主义者与自由主义者达成一致:第一,矫治模式应当抛弃;第二,刑罚对犯罪分子应当“强硬”③,应当推行体现刑罚公正的政策。

于是,体现刑罚公正的政策不断出台,如“强制最低刑量刑”(Mandatory Minimum Sentencing)政策、“报应”模式政策、量刑准则政策、真实服刑政策(Truth in Sentencing)。在上述政策中,量刑准则政策与真实服刑政策具有一定综合性。下面主要介绍这两项政策。

(一)量刑准则政策

量刑准则有两种:一是志愿的量刑准则(Voluntary Sentencing Guidelines);二是推定的量刑准则(Presumptive Sentencing Guidelines)。前者是向法官提供参考性的量刑准则,法官可以在量刑中参照或者适用,也可以在量刑中不参照或者不适用。后者是要求法官适用的量刑准则。如果法官不依照量刑准则适用刑罚,必须写出书面的理由。量刑准则,包括推定的量刑准则,是一个由各方面利益代表,包括刑事司法机构的代表组成的委员会(Sentencing Commission)制定的,其不仅有公正性,而且代表各方利益。志愿的量刑准则为威斯康星州等所采用,而推定的量刑准则被明尼苏达州等所采用。推定的量刑准则1980年被明尼苏达州所采用后,被华盛顿州、宾夕法尼亚州、佛罗里达州、美国联邦等陆续接受。

量刑准则由于在实现威慑犯罪、控制量刑权使用、促进公平等多元目的上有显著的成果,因此,量刑准则为越来越多的国家所注意、重视,乃至接受。例如,英国1989年“治安法官协会”(Magistrate Association)通过了国家量刑指南。该指南覆

---

① National Advisory Commission on Criminal Justice Standards and Goals, *Task Force Report on Corrections*, Government Printing Office, 1973.

② 资料源于美国国会信息机构。See Congressional Information Service, 1984, 1986. Abstracts of Congressional Publications.

③ Clear, T. R. & Dammer, H. R., *The Offender in the Community*, Wadsworth / Thomson Learning 2003, p. 49.

盖了25个常发犯罪类型。现在这个指南定期修订。1993年的版本根据刑事司法法的有关规定首次对每个罪的入刑点进行了规定。①

(二)真正服刑政策

真正服刑政策的基本内涵是指要求罪犯在狱内实质性地服刑,在狱内服足够长的刑期。

在20世纪70年代以前,美国的基本刑罚制度是不定期刑。在这种制度下,罪犯不仅可以获得假释,假释委员会负责罪犯的释放,而且罪犯可以获得减刑,只要罪犯在监狱表现好,就可以减刑,罪犯积极参加劳动项目,积极参加文化教育与培训,都可以获得减少刑期的机会。罪犯实质被监禁的时间是有限的,罪犯被监禁的时间不能满足公众的惩罚罪犯实现正义的要求。这样便有了刑罚的改革。基于促进正义,实现对罪犯的威慑,这些改革除了推行定期刑制、强制最低刑、制定量刑准则外,还有真正服刑。真正服刑政策最早于1984年由华盛顿州实施。这一政策的突出特点是要求罪犯在监狱内承担刑事责任。假释、减刑受到很大限制。

与其他政策相比,真正服刑政策也是对犯罪强硬("Get Tough on Crime")的社会要求的产物,其哲学基础也是刑事正义理论,主张罪刑相适应主义,认为刑期的长度应当与犯罪的严重性相适应,罪犯被判处的刑罚应当是应当判处的刑罚,但是,与其他政策相比,这一政策刑罚厉度明显要大,如与定期刑政策相比。在定期刑中,虽然法院给罪犯以确定的刑罚,但是,罪犯可以通过减刑方式提早出狱,而真正服刑政策下的罪犯出狱难度加大。

真正服刑政策实质性的发展始于20世纪90年代。1992年时任美国司法部部长巴瑞(Barr,W. P.)作了"打击暴力犯罪:强化刑事司法的24个建议"(Combating Violent Crime:24 Recommendations to Strengthen Criminal Justice)的报告。该报告列出刑事司法的四个目标:目标一,为执法机关提供更多的资源;目标二,改革联邦与州的刑事司法系统;目标三,关注最核心的罪犯;目标四,促进刑事司法机构与社会机构的相互合作。该报告指出,根据美国刑事司法调查局(Bureau of Justice Statistics)的调查,罪犯在狱内服刑的期限平均为原判刑罚的37%,30%的犯谋杀罪的罪犯在保释、社区执行或者假释中。报告提出罪犯在狱内服刑时间短,存在不能满足正义需要的问题。

为强化刑罚的惩罚性,控制可能的假释裁定权的滥用,实现对罪犯的威慑,一些国家取消了裁定假释。如英国的1991年《刑事司法法》(Criminal Justice Act

---

① Cavadino, M. & Dignan, J., *The Penal System*, Sage Publications, 1997, p. 92.

1991)取消了被判4年刑期的服刑2/3后的自动减刑制度与服刑1/3后的裁定假释,而代之以必须服刑1/2,然后自动释放,可以附条件,也可以不附条件。[①] 在美国,有的州取消了假释委员会酌定假释的权力;有的州要在10年内取消假释委员会的释放权;有的州取消了假释委员会对犯暴力罪或者重罪罪犯的释放权,如纽约州;有的州,如加州,只允许假释委员会对判处不确定无期刑(Indeterminate Life Sentence)的罪犯酌处释放;有的州则提出推行真正服刑政策,如弗吉尼亚州。

1993年,艾伦(Allen, G.) 被选为弗吉尼亚州的州长。犯罪问题是他竞选中的核心问题。他应诺如果竞选成功,他将取消假释。他竞选成功后任命前美国司法部部长库伦(Cullen, R.)和巴瑞(Barr, W.)为假释取消委员会与刑罚改革委员会主任。他们提出贯彻实际量刑制度的主张,具体包括:罪犯需要在狱内服刑达到所判刑期的85%;使暴力犯狱内服刑时间加倍;限制减刑适用。1994年实际服刑的主张在弗吉尼亚州实现法律化,具体规定在"暴力犯罪控制与法律执行法"(Violent Crime Control and Law Enforcement Act)中,这部法通常被称为1994年犯罪法案(Crime Bill)。根据这部法律,罪犯需要在狱内服至少原判刑期的85%。

真正服刑政策自弗吉尼亚州采用后在纵深上不断发展。根据弗吉尼亚旨在降低重新犯罪的"罪犯释放声明的规定"(The Offender Notification Release Program),罪犯释放时要接收到一个通知卡,这个卡要告诉罪犯重新被捕或者重新犯罪的后果,特别是重新犯重罪的后果。[②] 不仅如此,真正服刑在横向上也有重大发展:越来越多的独立司法主体接受了真正服刑政策。

第五节　罪犯危险防控的探索

罪犯危险防控包括对罪犯的危险管理与实施项目矫正,前者的功能在于控制罪犯的犯罪的危险,后者的功能在于降低罪犯重新犯罪的危险。

一、对罪犯实施危险管理

所谓危险管理,是指罪犯矫正机构根据罪犯重新犯罪的危险及程度,予以相应管理。

---

① Worrall, A. & Hoy, C., *Punishment in the Community – Managing Offenders, Making Choices*, Willian Publishing, 2005, p.40.

② Ostrom, B.J., et al., *Truth in Sentencing in Virginia*, the National Institute of Justice, 2001.

(一)危险管理产生的背景

20 世纪 70 年代后,随西方国家打击犯罪的力度显著提高,越来越多的犯罪分子被判处刑罚。

我们先看美国的监禁人口变化情况。1980 年时,美国监狱系统押犯人口是 320,000 人。到 2000 年时押犯人口是 1,312,000 人。具体情况见表 1-4。

表 1-4 美国矫正系统监管人口① 单位:千人

年份	1980 年	1985 年	1990 年	1995 年	2000 年
监狱监管人口	320	488	743	1078	1312

1970—2000 年,美国的监禁率 30 年来翻了 5 倍,而欧洲与澳大利亚的监禁率也有显著上涨。②

在英国,监禁人口在 20 世纪 70 年代后,上升得也很快,见表 1-5。

表 1-5 英国监禁人口数量变化情况③ 单位:人

年份	1968 年	1978 年	1980 年	1987 年	1996 年	2001 年	2003 年
监禁人口	32,461	41,796	43,109	50,073	55,000	66,000	74,000

不仅监狱人口增长,社区中的罪犯人口也增长。以美国为例,1980 年时,全国被保护观察的服刑人员是 1,118,000 人,被假释的人口是 220,000 人,但是到 2000 年时,全国被保护观察的服刑人员上升至 3,840,000 人,被假释的人口上升至 726,000 人。具体情况见表 1-6。

表 1-6 美国 1980—2000 年社区矫正系统监管人口④ 单位:千人

年份	1980 年	1985 年	1990 年	1995 年	2000 年
保护观察人口	1118	1969	2670	3078	3840
假释人口	220	300	531	679	726

---

① Bureau of Justice Statistics, *Correction Populations in the United States*, Government Printing Office. 2000, p. 2.

② Hinds, L., *Crime Control in Western Countries* 1970-2000, in Pratt, J., et al., eds., The New Punitiveness: Trends, Theories, Perspectives, Willan Publishing, 2005, p. 47-88.

③ Whitehead, P. & Statham, R., *The History of Probation - Politics, Power and Cultural Change* 1876-2005, Shaw & Sons Limited, 2006, p. 284.

④ Bureau of Justice Statistics, *Correction Populations in the United States*, Government Printing Office, 2000, p. 2.

由于罪犯数量的上升,国家在罪犯监管上的费用也随之上升。在美国,仅州政府在矫正领域的投入就从 1980 年的 40 亿 2600 万美元上升到 1994 年的 210 亿 2700 万美元。①

(二)危险管理及其理论根据

由于罪犯数量上升,所以,监管机构出现监管安全问题、社会安全问题,罪犯矫正机构出现人员数量相对不足问题。如何保证公众安全? 新刑罚学应运而生。

新刑罚学认为国家没有必要对所有的罪犯都投入大量的人力、物力、财力去监管,国家只需对危险性高的罪犯强化监督管理,监管安全就能得到保证,公正安全就能得到保证。

新刑罚学理论(the New Penology)是美国学者费莱(Feeley, M.)与西蒙(Simon, J.)提出的。新刑罚学根据"少数人实施多数犯罪"的实证结论认为,如果能够"标定"出犯罪危险性大的罪犯,并对他们加以监管控制,全社会的犯罪将会得到有效控制。②

根据国外很多学者的实证研究:从犯罪人实施犯罪的角度看,犯罪案件呈不均衡分布状态。在一定时间区间内在一定地区中发生的多数犯罪案件是由犯罪分子中的一小部分实施的,换言之,犯罪分子中的少数人实施了多数犯罪。

既然"少数人实施了多数犯罪",如果在犯罪分子实施犯罪前标定出这些"少数人",这些具有较大犯罪危险的人,或者说"慢性犯",并有针对性地采取控制措施,不仅可以降低刑事司法成本,而且可以有效预防犯罪与重新犯罪,维护社会安全。新刑罚学关注重点不是惩罚,也不是矫正,而是危险人群的评估与控制,即对犯罪分子的危险管理。

危险管理包括危险评估与危险控制。所谓"危险评估",是对犯罪分了重新违法犯罪危险大小进行定量化的评估,将犯罪分子区分出高度危险犯、中度危险犯与低度危险犯等类别。所谓"危险控制"是根据犯罪分子的危险程度,予以针对性监控,对危险高的犯罪分子从人力、技术、制度、物力上入手强化监控,合理安排监控资源。危险评估是危险控制的基础,危险控制的根据是危险评估。

危险管理、危险评估、危险控制等概念的引入在刑罚理论中别开生面,从而形成新刑罚学。危险管理不仅是理论,而且是一种技术。危险管理的技术性突出体现

① Bureau of Justice Statistics, *Dollar Comparisons Are Given in Constant Dollars*, Sourcebook of the Bureau of Justice Statistics, 1998.

② Carter, P., *Manageing Offenders*, *Reducing Crime*: *ANew Approach*, Correctional Service Review, 2003.

在危险评估上。对犯罪分子的危险评估,可以追溯到犯罪学形成初期。传统的对犯罪分子的危险评估方法包括面相分析、心理学上的临床分析。现代犯罪分子的危险评估是使用统计的方法。以统计的方法替代道德分析与临床分析的方法后,危险评估的可操作性大大提高,可靠性显著改善。①

(三)危险管理的内容

危险管理是通过对危险性大的服刑人员采取有效监管控制而保证社会安全与监管人员安全的服刑人员监督管理模式。这种模式的突出特点是将矫正机构的监管人力、物力与财力,投向经过危险评估被认为重新违法犯罪危险性大的服刑人员。传统的矫正,为维护社会与公众安全,往往通过对服刑人员普遍性的强化监督而进行。危险管理是对服刑人员中的危险者进行强化的监督管理,从而维护社会与公众安全,即通过控制重要的少数服刑人员,而控制全局。与普遍的强化监督相比,危险管理具有两个特点:第一,能够形成对个别服刑人员超强的监督力度。危险管理是有选择的强化监督模式。这种监督模式不是平均使用监督力量,而是对具有危险性较大的服刑人员予以强化监督,而对于危险性较小的服刑人员予以一般监督。第二,在同样的监管资源的条件下,使用危险管理模式矫正机构可以监督更多的服刑人员。由于危险管理只关注少数人,所以在一定程度上"节约"了监督资源。

危险管理包括危险评估与危险控制两大部分内容。危险评估是危险管理的基础,危险控制是危险管理的核心。准确的危险评估,有助于危险的控制;反之,不能有效控制危险。如果危险评估错误,危险的服刑人员就可能游离于矫正机关的严密监督法网之外,从而增加社会与公众的危险;如果危险控制不以危险评估为基础,监管资源就不会合理配置,就可能无法有力地控制重新危险性大的服刑人员,带给社会与公众危险。下面我们分别介绍危险评估与危险控制。

二、对罪犯实施项目矫正

所谓项目矫正,就是根据罪犯的矫正需要,使用专门工具"矫正项目"(Correctional Programs)对罪犯进行矫正的方式。与传统的罪犯矫正方法相比,项目矫正具有突出的效益性。

(一)项目矫正产生的背景

20 世纪 70 年代后,矫正是否无效,一时成为人们必须回答与选择的问题。

① Feeley, M., & Simon, J., *The New Penology: Notes on the Emerging Strategy of Corrections and Its Implications*, 30 Criminology 449, 455 (1992).

如何正确认识矫正？

矫正不仅包含人类百年的经验，而且寄托人们改恶为善的希望。从情感角度说，人们不愿意放弃矫正。但是，是否坚持矫正，归根结底决定于矫正是否有效，矫正能否降低罪犯的重新犯罪率。英国学者麦奎尔（McGuire, J.）使用一种名为元分析法（Meta－Analysis）的社会学统计分析方法对1985年到1996年有关矫正的研究报告对矫正是否有效进行了分析。这个分析涉及50,000名罪犯。麦奎尔的结论是：研究表明，对罪犯的矫正具有积极作用，参加矫正的罪犯与没有参加矫正的罪犯相比较，矫正可以使重新犯罪率下降10%～36%。[①] 其他学者也有类似的研究，结果表明矫正是有一定效果的。

既然矫正对降低罪犯重新犯罪率有效，对服刑人员的矫正就不应当放弃。

但是，肯定矫正并非肯定传统的范式。传统的矫正范式有缺陷，传统的矫正范式只关注对罪犯实施的矫正行动，而对矫正的效果关注不够。如同生产活动只关注投入，不关心产出。坚持矫正，需要创新矫正的范式。

这是项目矫正产生的背景。

（二）项目矫正的工具

如前文所述，项目矫正是在罪犯矫正需要评估基础上使用“矫正项目”这一工具对罪犯进行的矫正。

“矫正项目”，就是具有矫正内容、矫正量与矫正程序的矫正模块。矫正项目如同药物，罪犯矫正工作者可以在罪犯矫正需要评估基础上，根据罪犯不同需要使用不同的矫正项目就可以对他们进行矫正。

从罪犯矫正方法看，矫正项目的出现改变了罪犯矫正传统的框架。传统的罪犯矫正方法是非结构性的矫正方法，随机性很强。矫正项目是具有矫正内容、矫正量与矫正程序的矫正模块，是具有结构性的矫正方法。由于矫正项目具有结构性，是一种矫正模块，所以，矫正项目的出现，促成了项目矫正这一新的矫正形式。由于项目矫正所使用的矫正方式是“矫正项目”，而矫正项目是体现矫正效益的矫正方式，是具有很强操作性的矫正工具，所以，项目矫正具有传统矫正没有的优势。

（三）矫正项目的种类

矫正项目的种类非常多，根据矫正需要的不同，矫正项目可以分为以下类型：

劳动技能培训类项目；

---

① McGuire, J., *Alternatives to Custodial Sentences: Effectiveness and Potential for Development*, Memorandum of Evidence to the Home Affairs Committee, House of Commons, UK, 1998.

教育类项目；
重返社会帮助类项目；
认知行为矫治类项目；
社会交往技能类项目；
情绪控制类项目；
家庭矫正类项目；
生活能力帮助类项目；
戒毒类项目；
暴力类防治项目；
性犯罪控制项目。

第六节 社区矫正的发展

一、社区矫正的产生

1841年美国波士顿的鞋匠奥古斯特(Augustus, J.)因不忍见到出狱罪犯生活的凄惨,向法院提出对罪犯保释。在普通法中,如果罪犯能够保证善行,罪犯可以被具结保证(recognizance)释放。在当时的美国,如果第三人志愿对罪犯监督保证,法院可以对特定的罪犯予以释放。根据普通法,法院接受了奥古斯特的请求。1841年他开始出入警察法庭将醉酒人保释,以后逐步扩大范围。根据有关资料,奥古斯特总共对1102人进行过保释,并予以保护观察。奥古斯特死后,他的工作由名为哈斯金斯(Haskins)的牧师与名为库克(Cook)的油漆工兼监狱牧师接任。哈斯金斯死前共为3000名未成年犯保释并予以保护观察。①

由于保护观察在一定程度上能够救济短期监禁刑的弊端,所以,保护观察不仅被人们接受,而且日益受到重视,从局部探索发展到普遍推行,并最终被立法机关肯定。1878美国马萨诸塞州颁布了美国第一部《保护观察法》(Probation Act)。1880年与1881年马萨诸塞州颁布了有关保护观察的补充规定,强化了警察与保护观察官的关系。1891年马萨诸塞州《保护观察法》将保护观察官的任命权转给了法院。1898年,高级法院也获得了这个权力。到1900年,马萨诸塞州保护观察制度

---

① Harris, R., *Probation Round the World - Origins and Development*, in Koichi Hamai, et al., eds., Probation Round the World: A Comparative Study, Routledge, 1995, p. 28.

已演变为判决前缓执行的刑事司法程序中的独立的部分。马萨诸塞州颁布《保护观察法》后,受其影响,美国其他一些州也开始推行保护观察制度。1925年美国联邦接受保护观察制度并通过了《保护观察法》。①

英国的保护观察制度发展史可以追溯到1820年。1820年华威郡(Warwick Shire)根据普通法的具结保证制度将年轻罪犯交由雇主监督管理,而不再关押。英国正式的保护观察工作展开始于1876年。一名名字是瑞纳(Rainer)的油漆工找到"英格兰节欲协会"(the Church of England Temperance Society)的主席艾里森(Ellison, C.),向他建议将"英格兰节欲协会"的工作延伸到醉酒的罪犯。"英格兰节欲协会"是一个宗教团体。"英格兰节欲协会"接受了瑞纳的建议,向警察法庭派传教人员为罪犯向法庭具结保证,并对罪犯予以保护观察。1880年伦敦警察法庭已有4名工作人员。到1907年《罪犯保护观察法》(Probation of Offenders Act)颁布时,已有143名这样的工作人员。英国1907年《罪犯保护观察法》肯定了"英格兰节欲协会"对罪犯保护观察的实践经验。根据法律规定执行:保护观察适用对象是被判刑的人;对待罪犯的基本原则是"AAB",即"劝告"(advice);"帮助"(assist)与"交友"(befriend),同时要进行监督、指令罪犯完成特定行为、报告个人情况。②

在西方国家,保护观察是社区矫正最主要的形式。有的国家保护观察是社区矫正的形式之一,如美国。有的国家,保护观察是社区矫正的唯一形式,如英国、挪威。

二、社区矫正模式的演进

根据社区矫正发展的不同阶段,社区矫正模式的演进主要有传统模式、个案模式、经纪人模式、监督公正模式和综合模式。

(一)传统模式

社区矫正的"传统模式"(Conventional Model)③是社区矫正最早出现的模式,产生于社区矫正的改造阶段。

由于社区矫正发展过程中出现了两种"传统":一种是"监督"传统,另一种是"帮助"传统。因而社区矫正的"传统模式"分为两种亚模式:第一种模式是监督型

---

① Chute, C. & Bell, M., *Crime, Courts and Probation*, Macmillan, 1956, p.66.

② Harris, R., *Probation Round the World – Origins and Development*, in Koichi Hamai, et al., eds., Probation Round the World: A Comparative Study, Routledge, 1995, p.28.

③ Latessa, E.J., Smith, P., Corrections in the Community. Burlinton: Anderson, 2007, p.225 – 226.

模式,第二种模式是帮助型模式。[①]。

监督型模式的基本特点是社区矫正工作人员围绕对社区中的服刑人员人身、行为监督展开。标准的对社区中罪犯监督的内容包括:不能犯罪;寻求就业机会;递交毒品检验报告;没有社区矫正官员的许可不能迁居;没有社区矫正官员的许可不能变换工作;根据社区矫正官员的指示报告个人情况;没有许可不能离开所在地域;社区矫正官员随时可以探访;不能与有前科的人交往。[②]

帮助型模式的基本特点是社区矫正工作人员围绕对社区中的服刑人员帮助展开。在社区矫正发展的早期,服刑人员帮助表现为"拯救灵魂"为主。后来服刑人员帮助逐步演变为以心理帮助为主,以帮助服刑人员解决生活困难、寻找工作为主。

因为监督型模式下的社区矫正工作以监督为主,所以这种模式下的社区矫正官员的职业要求突出忠诚于执行有关规定,而帮助模式下社区矫正工作因为以帮助为主,所以这种模式下的社区矫正官员的职业要求突出爱心、重视社会工作技能。

从社区矫正的实践看,有的国家社区矫正传统模式倾向于监督型模式,如美国。美国学者莱特萨(Latessa, E. J.)与史密斯(Smith, P.)认为,社区矫正的"普遍传统模式"就是根据保护观察工作人员数量与服刑人员数量对应分配监督管理任务。[③] 有的国家的社区矫正传统模式倾向于帮助型模式,如英国。[④]

社区矫正应当采用监督型模式,还是帮助型模式? 对在社区中的服刑人员应当监督、控制,还是帮助、关心? 从社区矫正发展史看,每个国家由于各种原因,接受社区矫正或者保护观察制度后所做的选择不同。

有的国家在某一个阶段可能会接受监督型模式,如新西兰。新西兰在世界上是最早学习美国马萨诸塞州保护观察制度的国家,而且早在 1920 年就制定了《罪犯保护观察法》(the Offenders Probation Act 1920)。这部法律明确规定保护观察部门社区是独立的执法机构,根据规定,保护观察部门对被执行保护观察的犯罪人进行监督,对于违反监督规定的,可以送到监狱执行原判的监禁刑。这部法律赋予保

---

① Whitehead, P. & Statham, R., *The History of Probation – Politics, Power and Cultural Change 1876 – 2005*, Shaw & Sons Limited, 2006, p. 54.

② Cromwell, P. F., Carmen, R. V. del, Alarid, L. F., *Community – based Corrections*, Wadsworth/Thomson Learning, 2002, p. 74.

③ Latessa, E. J. & Smith, P., *Corrections in the Community*, Anderson, 2007, p. 225 – 226.

④ Koichi Hamai, et al., *Introduction*, in Koichi Hamai et al. eds., Probation Round the World: A Comparative Study, Routlegde, 1995, p. 12.

护观察官员很宽泛的权力。1920 年后保护观察官员主要由警察、监狱官员担任。来自救世军[①](The Salvation Army)的志愿者与一些付薪的业余官员占一部分。1926 年后,新西兰全国被分为 4 个保护观察区,每个区包括全职的官员与一个包括社区不同阶层与宗教派别代表的志愿者构成的委员会。但是,到 20 世纪 50 年代,除了大城市,大管区仍由警察负责对保护观察人员的监督。[②]

有的国家关注帮助型模式。"二战"后,英国的保护观察制度受到了极大的关注,法国、意大利、西班牙、希腊、黎巴嫩、乌拉圭、新加坡都派学生到英国学习。联合国经济社会理事会也高度重视英国的保护观察制度,1951 年曾经汇集英国的有关制度。在保护观察的发展史中,1952 年由英国原内政部现司法部主办的关于保护观察的研讨会具有很大的意义。这次研讨会有 12 名专家,来自 17 个欧洲国家包括司法、矫正机构、社会工作训练、社会福利机构的代表参加,还有来自 24 个机构的观察员。这次会议充分肯定了保护观察的矫正技术与理念的潜力。会议很多参加者认为,保护观察的基本精神就是对罪犯的帮助,而不是监督。监督与帮助相比,帮助是第一位的,而监督是第二位的。[③] 这次会议扩大了英国保护观察制度的文化影响力。

关于社区矫正监督型模式与帮助型模式的优劣,及国家发展社区矫正的应然选择,在社区矫正发展的初期就有争论。[④]

(二)个案模式

随着心理学理论被引入社区矫正领域,社区矫正逐步进入矫治阶段。

心理矫治的主要方法是心理诊断与心理咨询。核心是心理咨询。虽然心理咨询是心理学的概念,但是,其却与保护观察的传统原则暗合。保护观察的传统原则是"劝告"(advice)、"帮助"(assist)与"交友"(befriend)。这是心理咨询在社区矫正领域被接受,并得以发展的重要原因。

心理咨询与社会工作密切相关。心理咨询支持社会工作,反过来,社会工作也影响心理咨询。社会工作在西方早在 19 世纪就已产生。到了 19 世纪末 20 世纪

---

① 救世军是一个于 1865 年成立,以军队形式作为其架构和行政方针,并以基督教作为信仰基本的国际性宗教及慈善公益组织,以街头布道和慈善活动、社会服务著称。

② Harris, R., *Probation Round the World – Origins and Development*. In Hamai, K., et al., eds., Probation Round the World: A Comparative Study, Routledge, 1995, p. 28 – 62.

③ Harris, R., *Probation Round the World – Origins and Development*, in K. Hamai, R., et al., eds., Probation Round the World: A Comparative Study, Routledge, 1995, p. 47.

④ Worrall, A., Hoy, C., *Punishment in the Community – Managing Offenders, Making Choices*, Willian Publishing, 2005, p. 78.

初,社会工作受到社会科学尤其是社会学的极大影响。人们假定,社会工作者的任务是寻找问题的原因,原因一旦确定,解决方法也随之出现,社会病态也就可以消除。社会工作教育在这个时期也逐渐发展。一些学院纷纷开设社会工作有关课程,为社会工作从行业性工作向专业性工作的转变提供了理论和知识的储备。里士满在1917年出版的《社会诊断》标志着专业社会工作的诞生。里士满也因此被人们誉为专业社会工作的创始人。社会工作的基本方法是个案方法(casework)。鉴于个案方法在提高心理咨询的效果上的重要性,社区矫正官员被要求将心理咨询放在社会工作的个案方法框架下开展。① 美国学者科伦维尔(Cromwell,P. F.)等论到社区矫正中个案模式时指出:个案模式的内容就是社区矫正工作者与服刑人员谈话、创造矫治的关系,对服刑人员提供咨询。② 个案方法突出工作人员与服刑人员的关系。通过发展一对一的关系推动服刑人员行为、态度的转变。社区矫正的个案工作建立下面四个假设基础上:假设一,服刑人员在适当的时间给予一定量的帮助是可以改变的;假设二,因为每个人的问题都是复杂的、纠结的,因此,解决方法需要个别化;假设三,矫正需要建立在服刑人员与社区矫正工作者之间密切的关系的基础上;假设四,服刑人员必须具有积极的动机改变自己,也就是自愿,而不是强迫改变自己。③ 个案工作开展坚持下列原则。第一,个别化原则,考虑每个对象的独立性、权利与需要。每个服刑人员所表达的需要不尽相同,咨询要根据不同对象的不同需求有针对性地进行。第二,控制感情卷入原则,个案工作者理解咨询对象,对其感情表达要有所回应,但是应当节制。第三,宽容原则,无论服刑人员有何优点或者缺点,好打交道,还是不好打交道,无论对服刑人员的感受是积极的,还是消极的,都要宽容。第四,不评价的态度,个案工作者对服刑人员所作所为,应当保持不评价的态度。第五,服务对象自决的原则,在个案工作过程中,要尊重服务对象的权利与自由。当然,服务对象也要遵守法律与道德规范。第六,保密原则,个案工作者对服刑人员的个人信息不应当传播。④

(三)经纪人模式

20世纪60年代,由于人们认识到很多人犯罪是犯罪人外在的因素所致,如贫困、缺乏教育、缺乏劳动技能,所以,在政策上主张通过消灭贫困控制犯罪。美国为

---

① Felix Biestex 1961, The Casework Relationship.

② Cromwell, P. F., Carmen, R. V. del & Alarid, L. F., *Community - based Corrections*, Wadsworth/Thomson Learning, 2002, p. 113 - 114.

③ Latessa, E. J. & Smith, P., Corrections in the Community, Anderson 2007, p. 229 - 230.

④ Worrall, A., Hoy, C., *Punishment in the Community - Managing Offenders, Making Choices*, Willian Publishing, 2005, p. 145 - 146.

控制犯罪提出开展“对贫困的战争”(War on Poverty)。1967年美国总统委员会认为:犯罪的问题是社会设施存在问题与经济机会缺乏的结果;遏制犯罪欲望措施的失败缘由促进罪犯融入社会的措施的缺乏,如工作不确定,家庭不稳定与住房条件差等。根据上述观点,美国总统委员会提出:罪犯是否融入社会相当程度决定于社区机构,监狱只能作为最后的手段;刑事司法机构可以通过改善对罪犯的服务并与相关机构的协调促进公共的安全。① 帮助服刑人员融入社会成为国家的重要刑事政策。如何帮助罪犯融入社会?帮助罪犯融入社会的主要途径是推行社区性刑罚、推行现代社区矫正,这样,社区性刑罚开始得以发展,现代社区矫正出现。美国有学者认为现代社区矫正始于1967年。②

社区矫正的重要职能就是“帮助服刑人员找工作”、“帮助服刑人员找房子”、帮助服刑人员获得接受教育、职业训练的机会。这是帮助服刑人员融入社会的必要条件。这样,“帮助服刑人员找工作”、“帮助服刑人员找房子”、帮助服刑人员获得接受教育、职业训练的机会,被规定为社区矫正工作者的职责。

经纪人模式(Brokerage of Services)便在这种制度规定下产生了。

在这种模式下,社区矫正工作者的任务不再是通过咨询了解、发现服刑人员的内心世界,从而去改变他们,而是评估服刑人员就业、学习、技能训练、住宿、医疗等需要,并予以相应的安排。在这种模式中,社区矫正工作人员成为有关服刑人员社会资源的经营者、管理者。他们的职责是对服刑人员上述需要评估后,根据所经营、管理的有关资源而对服刑人员予以帮助。具体来说,社区矫正工作的职责有以下几点。

第一,对服刑人员的需要评估。服刑人员的需要评估范围包括有精神病治疗、住房帮助、就业帮助、教育、培训等方面的评估。③

第二,在服刑人员与相关社会资源、社会服务之间牵线搭桥,承担服刑人员“经纪人”(advocate/service broker)的角色。首先,社区矫正工作者需要了解、掌握与服刑人员有关的社会资源、社会服务方面的知识、制度;其次,社区矫正工作者要获取与有关服刑人员的社会资源、社会服务方面有关的信息,如企业招收员工的信息、有关行业培训的资助信息;最后,社区矫正工作者要与有关机构,包括有关政府机

---

① Williams, T. H., *The Evolution of Community Corrections in the United States and the Importance of Evidence - Based Practices*, New Developments in Criminal Justice & Crime Control.

② Connor, T. O', Community Corrections and Intermediate Sanctions, http://Ncwc.edu/TOConnor/294/2941ecto7.htm.

③ Cromwell, P. F., Carmen, R. V. del & Alarid, L. F., *Community - based Corrections*, Wadsworth/Thomson Learning, 2002, p. 113 - 114.

构、社会组织建立密切的联系，以使自己不但能够在服刑人员与有关机构之间建立直接联系，而且帮助服刑人员获得有关服务。①

1973 年，美国“国家刑事司法标准与目标咨询委员会”（the National Advisory Commission on Criminal Justice Standard and Goals）主张将社区矫正工作人员从个案工作者改称为经理。委员会认为，为执行社区经理的职责，社区矫正工作人员必须履行下列职责：帮助服刑人员得到应得到的服务；如果遇到问题，社区矫正工作人员需要发现问题之所在，排除困难，使服刑人员得到应当得到的帮助。②

在经纪人模式下，虽然社区矫正工作者需要利用与服刑人员相关的社会资源，而且需要不断“开发”有关资源，比如，随着互联网发展，网络成为信息发布、利用的重要空间，社区矫正工作者需要学习利用互联网发布、“发现”有关信息，以满足工作需要，但是，社区矫正工作者无论与服刑人员交往，获取并评估服刑人员有关需要，还是与政府机构、非政府机构工作人员交往，争取他们的帮助与支持，都需要社会工作技能。这一点与个案模式有相同之处。从这个意义上说，个案模式不仅是经纪人模式的基础，而且支持经纪人模式。

（四）监督公正模式

随着社区性刑罚被纳入刑罚体系，如何在社区矫正中实现惩罚随后产生。这样出现了监督公正模式（the justice model of supervision）。

20 世纪 60 年代国际上就出现了后来被命名为“社区刑”的立法。1966 年美国加利福尼亚州的法官为更好地惩处违反交通法与停车法的妇女，创设了社区劳动刑。根据规定，被判该刑罚的罪犯需要在社区参加无偿的劳动。③ 法国于 1981 年引入社区劳动刑。④ 1984 年爱尔兰引入社区劳动刑。⑤ 20 世纪 70 年代，美国创设了日报告刑（Day Reporting Centers）。⑥ 这种刑罚要求服刑人员每日到“日报告中心”报告个人情况。“日报告中心”负责被判日报告刑的执行。美国佛罗里达州《矫正改革法》规定了家庭监禁刑（house arrest，house confinement），并于 1983 年付诸实

---

① Latessa, E. J. & Smith, P., *Corrections in the Community*, Anderson, 2007, p. 229 – 234.

② The National Advisory Commission on Criminal Justice Standard and Goals, *Corrections*, U. S. Government Printing Office, 1973, p. 322 – 323.

③ Wong, K., *Community Service*, in Kerley, K. R. ed., the Encyclopedia of Corrctions, Wiley Blackwell, 2017, p. 132, 136.

④ Martine Herzog – evans, *Probation in France: Some Things Old, Some things New, Some things Borrows, and Often Blue*, 58 Probation Journal 345 (2011).

⑤ Dea, P. O', *The Probation and Welfare Service: Its Role in Criminal Justice*, in Mahony P. O.' ed., Criminal Justice in Ireland, the Institute of Public Administration, 2002, p. 635, 656.

⑥ Parent, D., et al., *Day Reporting Centers*, National Institution, 1995, p. 3.

施。[①] 但是,开"社区刑"立法先河,明确社区刑为刑罚的立法,却是1991年英国(英格兰与威尔士)的《刑事司法法》(Criminal Justice Act 1991)。这部法将保护观察(Probation Order)明确定义为一种刑罚,而不再将保护观察视为监禁替代措施、惩罚替代措施。[②] 至此,社区刑正式登上刑罚舞台,并拉开监禁刑与非监禁刑无缝衔接的序幕。[③] 莫里斯与汤瑞(Morris,N. and Tonry,M.)认为,保护观察的刑罚化,促进了社区刑的发展,促进了刑罚体系的科学化。[④]

监督公正模式主要通过以下三方面实现对服刑人员的惩罚:第一,根据法官的判决限制服刑人员的自由;第二,根据法官判决及有关法律规定,要求服刑人员对被害人或者社会进行赔偿;第三,接受咨询,参加酒精矫治、毒品矫治等项目。监督公正模式上述内容的实现需要通过社区矫正工作人员对服刑人员的监督工作进行。

社区矫正工作人员对服刑人员的监督工作主要包括下列内容:帮助服刑人员了解法院所确定的社区服刑条件,指导服刑人员遵从有关规定;向法院或者假释委员会报告服刑人员遵守监督规定的情况;根据法院确定的条件帮助服刑人员;对监督工作进行记录;根据服刑人员的危险性制订监督计划;开展具体的监督活动,包括查证就业情况;查证服刑人员收入情况;监督与他人的交往;尿检;限制旅行等。如果服刑人员危险降低,监督条件要进行相应修改;如果服刑人员危险降低,监督计划也要进行相应修改。[⑤]

(五)综合模式

综合模式是当代社区矫正的新模式。

随着新刑罚体系的成型,被适用社区性刑罚的犯罪人数量不断增加,在社区中服刑的人员数量越来越大。社区中服刑人员数量的增加,使公众安全问题突出。在

---

① Nieto, M., *Community Correction Punishments: An Alternative to Incarceration for Nonviolent Offenders*, www.library.ca.gov/CRB/96/08.

② Raynor, P., *Theoretical Perspectives on Resettlement: What it is and how it might work*, in Hucklesby, A. & Hagley-Dickinson, L. eds., Prisoner Resettlement Policy and Practice, Willan Publishing, 2007, p.30-31.

③ Raynor, P., *Theoretical Perspectives on Resettlement: What it is and how it might work*, in Hucklesby, A. & Hagley-Dickinson, L. eds., Prisoner Resettlement Policy and Practice, Willan Publishing, 2007, p.30-31.

④ Morris, N. & Tonry, M., *Between Prison and Probation: Intermediate Punishment: Toward a Rational Sentencing System*, University of Chicago Press, 1990, p.38.

⑤ Cromwell, P. F., Carmen, R. V. del & Alarid, L. F., *Community-based Corrections*, Wadsworth/Thomson Learning, 2002, p.115.

这种背景下,危险管理应运而生。社区矫正中的危险管理就是通过合理安排社区矫正监控力量,使危险性大的服刑人员得到有效监控,保证社区公众安全。危险管理包括危险评估与危险控制两大部分内容。为提高罪犯矫正的有效性,矫正项目被运用于罪犯矫正工作中。现代服刑人员矫正如同凤凰涅槃,从被认为无效的个案模式下的心理矫治变身为项目矫正。与心理矫治相比,项目矫正不仅具有定量因素,而且需要进行矫正需要的定量性评估;不仅从心理上帮助罪犯,而且从学习上、劳动技能上帮助罪犯;从对服刑人员单纯的心理影响,发展为动用心理学工作者、社会工作者、政府力量、福利政策等多方位、多角度影响服刑人员。与心理矫治的最重要的区别点是项目矫正需要围绕矫正的有效性展开。只有有效的矫正项目才能付诸实施。为促进服刑人员融入社会,恢复被犯罪分子破坏的社会关系,预防社区中服刑人员重新犯罪,恢复性司法被融入社区矫正工作中,并成为有机组成部分。"危险管理+项目矫正+恢复性司法"构成综合模式的框架。

综合模式具有鲜明的创新性,无论危险管理,还是项目矫正,都是新生事物。综合模式不是对传统模式、个案模式、经纪人模式、监督公正模式的全盘否定,而是对上述模式批判继承后构建的全新的社区矫正模式,具有突出的继承性。无论危险管理中对服刑人员的监督,还是项目矫正中的对服刑人员的认知矫治、就业帮助,都与传统模式、个案模式、经纪人模式、监督公正模式,有千丝万缕的联系。综合模式具有一定的包容性,综合模式为促进被犯罪分子破坏的社会关系的恢复,融恢复性司法于社区矫正中,使社区矫正内涵进一步丰富。

研究与思考

1. 早期的罪犯劳动改造为何失败?
2. 简述矫治模式推行的经验与教训。
3. 重返社会政策具有何种价值?
4. 惩罚公正理念为何产生,其合理性在哪里?
5. 简述危险防控在国外罪犯矫正工作中的地位。
6. 如何看待社区矫正中的监督公正?

第二章 罪犯矫正的目的

重点提示

1. 罪犯矫正与不同目的的关系。
2. 报应与威慑的关系。
3. 改造与矫治的关系。
4. 帮助罪犯融入社会的地位。

关于罪犯矫正的目的在国外的文献中表述有很大差异。本着最大程度反映不同有关主张的愿望,这里将国外关于罪犯矫正的目的概括为:报应、威慑;改造、矫治;剥夺;帮助罪犯融入社会。

这里特别需要说明的是,越来越多的国家将不同的目的纳入罪犯矫正框架下进行探索,所以,罪犯矫正的目的具有多元性,如2006年英国原内政部(现司法部)呈交议会的《维护社会安全降低重新犯罪的五年规划》(A Five Year Strategy for Protecting the Public and Reducing Re – offending)①中对罪犯矫正目的的表述是:保卫社会、惩罚罪犯、补偿被害人、矫治罪犯、更好地管理罪犯使其不再犯罪。我们看到,现代西方国家所定义的"矫正"基本等同于我国的广义上的刑罚执行。为了更好把握罪犯矫正目的,我们分别阐述。

---

① The Stationary Office, *A Five Year Strategy for Protecting the Public and Reducing Re – offending*, *Presented to Parliamentary by the Secretary of State for the Home Department*, by Command of Her Majesty, The Stationary Office, 2006.

第一节 报应与威慑

一、报应、威慑的概念及其地位

(一)概念

所谓报应(retribution),是指国家以刑罚回应犯罪人对公民与社会所实施的罪恶。① “以眼还眼、以牙还牙”所反映的关系就是报应关系。

所谓威慑(deterrence),是指国家通过对犯罪分子施以刑罚使罪犯或者其他人不敢犯罪。② 在汉语中,刑罚威慑是以刑罚之威力慑服人心之意。由于刑罚威慑具有对象性,对象不同,威慑内涵不同,由此产生威慑分类问题。关于威慑分类,我国学界多将威慑分为特别威慑与一般威慑。西方学者认为威慑有四种类型:特别威慑、一般威慑、边缘威慑、部分威慑。③ 特别威慑,以重新犯罪率进行衡量;一般威慑,以犯罪率进行衡量;边缘威慑(marginal deterrence),其关注不同刑罚的特别威慑与一般威慑的效果比较,如经济罚与自由罚对超速驾驶惩罚的效果比较,又如使用无期徒刑与死刑对惩罚威慑罪犯的比较;部分威慑,指刑罚威慑价值与不能产生威慑的情况,如小偷因害怕抢劫惩罚而选择盗窃,这就是成功的部分威慑。这里所讲的威慑是特别威慑,即国家通过对罪犯使用刑罚,使罪犯本人在承受痛苦后产生恐惧之心,从而不再重新犯罪。刑罚的形式有身体刑、自由刑、名誉刑、财产刑等。

报应与威慑既有相同之处,也有不同之处。报应与威慑的相同之处在于两者都是实现刑罚价值的路径,都是以刑罚适用后刑罚执行的目标。报应与威慑的不同之处在于,报应追求刑罚惩罚的必然性,即罪刑的因果关系,同时报应追求罪刑的均衡关系,罪重而刑重,罪轻而刑轻,而威慑追求犯罪分子因痛苦的感受而畏惧刑罚。

在现代的罪犯矫正中,报应与威慑都是矫正(刑罚执行)的目的,但是,报应与威慑两者对立统一,刑罚执行中对报应的追求,不能不考虑刑罚的威慑价值。同时,

---

① Mays, G. L., & Winfree, Jr. L. T., *Essentials of Corrections*, Thomson Wadsworth, 2005, p.4, 5.

② Larry, G., Mays, L. & Thormas Winfree, Jr., *Essentials of Corrections*, Thomson Wadsworth, 2005, p.5.

③ Miethe, T. D. &Lu, H., *Punishment - A Comparative Historical Perspective*, Cambridge University Press, 2005, p.20.

对威慑的追求也不能不考虑报应。报应对威慑具有限制的功能,也就是罪犯矫正机构不能为威慑罪犯而威慑罪犯,威慑的实施需要在罪刑均衡的前提下完成威慑目标。

(二)报应与威慑的地位

报应与威慑是罪犯矫正(刑罚执行)的基本目的,是其他目的实现基础。

报应的实施可以实现法律的公正的价值,实现量刑的公平,是罪犯矫正目的核心。

威慑的实施可以实现对犯罪的个别预防与一般预防,同时,威慑的实施也有助于保障社会安全。威慑从属于报应。

二、报应与威慑的基本思想基础

(一)报应的基本思想基础

报应的基本思想基础是公平、正义观念。

从词义上说,公平、正义基本一样,其基本含义指“付出”与“所得”平等。阿奎那(Aquinas, T.)认为:正义是“一个人以一种永恒不变的意愿使每个人获得其应得的东西”。穆勒(Mill, S. J.)认为:“人公认每个人得到他应得的东西为公道;也公认每个人得到不应得到的福利或者遭受不应得的祸害为不公道。”麦金太尔(Maclntyrer, A. C.)认为:“正义是给每个人——包括给予者本人——应得的本分。”[①]关于“公平”“正义”的表述不完全相同,但意义基本相同。人类对公平、正义的需求从社会产生之日就出现,而且将伴随社会发展。虽然公平、正义观念早已产生,但是,只有到了近代,它才发展为人类首要的价值观念,才成为评判制度、法律、政策、行为的标准。制度、法律、政策、行为的良劣要首先经过“公平与正义”这个法官认定。美国学者罗尔斯(Rawls, J. B.)认为,正义是社会制度的首要价值,如同真理是思想体系的首要价值。[②] 当使用公平、正义观念审视罪刑关系时,传统威慑政策便成了违反这种基本道德准则的政策。根据公平、正义观念,罪犯犯罪后应当接受惩罚,应当接受责难,接受惩罚是罪犯应付之债,惩罚罪犯具有当然的正当性,但是,惩罚必须有度,不能超过犯罪所应当得到的惩罚,否则就是暴行,丧失了刑罚的正当性。人们对过度的刑罚如此厌恶,以至于对汉谟拉比(Hammurabi)法典都在一

---

① 王海明:《公正 平等 人道——社会治理的道德原则体系》,北京大学出版社2000年版,第3页。

② [美]约翰·罗尔斯:《正义论》,何怀宏、何包钢、廖申白译,中国社会科学出版社1988年版,第1-2页。

定程度上予以肯定,因为这部法典对刑罚的适用确定了报应原则,从而使刑罚适用有了一定的度。汉谟拉比法典是公元前1792—公元前1750年巴比伦国王汉谟拉比制定的。历史学家认为这是第一部以报应观念为核心的成文法典。该法共282条,肯定了以眼还眼的报应原则。根据该法律,如果建筑人建设的房子导致房主死亡,建筑人要被执行死刑;如果建筑人建设的房子导致房主的儿子死亡,建筑人的儿子要被执行死刑。

近代以来,构筑罪刑平等关系是知识界、司法界,乃至社会各界的基本主张。康德认为:“公平的正义可以作为它的原则和标准的惩罚方式与尺度是什么?这只能是平等的原则。根据这个原则,在公正的天平上,指针就不会偏向一边的,换句话说,任何一个人对人民当中的某个个别人所作的恶行,可以看作他对自己的作恶。”①苯认为:“报应要求刑罚必须与犯罪相当,因而一种较轻微的犯罪不应当比一种严重的犯罪受到更严厉的惩罚。”②尽管如何构筑罪刑平等关系,观点不完全一致,即使在近代,也有分歧,例如,黑格尔认为:“犯罪的基本规定在于行为的无限性,所以单纯外在的种的性状消失的更为明显,而等同性依然是唯一的根本规则,以调整本质的东西,即罪犯应该受到什么刑罚,但并不规定这种刑罚的外在的种的形态。单从这种外在的种的形态看来,一方面窃盗和强盗他方面罚金和徒刑等之间存在着显著的不等同,可是从它们的价值即侵害这种它们普遍的性质看来,彼此之间是可以比较的,寻求刑罚和犯罪接近于这种价值上的等同,是属于理智范围内的事。”③但是,相同的观点是:罪与刑之间应当平等,刑不能超过罪。

(二)威慑的基本思想基础

威慑的基本思想基础是理性主义。

人们对理性的认识始于古希腊。亚里士多德说过:“人的功能,绝不仅是生命。因为甚至植物也有生命。我们所求解的乃是人特有的功能。因为生长养育的生命,不能算作人的特殊功能。其次,有所谓感觉生命,也不能算做人的特殊功能,因为甚至马、牛及一切动物也都具有。人的特殊功能是根据理性原则而具有理性的生活。”进入近代,人们对理性有了全新的认识。笛卡儿认为,理性是人的天赋,人之所以不同于禽兽,就在于人的理性禀赋。此后,经过康德、黑格尔、爱尔维修等人的发展,理性主义成为人类认识自己的基本立场。

---

① [德]康德:《法的形而上学原理——权利的科学》,沈叔平译,商务印书馆1991年版,第165页。

② 邱兴隆:《关于惩罚的哲学——刑罚根据论》,法律出版社2000年版,第52页。

③ 参见[德]康德:《法的形而上学原理——权利的科学》,沈叔平译,商务印书馆1991年版,第106页。

无疑,贝卡里亚与边沁都是从理性主义的角度看待刑罚的。

贝卡里亚受孟德斯鸠、伏尔泰的影响最深。其主张的核心概念是社会契约论。他倡导下列刑罚原则。

1. 社会行动建立在多数人利益的功利基础上。

2. 犯罪是对社会的伤害,对待犯罪唯一的理性方式是控制伤害的范围。

3. 预防犯罪比惩罚犯罪更重要。因而应当开展普法教育,让公众知道他们会得到什么样的法律帮助,守法会得到什么样的回报。

4. 秘密审判与刑讯逼供应当被废除,对被告人的审判应当加快,而且要给予人道的待遇。

5. 刑罚的目的应当是威慑,而不是为了报复犯罪人。刑罚对犯罪分子的有效威慑不在于刑罚的严厉,而是刑罚的确定性与刑罚反应的快捷性。刑罚应当与犯罪建立相适应的关系。对于财产犯应当使用罚金,对于不能支付罚金的应当使用监禁。死刑应当被取消,因为有期徒刑在威慑犯罪方面更有效。

6. 监禁应当广泛使用,但是应当根据年龄、性别、犯罪程度分类关押。①

我们看到,贝卡里亚很重视刑罚的威慑。威慑如何能够控制重新犯罪?边沁作出了解释。边沁做过如下假设:第一,人的本能就是追求快乐,避免痛苦;第二,每个人,无论有意识,还是无意识,快乐与痛苦都是根据行为计算的。按照边沁的看法:人既有理性,又有意志自由,能够对自己的行为负责。人是按照功利原则行为的,追求快乐与幸福,而避免痛苦与不快乐。② 因此,要防治罪犯重新犯罪就要使罪犯感到痛苦,使罪犯所受痛苦大于犯罪所得之乐。

边沁的观点不仅解释了人类使用残酷刑罚防治重新犯罪的历史,而且明确了这样一个重要命题:通过刑罚带给罪犯痛苦具有正当性。这是避免罪犯重新犯罪的重要方法。虽然罪犯具有经验的一面,但是毕竟也有理性的一面。③ 因为具有理性,罪犯再犯罪时要考虑再犯罪的后果。一名叫康贝尔(Campbell, G. J.)的罪犯将犯罪后接受刑罚与因做错事被父亲打屁股作比较,认为两者相同之处都在于让被罚者不再犯。④ 对刑罚威慑观点的认同具有一定社会性。

---

① Barnes, H. E. & Teeters, N. K., *New Horizons in Criminology*, Prentice Hall, 1959, p. 322.

② Bentham, J., *An Introduction to the Principles of Morals and Legislation*, Doubleday, 1961, p. 18.

③ 关于理性人与经验人的刑法分析参见陈兴良:《刑法的人性基础》,中国方正出版社 1996 年版,第 15 页。

④ Schmallenger, F. & Smyka, J., *Correction in the 21st Century*, Glencoe Mcgraw Hill, 2001, p. 44.

三、报应与威慑的现代特征

传统社会以严峻的刑罚惩治罪犯。诚如商鞅所言:“行刑,重其轻者,轻者不生,则重者无从至矣……行刑,重其重者,轻其轻者,轻者不止,则重者无从止矣。”①刑罚惩罚被寄予一劳永逸的功利目的,期望通过严刑彻底打碎罪犯再犯罪的欲望,让其望狱而三畏。但是,进入现代社会,报应与威慑不仅需要遵循刑罚公正原则,需要以报应限制威慑,而且随着人道主义、效益观念的传播与发展,需要遵循人道主义,需要考虑刑罚的投入与产出关系。

(一)人道主义

人道主义在古希腊原本指关于人的知识体系。到了文艺复兴时期,人道主义发展为以人为中心和目的,关于人性、人的尊严、人的价值与解放的世界观、道德观。其从人类社会发展目标逐步演变为最低要求。人道主义是以人为中心的道德观,其在不同领域有不同的要求。在刑罚领域内,人道主义的主要要求是:刑罚文明,将犯罪人予以人的待遇。然而,传统的威慑政策从刑种到刑罚执行方式都与人道主义的要求有距离。因此,这一政策不仅在理论上受到人道主义者、主流社会的批判,而且在实践上受到指责。理论上对酷刑的批判,我们可以从贝卡里亚的著述中领略到。他说:“在曾适用过最残酷的刑罚的那些国家和那些年代,曾经发生了极血腥的和惨无人道的行为,因为正是掌握了立法者的手的那种残暴精神,又支配了杀父之手和强盗的手。”②贝卡里亚认为,酷刑具有毒化社会的作用。他说:“人的心灵就像液体一样,总是顺应着它周围的事物,随着刑场变得日益残酷,这些心灵也变得麻木不仁了。”③在实践上,英国人霍华德(Howard,J.)基于人道主义对传统行刑进行了大胆揭露。霍华德在考察英格兰与威尔士监狱的基础上,还考察了欧洲许多国家的监狱,并于1777年出版了《英格兰与威尔士的监狱现状》一书。该书以翔实的数据、事实,揭露了传统威慑政策的残酷、不人道,在英国、欧洲,乃至世界的法律界、政治界、宗教界、全社会产生巨大影响,予传统威慑政策以巨大的打击。一般认为,现代监狱改良制度始于霍华德的工作。

(二)效益观念

效益本是在商业、生产等经济领域描述产出与投入、收入与成本的概念,是资本主义的核心概念,但是当效益作为思想方法使用后,其逐步演变为世界观,成为

---

① 《商君书·说民》。

② 陈兴良:《刑法哲学》,中国政法大学出版社1997年版,第9页。

③ [意]贝卡里亚:《论犯罪与刑罚》,黄风译,中国大百科全书出版社1993年版,第43页。

经济领域外的评价观念,如政治、法律、文化等领域。效益是近代的概念,使用效益分析刑罚、分析刑罚的威慑是自然的事情。边沁是比较早使用效益观念分析刑罚的人。他认为,一方面,对罪犯威慑是必要的,刑罚所带给罪犯的痛苦一定要大于犯罪带给罪犯的快乐;另一方面,刑罚威慑是有条件的,需考虑效果。他认为,在下列情况使用刑罚效果不好,使刑罚变为:第一,滥用之刑,如不存在现实的犯罪而适用刑罚;第二,无效之刑,如对没有意志的人使用刑罚;第三,过分之刑,当通过更温和的手段,如指导、示范、缓期、褒奖可以获得同样效果的,适用刑罚是过分的;第四,昂贵之刑,如果刑罚之恶超过犯罪之恶,刑罚就是在制造更大的痛苦。① 实际上贝卡里亚也在使用效益方法分析刑罚。贝卡里亚认为,刑罚的威慑效果并不随着刑罚残酷程度的增加而增加。他指出:"严峻的刑罚造成了这样一种局面:罪犯所面临的恶果越大,也就越敢于规避刑罚。为了摆脱对一次罪行的刑罚,人们会犯下更多的罪行。刑罚的残酷还造成两个同预防犯罪的宗旨相违背的有害结果。第一,不容易使犯罪与刑罚之间保持实质的对应关系。因为,无论暴政多么殚精竭虑地翻新刑罚的花样,刑罚终究超越不了人类器官和感觉的限度。一旦达到这个极点,对于更有害和更凶残的犯罪,人们就找不出更重的刑罚以作为相应的预防手段。第二,严酷的刑罚会造成犯罪不受处罚的情况。"②从效益角度出发,贝卡里亚认为,刑罚威慑的效果不在于残酷,而在于刑罚确定性与及时性。所谓刑罚的确定性,是指犯罪分子犯罪后,就必然要受到刑罚的处罚,任何人都难以逃脱。所谓刑罚的及时性,是指犯罪发生后要尽可能早地对罪犯适用刑罚。"犯罪与刑罚之间的时间隔得越短,在人们的心中,犯罪与刑罚这两个概念的联系就越突出、越持续,因而,人们就很自然地把犯罪看作起因,把刑罚看作不可缺少的必然结果。只有使犯罪和刑罚衔接紧凑,才能指望相连的刑罚概念使那些粗俗的头脑从诱惑他们的、有利可图的犯罪图景中立即猛醒过来。"③

在当代,由边沁、贝卡里亚在刑罚领域开辟的效益分析方法仍在适用,只是当代效益分析已经从定性方法发展为定性与定量相结合的方法。自 20 世纪 70 年代以来,西方国家,特别是美国,将控制犯罪的方法由矫正策略转向惩罚策略。表现为监禁刑使用量增大,半监禁刑"膨胀"性使用。由于这些方法使用的目的在于威慑重新犯罪,所以学者们想知道目的的实现情况。学者使用的分析方法是元分析统

---

① [英]吉米·边沁:《立法理论——刑法典原理》,孙力等译,中国人民公安大学出版社 1993 年版,第 66 页。

② [意]贝卡里亚:《论犯罪与刑罚》,黄风译,中国大百科全书出版社 1993 年版,第 44 页。

③ [意]贝卡里亚:《论犯罪与刑罚》,黄风译,中国大百科全书出版社 1993 年版,第 56 - 57 页。

计法(meta analytic)进行分析。分析对象是已有的研究报告,包括111个研究项目。研究涉及442,000名罪犯。研究结果表明,严格的惩罚对于重新犯罪没有威慑效果,相反,惩罚的使用使重新犯罪率上升了3%。这一结论对于成年犯、未成年犯、男犯、女犯、其他罪犯都适用。进一步的研究表明:刑期长,重新犯罪率高;短刑期(6个月以上)对重新犯罪没有影响,但是刑期超过2年的罪犯,重新犯罪率上涨7%。半监禁刑对重新犯罪率没有影响。① 另一项使用元分析统计法对50个研究报告,涉及300,000名罪犯的研究表明,长刑的使用可导致累犯比率上升3%。长刑不仅使高度危险的罪犯重新犯罪率上升,而且使低度危险的罪犯重新犯罪率也上升。结论是:没有发现监禁刑具有威慑效果。② 人道主义、效益观念对罪犯矫正(刑罚执行)的报应与威慑目的实现产生了现实与长远的影响。

第二节　改造与矫治

一、改造

(一)概念

罪犯改造是罪犯矫正(刑罚执行)领域最先出现的表达改变罪犯意义的词语。其基本内涵是使用劳动、宗教教诲等方式,使罪犯由"罪人""恶人"改变为"善人"。改造,主要是通过道德上的劝导,或者宗教精神的导入,改变罪犯的思想。

改造概念出现于16世纪50年代英国的"布莱德威尔劳动所"创办初期,经过独居制、沉默制的淬炼,在20世纪前后成形。改造概念是宗教文化、文艺复兴后的理性文化与资本主义的利益互动结合的产物。

(二)改造的地位

改造与宗教思想密切联系,而随着宗教思想衰落,所以,改造在罪犯矫正中的地位相应衰落。但是,改造并没有消亡,改造仍然存在,改造融入罪犯矫正的目的之中。英国学者史提文(Stevens, A.)认为,矫正(rehabilitation)是从改造这一概念发

---

① Smith, P., Goggin, C. & Gendreau, P., *The Effect of Prison Sentences and Intermediate Sanctions on Recidivism: General effects and Individual Difference*, Solicitor General, 2002-01.

② Gendreau, P., Goggin, C. & Cullen, F. T., *The Effects of Prison Sentences on Recidivism*, Solicitor General Canada, 1999.

展而来,矫正是一个包容不同目的的概念,包含改造目的。① 所以,对改造地位的认识需要从矫正的框架下进行。

(三)改造目的的实现

虽然改造融于矫正目的之中,但是,提升罪犯道德、促进罪犯放弃恶行而实施善行仍然具有相对独立的意义。正因如此,国外监狱在促进罪犯矫正中仍积极发挥牧师的作用。随着矫正项目的探索,改造以一种名为"信念矫正项目"(Faith - Based Programs)的形式开始推行且具有很好的效果。②

二、矫治

(一)概念

所谓矫治,就是使用心理学方法改变罪犯。该方法产生于20世纪初,随着心理学的兴起与发展而进入罪犯矫正领域。

与罪犯改造相比,罪犯矫治的方法特点是使用心理学方法改变罪犯,如精神分析方法、行为主义方法,而罪犯改造是通过宗教方法改变罪犯。罪犯矫治的前提与罪犯改造的前提也不同,罪犯矫治的前提是视罪犯如病人,而罪犯改造的前提是视罪犯如罪人。如果说罪犯改造的目标是将罪犯改造成为"善人",罪犯矫治的目标就是将罪犯矫治为心理健康之人。

(二)罪犯矫治目的的地位

在矫治时代,罪犯矫治是罪犯矫正工作的基本目标。20世纪70年代随着对罪犯矫治效益的研究,特别是马丁逊的研究,罪犯矫治受到了前所未有的质疑。在这种背景下惩罚公正理念、重返社会政策出现,报应、威慑、帮助罪犯融入社会等价值进入罪犯矫正的目的王国。罪犯矫治进入了发展的新时期。

在罪犯矫治发展的新阶段,罪犯矫治不再是罪犯矫正的基本目标,而是罪犯矫正的目标之一。在罪犯矫治发展的新阶段,罪犯矫治并没有丧失其实然的价值,只是在罪犯矫正领域中站在更合适的位置。

(三)矫治目的的实现

在矫治时代,矫治目的的实现是通过心理学工作者对罪犯采取精神分析的方法、行为主义的方法、人本主义的方法等进行的。20世纪70年代后随着对矫治有

---

① Stevens, A., *Rehabilitation*, in Kerley, K. R. ed., The Encyclopedia of Corrections, Volume 2. Hoboken: Wiley Blackwell, 2017, p. 832 - 837.

② Denney, A. S., *Faith - Based Programs*, in Kerley, K. R. ed., The Encyclopedia of Corrections, Volume 2. Hoboken: Wiley Blackwell, 2017, p. 287 - 291.

效性的反思,实现矫治目的的矫治方法被纳入矫正项目的框架下,也就是实现矫治目的的方法步入矫正项目时代,一些矫正项目倍受重视,如认知行为矫正项目。

第三节 剥　　夺

一、概念

所谓剥夺(incapacitation),是通过监禁控制罪犯,使他们不能对被害人、社会实施进一步的犯罪,从而剥夺他们的犯罪能力。① 剥夺具有明确的对未来犯罪防控的目的。②

从人类实践看,最早的剥夺就是驱逐,将违反规范的人从村中驱逐出去。③ 目的就是使犯罪人不再危害村中居民的安全。从有关资料看,这种实践到了十七八世纪的英国还在推行。随着人口的增加,荒僻空间的减少,监禁成为剥夺目的实现的手段。监禁的一个重要价值就是通过控制罪犯自由剥夺罪犯的犯罪能力。

二、剥夺的地位

从刑罚制度与刑罚思想发展史看,虽然在重新犯罪防控领域剥夺范式早已出现,但是,其发展并受到人们的重视是 1974 年后。随着矫治模式的坍塌,剥夺的价值受到了空前重视④。学者、法官与政治家不乏主张对罪犯进行剥夺的人。例如,1976 年,美国总统福特(Ford, G.)在耶鲁大学作了题为"维护国内的稳定:对犯重罪的罪犯要强制量刑"(To Ensure Domestic Tranquility: Mandatory Sentence for Convicted Felons)的讲演。他指出,第一,非法行为已经危害了正常的社会秩序,如果使用犯罪指标去衡量人民追求幸福的内心平静感觉,答案是否定的。第二,街头犯罪已成为严重的犯罪,其对人们的影响大于白领犯罪,人们现在害怕陌生人,害怕晚上出门。第三,被害人应当得到更多的关注。第四,犯罪上升的重要原因是刑

---

① Auerhhn, K., *Incapacitation*, in Kerley, K. R. ed., The Encyclopedia of Corrections, Volume 2. Hoboken: Wiley Blackwell, 2017, p. 444 – 446.

② Carlson, N. A., Hess, K. M. & Orthmann, C. M. H., *Corrections in the 21st Century: A Practical Approach*, Wadsworth Publishing Company, 1999, p. 15.

③ Carlson, N. A., Hess, K. . M. & Orthmann, C. M. H., *Corrections in the 21st Century: A Practical Approach*, Wadsworth Publishing Company, 1999, p. 15.

④ Cullen, F. T. & Karen E. Gilbert, *Reaffirming Rehabilitation*, Anderson Publishing Co., 1982.

事司法系统对罪犯实施矫治,而对犯罪分子太仁慈,没有让监禁刑跟着犯了重罪的犯罪人走。第五,应当使用更有力的刑罚惩治罪犯,让他们受到威慑,剥夺他们的自由,促使犯罪率下降。要知道,6%的罪犯对2/3的暴力犯罪负责。[①]

剥夺被纳入罪犯矫正(刑罚执行)的目的。

三、剥夺的实现

如何剥夺罪犯的犯罪能力?

有两种主张:集体剥夺(Collective Incapacitation)与选择剥夺(Selective Incapacitation)。

集体剥夺理论主张,对于被判有罪的罪犯,无论其是否具有危险性,都予以严厉的惩罚,判处较长的刑期,以保障公民的安全。

然而,这种主张受到很多人质疑。学者卡尔森等认为,实施集体剥夺,其一,将增加监狱人口;其二,不经济;其三,不能有效地控制犯罪。[②] 奥斯丁(Austin, J.)等指出,根据美国与加拿大的实践,监狱人口的增加并没有导致犯罪率的下降,监禁判处水平的提高,并未导致犯罪的下降。[③] 科恩(Cohen, J.)认为,传统的刑罚结构可以使犯罪率下降1%~25%,如果使用集体剥夺方法可以降低犯罪率4%~42%。虽然集体剥夺方法可以降低犯罪率,但是因为使用集体剥夺方法,监狱人口将上升310%到523%。[④] 也就是说,使用集体剥夺方法,行刑成本将大幅度上升。

选择剥夺主张,对于高度危险的罪犯要予以判处较长的刑期,严格监禁,以保障公民与社会的安全。

1982年,兰德公司(Rand Corporation)的研究人员格林伍德(Greenwood, P.)等提出,罪犯的危险性具有较大差别,对危险不同的罪犯应当采取不同的措施。他们提出,量刑时将罪犯分为低度危险、中度危险与高度危险三个等级,对高度危险的罪犯应予以犯罪能力剥夺。他们认为对高度危险的罪犯予以犯罪能力剥夺可以真

① Cullen, F. T. & Gilbert, K. E., Reaffirming Rehabilitation, Anderson Publishing Co., 1982, p. 102.

② Cullen, F. T. & Gilbert, K. E., Reaffirming Rehabilitation, Anderson Publishing Co., 1982, p. 118–119.

③ Austin, J. & McVey, D., *The* 1989 *NCCD Prison Population Forecast*: *The Impact of The War On Drugs*, National Council on Crime and Delinquency, 1989, p. 6.

④ Auerhahn, K., *Dangerousness and Incapacitation*: *A Predictive Evaluation of Sentencing Policy Reform in California*, NCJRS189734, 2001, p. 52.

正实现降低犯罪、降低重新犯罪的目的。[①] 从学说史看,类似的主张意大利的龙勃罗梭、菲利都提出过。与龙勃罗梭、菲利的主张相比,剥夺理论倡导者具有更充分的理论依据,即危险管理理论,因而也更容易被人接受与支持。威尔逊认为,有选择剥夺,是国家防控重新犯罪的最有力的武器。如果犯罪是一少部分具有长期犯罪史的人实施的,对付他们的办法就是剥夺他们的自由,而且越早越好。他认为绝对的确定刑是取得这一目标的方法之一。他指出:虽然这种政策会增加司法成本,但是,其价值是可观的:不仅使20%的人降低了犯罪的可能,而且使更大数量的人受到影响。[②]

随着选择剥夺理论被接受,罪犯危险管理有了方向的依托,遂迅速推进,危险评估、危险控制也便顺理成章地步入罪犯矫正领域。

第四节　帮助罪犯融入社会

一、概念

20世纪60年代,随着重返社会政策的出现与发展,帮助罪犯融入社会成为罪犯矫正的重要目标。帮助罪犯融入社会在英文使用的词有 reintegration、resettlement、reentry,意为接受社会规范、习得劳动技能,在社会安身立命,保持与发展家庭联系,成为守法的社会公民。

帮助罪犯融入社会,不同于改造。改造的犯罪观是,罪犯因恶而实施犯罪;帮助罪犯融入社会的犯罪观是,罪犯因诸如无业、衣食无着而犯罪。改造的目标是改变罪犯的道德观,而帮助罪犯融入社会的目标是帮助罪犯适应社会。帮助罪犯融入社会,不同于矫治。矫治的犯罪观是,罪犯因心理存在严重问题而实施犯罪;帮助罪犯融入社会的犯罪观是,罪犯因诸如无业、衣食无着而犯罪。矫治立足于改变罪犯的心理状态,提高罪犯的心理健康水平,而帮助罪犯融入社会立足于帮助罪犯适应社会。

二、帮助罪犯融入社会在罪犯矫正中的地位

由于社会贫困问题的“发现”,美国于20世纪60年代提出“对贫困的战斗”的

---

① Auerhahn, K., *Dangerousness and Incapacitation: A Predictive Evaluation of Sentencing Policy Reform in California*, NCJRS189734, 2001, p. 100 – 101.

② Wilson, J. Q., *Thinking About Crime*, Random House, 1975, p. 194 – 223.

主张,并在此基础上推出了重返社会政策。随着重返社会政策地位的上升,帮助罪犯融入社会,成为罪犯矫正的重要目的。

美国加州大学犯罪学教授佩特斯莱(Petersilia, J.)在其专著《罪犯什么时候回家》第9章中围绕重新犯罪罪犯防控曾经提出6条相关的建议,其中的一条建议就是充分重视帮助罪犯融入社会目标,并主张将这一目标置于监狱管理的不同层面。①

美国矫正协会(American Correctional Association)倡导推行帮助罪犯融入社会措施,因为这些措施能够帮助罪犯为社会生活做准备,降低行为人将来实施犯罪性行为的可能,拆除可能阻碍罪犯回到社会的障碍,向罪犯提供可能的社会帮助。具体主张如下:从罪犯进入监狱后就准备过渡计划;过渡计划要根据罪犯的需要确定;在罪犯释放后要在住宿上帮助罪犯;罪犯释放后要有足够的工作人员监督他们;将释放后的矫正项目与释放前的矫正项目实现无缝联结;在狱内向罪犯提供就业前训练、岗位认证;技能更新;工作岗位信息提供;向罪犯与家庭成员提供释放前咨询。②

虽然帮助罪犯融入社会具有很大意义,但是,实践难度较大。根据美国学者的研究,罪犯从监狱中出来找到工作的可能性很低,找住宿也是一个问题。而且他们的健康都存在不同的问题。低于1/2的人假释后没有寻找或者寻找到工作;超过3/4的人有使用毒品问题;超过1/3的人存在生理上或者精神上的疾病;只有少于1/3的人参加过教育项目,而参加职业培训的人更少;超过一半人有尚未成年的孩子,需要他们予以经济帮助。③ 由于帮助罪犯融入社会推进难度大,2004年,时任美国总统布什(Bush,G. W.)在与各州首长聚会中倡议对从监狱中释放的人员:扩大职业训练;增加过渡房供给;向他们提供辅导,包括向他们提供宗教辅导。根据总统的指示,2004年9月,美国司法部召开了第一次罪犯重返社会会议,名为"行动起来,促进帮助,谋划未来"("Coming Together, Strengthening Partnerships and Planning for the Future")。这次会议后美国司法部决定向各州投入10亿美元启动或者扩大重返社会项目。美国国会2008年通过了《2007年第二次机会法》(The Second Chance Act 2007)。这部法覆盖各方面:罪犯的教育、职业培训就业、促进家庭关系、

---

① Petersilia, J., *When Prisoners Come Home*, Oxford University Press, 2003.

② The Council of State Governments, *The Report of the Re – Entry Policy Council: Charting of Safe and Successful Return of Prison to the Community*, KY: The Council of State Governments, 2005, p. xxi – xxiii.

③ Schmalleger, F. & Smykal, J. O., *Corrections in the 21st Century*, McGraw – Hill, 2007, p. 328 – 329.

释放后过渡房屋、使用毒品、辅导等，旨在推动罪犯重返社会、融入社会。2018 年通过了《2018 年第一步法案》(First Step Act of 2018)推动对低风险罪犯适用家庭监禁等措施促进罪犯重返社会、融入社会。①

三、帮助罪犯融入社会目的的实现

帮助罪犯融入社会，体现在刑罚执行各个方面，甚至延伸到量刑领域、刑罚制定领域。具体来说，一是从刑罚适用中帮助罪犯重返社会，为罪犯融入社会创造条件，如适用社区刑；二是在监禁刑执行过程中帮助服刑人员重返社会，帮助罪犯融入社会，如设置开放监狱、推进家庭监禁，为罪犯建立社会关系创造条件，推行学习外出制度、劳动外出制度，促进罪犯提高就业能力；三是在社区矫正过程中帮助罪犯，如向罪犯提供劳动技能培训，帮助罪犯提高人际交往能力、提高处理家庭问题的能力，使其逐步成为社会合格成员。

研究与思考

1. 罪犯矫正不同目的的关系是什么？
2. 如何理解剥夺纳入罪犯矫正目的？剥夺与改造、矫治是否冲突？
3. 帮助罪犯重返社会是不是矫正？
4. 如何理解惩罚与矫正的关系？

① 由于多数罪犯要通过假释通道回到社会，因而这里的对象主要是被假释的罪犯。

第三章　罪犯矫正机构的地位、设置与工作人员

重点提示

1. 罪犯矫正与刑事司法、刑罚的关系。
2. 刑罚种类、刑罚裁量的不同模式对罪犯矫正的影响。
3. 监狱的管理机构与社区矫正管理机构设置情况。
4. 监狱的分类。
5. 监狱的组织机构设置与工作人员类型。
6. 社区矫正机构的种类、职责与工作人员。

罪犯矫正机构包括监狱与社区矫正机构。这一章将讨论罪犯矫正机构的地位、罪犯矫正机构的设置及其工作人员问题。

第一节　罪犯矫正机构在刑事司法体系中的地位

一、刑事司法机构

刑事司法机构是专门与犯罪作斗争的国家机构。刑事司法机构包括警察、检察机关、法院与罪犯矫正机构。[①]

（一）警察

警察的功能是侦查犯罪案件，抓获犯罪嫌疑人。[②] 刑事案件中，警察具有逮捕

---

① Samaha, J., *Criminal Justice*, West Publishing Company, 1994, p. 226 – 574.

② Delisi, M. & Conis, P. J., *American Corrections: Theory, Research, Policy, and Practice*, Jones and Bartlett Publishers, 2010, p. 6.

犯罪嫌疑人的权力，但是，也有不逮捕的权力。对于犯罪案件，警察工作的程序是：①

1. 抽调警察，成立专案机构；
2. 对犯罪案件进行初步调查；
3. 准备调查报告；
4. 开展侦查活动；
5. 对于需要逮捕的犯罪嫌疑人，予以逮捕；
6. 完成案件登记。

（二）检察机关

检察机关的功能是对犯罪分子提出公诉。检察机关对于被告人具有起诉或者不起诉的权力。对于被认定构成犯罪的犯罪嫌疑人，检察机关予以起诉；对于行为被认定为犯罪的行为人，检察机关或者放弃公诉，或者将案件分流给社区服务机构，予以社会帮助。② 在美国，出庭的公诉人既可能是地方检察官，也可能是县检察官，还可能是州检察官。检察官要保障逮捕的合法性，充分考虑被告人的犯罪严重程度、犯罪的证据真实与充足、证人，同时要考虑被害人的主张。③

（三）法院

法院的功能是审判被公诉的被告人在刑事审判中审判的主体是公诉人、辩护律师与法官。对于检察院起诉的案件，法院的工作内容包括：④

1. 对被告人保释；
2. 给没有能力聘请律师的被告人安排辩护人；
3. 初审（preliminary hearing），或者由大陪审团听取指控；
4. 传讯（arraignment）被告人；
5. 定罪；
6. 量刑前调查（Pre – sentence Investigation）；
7. 量刑。

法院的权力主要有：决定案件是否开庭审理；决定案件诉讼是否进行下去；决定被告人是否保释；决定对被告人是否适用缓刑；是否认定被告人无罪。

---

① Samaha, J., *Criminal Justice*, West Publishing Company, 1994, p. 226 – 267.

② Samaha, J., *Criminal Justice*, West Publishing Company, 1994, p. 340 – 345.

③ Delisi, M., & J. Conis, P. J., *American Corrections: Theory, Research, Policy, and Practice*, Jones and Bartlett Publishers, 2010, p. 6.

④ Samaha, J., *Criminal Justice*, West Publishing Company, 1994, p. 394 – 468.

(四)罪犯矫正机构

罪犯矫正机构的功能是监管与矫正罪犯。罪犯矫正机构的工作内容有:①

1. 对决定社区劳动刑的罪犯执行刑罚;

2. 对判决罚金的罪犯执行刑罚;

3. 对判决保护观察刑(probation)的罪犯执行刑罚;

4. 对判决赔偿(restitution)的罪犯执行刑罚;

5. 对判决死刑的罪犯执行刑罚;

6. 管理看守所(jail);

7. 执行监禁刑,管理监狱。

罪犯矫正机构在惩罚罪犯同时,还要保障罪犯人权。在美国,罪犯矫正机构不能违反宪法第八修正案。也就是说,无论罪犯处在哪个阶段,罪犯矫正机构都不能对罪犯实施“残酷与异常的刑罚”。罪犯矫正包括设施内的矫正与设施外的矫正。罪犯矫正工作除了涉及监禁机构,还有社区矫正机构。罪犯矫正机构的工作比较复杂,除了惩罚罪犯、矫正罪犯,还有对社区中的罪犯监控。②

在国外的刑事司法体系中,有一种制度值得关注。这就是分流制度(diversion)。分流制度是将可能纳入刑事司法程序的犯罪分子按照非犯罪化处理。这种制度多用于未成年人。分流可以在刑事司法任何一个环节实施:可以在警察处理案件阶段,也可以在公诉阶段、法院裁决阶段。分流制度的价值主要有:

1. 避免犯轻微罪的犯罪分子打上犯罪的烙印;

2. 降低社会控制的压力;

3. 减少重新犯罪;

4. 使犯轻微罪的人有更好的条件改变自己。③

二、刑罚结构的变化与刑罚的种类

(一)刑罚结构的变化

人类社会的早期,刑罚的结构以肉刑、死刑为核心。

公元前621年,《德拉古法典》出台。根据这部法典,刑罚有鞭刑、烙刑、四分五

---

① Samaha, J., *Criminal Justice*, West Publishing Company, 1994, p.572-574.

② Delisi, M. & Conis, P.J., *American Corrections: Theory, Research, Policy, and Practice*, Jones and Bartlett Publishers, 2010, p.9.

③ Delisi, M. & Conis, P.J., *American Corrections: Theory, Research, Policy, and Practice*, Jones and Bartlett Publishers, 2010, p.191, 194.

裂、残废刑，盗窃要被砍手、撒谎要被割舌、强奸犯要被去势、通奸者要在前额烙 C 字、偷棵白菜要被判处死刑。《德拉古法典》被认为是“酷刑法典”的同义词。[①] 根据英国学者皮特（Peter, E. M.）的研究，[②]当时雅典的刑罚主要有：使用石头砸死；将罪犯扔下山崖；将罪犯绑在柱子上让其慢慢死去；摧毁罪犯的住房；没收财产。虽然当时监狱已经出现，公元前 640 年马梅尔定（Mamertine）监狱建立，[③]但是监狱只作为临时的审判前拘押场所。

关于中世纪的刑罚，西莉亚·布朗奇菲尔德在其著作《刑罚的故事》中讲到，[④]中世纪的刑罚主要是死刑、肉刑。死刑的执行方法有快速的执行方式与慢速的执行方式。死刑的快速的执行方式有砍头（beheading）、绞刑（hanging）、勒杀（strangulation/garroting）、活埋（burying alive）、水淹（drowning）、在板条上行走摔死（walking the plank）、从高处推下（dropping from high places）、射杀（Shooting）等。死刑的慢速的执行方式有火刑（burning）、煮刑（boiling）、凌迟刑（slicing）、十字架钉死（crucifixion）、四马分尸（draw and quartering）、轮刑（broken of the wheel）。根据历史记载，死刑的具体方法又有差别。例如，煮刑（boiling）的执行，有的是将人放水中煮，有的是放油中煎，还有的是将滚烫的金属物灌入人的喉咙。[⑤] 肉刑的主要种类有鞭刑（flogging/whipping）、烙刑（branding）、拉扯四肢的刑罚（stretching/racking）、跪着拖拉的刑罚（keel – hauling）、使身体残废的刑罚（amputations）、破坏面相的刑罚（other disfigurements/mutilations）等。[⑥]

文艺复兴后，随着人文思想传播，监禁刑走向历史舞台，并逐步步入中央。

“布莱德威尔劳动所”是英国早期的监禁刑执行机构，巴黎的豪皮投·詹尼然（Hopitaux Generaux）劳动所、阿姆斯特丹的萨斯陶思与斯宾浩斯两个劳动所[⑦]是法

---

① Carlson, N. A., Hess, K. M. & Orthmann, C. M. H., *Corrections in the 21st Century: A Practical Approach*, Wadsworth Publishing Company, 1999, p. 42 – 43.

② Peter, E. M., *Prison Before the Prison: The Ancient and Medieval Worlds*, in Morris, N. & Rothman, D. eds., The Oxford History of the Prison: the Practice of Punishment in Western Society, Oxford University Press, 1995, p. 42.

③ Carlson, N. A., Hess, K. M. & Orthmann, C. M. H., *Corrections in the 21st Century: A Practical Approach*, Wadsworth Publishing Company, 1999, p. 42 – 43.

④ ［加］西莉亚·布朗奇菲尔德：《刑罚的故事》，郭建安译，法律出版社 2006 年版，第 14 页。

⑤ Miethe T. D. & Lu, H., *Punishment: A Comparative Historical Perspective*, Cambridge University, 2005, p. 38 – 39.

⑥ Miethe T. D. & Lu, H., *Punishment – A Comparative Historical Perspective*, Cambridge University, 2005, p. 32, 38.

⑦ Garland, D., *Punishment and Modern Society – A Study in Social Theory*, Clarendon Press, 1990, p. 101.

国与荷兰早期的监禁刑执行机构。罪犯劳动所的建立与推行使监禁普遍推行，为监禁刑的推广做了制度与设施上的准备。

十八九世纪时，随着罪犯改造的逐渐推广，改造成为刑罚执行的基本目标，监禁刑的正当性受到了普遍接受，以肉刑与死刑为核心的刑罚结构让位于以监禁刑为核心的刑罚结构，监狱渐渐成为刑罚执行的主要机构。

19 世纪的俄国，不仅经济落后，而且刑罚残酷。当时俄国主要适用的刑罚是流放、罚金与鞭刑。只有少数罪犯可以被判适用监禁刑。受西欧国家影响，俄国开始考虑刑罚变革。俄国的彼得·克鲁泡特金(Peter Kropotkin)访问法国的克莱尔沃(Clairvaux)悔罪营，被监狱的生产活动所打动：监狱就是大工厂，监狱中蒸汽机、涡轮机运转，大烟囱冒着白烟。彼得·克鲁泡特金回国后致力于俄国的刑罚改革、监狱改革。1860 年俄国放弃了肉刑，开始了监狱改革实践。在一定意义上说，苏联时期的刑罚改革，是俄国狱制改革的继续。如安东·S. 马卡连科(Anton S. Makarenko)主张通过教育与职业训练在道德上改造罪犯。①

早期的监狱也用来通过拘押强迫偿还债务、羁押惩罚奴隶。早期的被监禁强迫劳动的对象包括罪犯、流浪者、债务人。② 随着罪犯改造的兴起，现代监狱出现。现代监狱具有以下性质：监狱是监禁刑执行机构，体现刑罚人道主义，重视劳动改造罪犯。

1. 监狱是监禁刑执行机构

在刑罚变革初期，由于监禁是帮助罪犯改造、帮助罪犯“赎罪”的基本途径，“监禁”便成了实现罪犯改造的手段。由于“监禁”同时能够给罪犯带来痛苦，实现法律的正义，替代残酷的肉刑，体现文艺复兴后被全社会接受的人文精神，所以“监禁”的刑罚化变成历史趋势与社会发展必然。这样，监狱便成了刑罚执行的机构，而不再是审前羁押、行刑前拘押的看押场所，只对犯罪的并被判处监禁刑的人执行刑罚，终止了对债务人、流浪者的监禁。美国学者司马勒格教授等认为，“只对犯罪的人进行监禁，终止对债务人、流浪者的监禁”是现代监狱的重要标志。③

---

① Peter, E. M. , *Prison Before the Prison: The Ancient and Medieval World*, in Morris, N. & Rothman, D. eds. , The Oxford History of the Prison: the Practice of Punishment in Western Society, Oxford University Press, 1995, p. 3 – 43. Brien, P. O', *The Prison on the Continent: Europe*, 1865 – 1965, in Morris, N. & Rothman, D. eds. , The Oxford History of the Prison: the Practice of Punishment in Western Society, Oxford University Press, 1995, p. 178 – 201.

② Schmalleger, F. & Syykla, J. O. , *Corrections in the 21st Century*, McGraw – Hill, 2007, p. 52.

③ Schmalleger, F. & Syykla, J. O. , *Corrections in the 21st Century*, McGraw – Hill, 2007, p. 53.

2. 体现刑罚人道主义

18 世纪英国的罪犯劳动场所恶化到被称为人的“化粪池”的程度。考德威尔(Caldwell)对当时英国的监管场所描述道:在这里,人们“没有隐私与规矩,人体的臭味、排泄物与恶心的酸味混在空气中,一些最肮脏的想法与行为在这里滋生。罪犯们在这里制定自己的规则,弱者与无辜者被强壮的、凶恶的人凌辱”①。此时,罪犯改造的忠实的拥护者约翰·霍华德以虔诚的宗教使命感维护着刑罚人道主义。约翰·霍华德是世界公认的监狱领域的第一位人道主义者,即人道主义思想的传播者与推动者。根据有关资料,他在欧洲大陆访问时曾经被法国人监禁。由于这种经历,普遍认为他由此开始关注监狱工作。约翰·霍华德于 1773 年被任命为贝福特(Bedford)郡的高级司法官,尽职尽守。在对地方监狱的巡查中,他发现由于监狱工作人员没有工资,以致罪犯承受着不应当承受的负担:罪犯在监狱住宿需要交费;罪犯押解还要交费。监狱关押罪犯的条件极为恶劣,狱内污秽不堪,臭气熏天,又缺医少药,罪犯死亡率很高。监狱依然黑暗,同前资本主义时期一样。约翰·霍华德是一个具有强烈社会责任感而且具有坚强意志的人,为了全面了解罪犯的费用支出与医疗情况,约翰·霍华德考察了整个英格兰与威尔士的监狱,他发现贝福特郡监狱存在的问题是普遍的,他开始为改变监狱的状况奔走呼吁。② 值得一提的是,约翰·霍华德除了考察英格兰与威尔士的监狱,还考察了欧洲许多国家的监狱,并于 1777 年发表了名为《英格兰与威尔士的监狱现状》一书,在书中详细描述了监狱的状况。例如,他对阿炳东(Abingdon)的一座监狱的描述很是典型:监狱有两间白日使用的漆黑的房间与三间夜晚使用的房间。给男犯使用的房间有 8 平方英尺,而给女犯使用的房间大概是 9 英尺 ×8 英尺。室内充斥杂草、灰尘,还有小虫。监狱没有院落,罪犯用水不方便,管理人员对犯轻罪的罪犯使用镣铐。③ 该书不仅提出监狱改良的措施,如男女分监、聘请忠实于法律的监狱工作人员,而且提出监狱要设法改善罪犯的生活条件,为罪犯准备通风明亮的监舍。由于当时的英国监狱要向罪犯收取手续费,以致罪犯及其家庭痛苦不堪,更造成监狱执法的不公,于是,约翰·霍华德主张改变监狱收费的做法;鉴于罪犯在监狱内有病无人医治的现实,约翰·霍华德主张监狱应当为罪犯提供医疗服务。1990 年卡尔森(Carlson, T.)在约翰·霍华德传记中称他是伟大的人道主义者,称他所提出的监狱改良建议都很实际:向罪犯提供用水保证;关注与改善罪犯卫生条件;建立独立

---

① Caldwell, R. G., *Criminology*, Roland Press, 1965, p. 494.

② A Tribute to J. Howard, 霍华德刑罚改革联盟于 1990 年发放的材料。

③ Howard, J., http://www.answers.com/topic/john-howard-prison-reformer.

的监狱督查机构。[①] 约翰·霍华德死后80年,“霍华德协会”在英国成立,该协会的目标就是“有效地促进罪犯的处遇改善”。1921年该组织与英国“刑罚改革协会”合并,成立了“霍华德刑罚改革协会”。加拿大后来也成立有“霍华德协会”,组织目标也是促进罪犯管理人道化。虽然现代监狱发展初期的刑罚人道主义发展还不成熟,还未被广泛接受,但是刑罚人道主义却反映到罪犯出狱领域。在英国,18世纪末就出现了“罪犯帮助协会”(Prisoners' Aid Societies),1862年英国的《刑满释放人员帮助法》(The Discharge Prisoners' Aid Act)出台。由于负责监狱改革提议的“格拉斯通委员会”(The Gladstone Committee)认为刑释人员帮助工作缺乏组织性,于是在1918年成立了“刑释人员帮助中心协会”(The Central Discharge Prisoners' Aid Society)。该协会1936年改名为“国家刑释人员帮助协会”(The National Association of Discharge Prisoners' Aid Societies)。该组织的经费来源,除了有慈善组织提供的资金,还有政府资金。[②]

3. 重视劳动改造罪犯

劳动在基督教的新教教义中占有很重要的地位。清教徒认为,艰苦劳动与自律是一种宗教义务。[③] 德国社会学家韦伯在《新教伦理与资本主义精神》[④]一书中认为:勤奋,包括积极参加劳动,是基督教(新教)的伦理。由于劳动被认为是“天职”的行为,成为“上帝选民”的行为,因而要求罪犯参加劳动,既是逻辑的要求,也是情感的要求,更是拯救罪犯的要求。于是,罪犯劳动工作在监狱中顺理成章地展开。罪犯劳动工作不仅发展速度快,而且规模大。在有的西方国家,罪犯劳动规模曾经达到全员劳动的水平,罪犯劳动力与资本的结合形式也多种多样。以美国为例,在美国的罪犯劳动时代(Industrial Era, 1893—1935),罪犯劳动出现了下列组织形式。第一,合同制(contract labor)。私营企业向监狱提供机器与原材料,监狱组织罪犯劳动。第二,计件制(piece price system)。私营企业向监狱提供原材料,监狱组织罪犯生产,监狱将成品卖给私营企业,私营企业再将成品卖到市场。第三,租赁制(lease system)。私营企业通过投标方式获得使用罪犯劳动力的权利,中标的私营企业将罪犯带离监狱,私营企业负责解决罪犯的吃、住与穿,并对罪犯进行监督。

---

① Howard, J., http://www.answers.com/topic/john – howard – prison – reformer.

② Whitehead, P. & Statham, R., *The History of Probation – Politics, Power and Cultural Change 1876 – 2005*, Shaw & Sons Limited, 2006, p.44.

③ Miethe T. D. & Lu, H., *Punishment: A Comparative Historical Perspective*, Cambridge University, 2005, p.86.

④ [德]马克斯·韦伯:《新教伦理与资本主义精神》,于晓等译,生活·读书·新知三联书店1987年版,第35 – 120页。

第四,监狱自营制(public account system)。监狱组织罪犯劳动,并将产品卖到市场,监狱自负盈亏。第五,国家使用制(state use system)。国家通过在国家支持的机构,如学校、医院,使用监狱产品,支持监狱生产。①

与死刑、肉刑相比,监禁刑无疑有很多优点,如提高了刑罚的人道性与文明性,更好地体现了罪刑相适应原则,但是,随着监禁刑的全面推行,监禁刑的问题逐渐暴露出来。② 在监禁刑弊端中,短期监禁刑的弊端尤其受到关注。短期监禁刑的使用不仅削弱了监禁刑的威慑力,使接受了短期监禁刑的罪犯对监禁刑、对监狱的恐惧感下降,甚至消失,而且因为使罪犯获得结识更多罪犯的机会,可能降低罪犯的羞耻感,强化罪犯的犯罪倾向,使罪犯获得或者强化了犯罪的能力。"二战"后,西方国家的犯罪率一直呈上升趋势。以美国为例,1960 年,美国的犯罪总数是 3,384,200 起,1970 年上升到 8,098,000 起。一些重要的犯罪都有较大的上升,如谋杀、抢劫、攻击、夜盗、盗窃。③ 于是监禁替代这个概念被提出,进而出现了社区刑(community penalty)的概念。由于社区性刑罚替代监禁主张提出时,社区性刑罚的表现形式只有保护观察,而以保护观察这一形式的社区性刑罚很难充分实现"监禁替代"这一目的,于是,其他形式的社区性刑罚被创新或者发展出来。以英国为例,为满足替代监禁的需要,英国在保护观察的基础上,先后发展出缓刑(suspended sentence)与社区劳动刑(community service order)两种社区性刑罚。缓刑被 1967 年英格兰与威尔士的《刑事司法法》(Criminal Justice Act 1967)所规定。根据该法,对于被判不超过 2 年有期徒刑者,法院可以对犯罪分子缓刑 1～2 年。法院在判决缓刑时,附加监督令。根据英国原内政部的解释,缓刑并非为了替代保护观察刑提出,而是为了完善监禁刑而设计,④为了促进监禁替代而设计的。英国 1972 年引入了社区劳动刑。该刑罚先是在 6 个地区试验,后被广泛接受,向全国推广。根据 1972 年的《刑事司法法》(Criminal Justice Act 1972),对于无业可就的执行保护观察刑的罪犯,可以判处犯罪分子到"日训练中心(Day Training Centre)"参加 60 日的劳动。

---

① Delisi, M. & Conis, P. J., *American Corrections: Theory, Research, Policy and Practive*, Jones and Bartlett Publishers, 2010, p. 63.

② Garland, D., *Punishment and Modern Society – A Study in Social Theory*, Clarendon Press, 1990, p. 5.

③ 具体数据参见 http://www.disastercenter.com/crime/uscrime.htm。

④ Bottoms, A. E., *Limiting Prison Use: The Experience of England and Wales*, 26 Howard Journal 177, 183(1987).

这样,社区性刑罚又增加了一种新类型的刑罚。① 当然使用社区性刑罚替代监禁刑还有其他目的,如防止由监狱拥挤导致的监狱暴乱。英国提出监禁替代的重要理由就是因为监狱押犯拥挤,管理人员担心出现类似美国阿提卡监狱的骚乱②,主张降低监狱人口。③

"社区性刑罚"这一概念的提法最早见于英国原内政部(现司法部)于 1988 年发布的《惩罚、监禁与社区》(Punishment, Custody and the Community)报告。根据伯明翰大学尼尔斯(Nellis, M.)的解释,④英国原内政部使用"社区性刑罚"概念的动因是试图将社区中刑事惩罚措施概括、归纳起来。所谓"社区中刑事惩罚措施"包括关护刑、监督刑、保护观察刑、社区劳动刑等。这样,便形成与财产刑、监禁刑并列的刑罚类别。由于社区性刑罚这一概念很好地概括了 20 世纪 60 年代前后国际社会出现的"新刑罚"的共同特征,而"非监禁刑""监禁替代措施"等概念,不能揭示这些"新刑罚"的特征,"非监禁刑"与监禁刑相对而言,不仅包括社区性刑罚,而且包括财产刑,"监禁替代措施"不仅包括刑罚措施,而且包括非刑罚措施,因而"社区性刑罚"这一概念很快为学界、司法界、社会所接受。

何为"社区性刑罚"?社区性刑罚是一类判处或者裁定罪犯在社区中服刑的刑罚。社区性刑罚具有下列特征。

第一,社区性刑罚是现代刑罚体系中的一类刑罚。社区性刑罚的基本特点是通过对社区服刑罪犯的自由限制与行为强制而实现国家刑罚目的的刑罚。虽然社区性刑罚对服刑人员的刑罚惩罚力度,不仅不能与生命刑相比,而且不能与监禁性刑罚相比,甚至与财产性刑罚的刑罚力度都难分伯仲,但是,社区性刑罚是国家的刑罚,具备刑罚的所有基本属性。首先,社区性刑罚对犯罪分子具有刑罚惩罚性,体现着刑罚的正义性。虽然各国在推进社区性刑罚发展的道路上,有先有后,由于国情不同,所以,各国制定的种类也不尽一致,但是,有一点是相同的,即都规定有限制或者剥夺犯罪分子权利的内容,有的刑罚规定限制犯罪分子自由,有的刑罚规定了剥夺犯罪分子劳动收入权的内容,从而给犯罪分子带来痛苦感。给犯罪分子带来

---

① Brownlee, I., *Community Punishment: A Critical Introduction*, Addison Wesley Longman, 1998, p. 8 - 9.

② 阿提卡监狱骚乱发生于 1971 年 9 月美国纽约州阿提卡监狱。这场骚乱造成 39 人死亡,包括监狱警察,引发了美国社会一次巨大的风波。

③ Nellis, M., *Community Penalties in Historical Perspective*, in Bottoms, A., Gelsthorpe, L. & Rex, S. eds., Community Penalties: Change and Challenges, Willan Publishing 2001, p. 16 - 40.

④ Nellis, M., *Community Penalties in Historical Perspective*, in Bottoms, A., Gelsthorpe, L. & Rex, S. eds., Community Penalties: Change and Challenges, Willan Publishing 2001, p. 16 - 39.

痛苦,是刑罚惩罚的核心与价值追求。社区性刑罚能够带给犯罪分子痛苦,这表明,社区性刑罚能够实现刑罚的惩罚价值,能够实现对犯罪分子的报应,能够实现刑罚的正义。其次,社区性刑罚表达了犯罪的否定与谴责,体现了刑罚的威慑性。社区性刑罚是对犯罪分子适用的刑罚,社区性刑罚的适用与犯罪分子所实施的犯罪行为存在因果关系:没有犯罪分子的犯罪行为,就没有社区性刑罚的适用。由于社区性刑罚的适用与犯罪行为的实施存在因果关系,因而,社区性刑罚表达出对犯罪行为的否定与谴责,而社区性刑罚的惩罚形成对欲犯者的威慑。再次,社区性刑罚具有法定性,体现出国家的意志。现在我们所讨论的"社区性刑罚",已经超越了理论研讨阶段,进入立法实践阶段。一些国家已经通过立法规定了社区性刑罚。如越来越多的国家规定社区服务刑。社区性刑罚的立法化,使社区性刑罚成为新型的刑罚。最后,社区性刑罚只能根据法定程序判决或者裁定,体现着刑罚决定的程序性。虽然社区性刑罚惩罚力度低,但是,由于社区性刑罚是一类刑罚,所以,社区性刑罚仍然应当根据刑事司法程序判决或者裁定。

第二,社区性刑罚是一类新型的刑罚。虽然各国刑罚类别不尽一致,但是通常不超过死刑、肉刑、监禁刑、财产刑与资格刑范围。传统刑罚类型基本在上述范围内。然而,社区性刑罚不同于所有的传统刑罚类型,社区性刑罚不仅不同于死刑、肉刑、财产刑与资格刑,而且不同于监禁刑:社区性刑罚将罪犯放入社区内执行刑罚,而监禁刑是将罪犯关押在监禁设施内执行刑罚。如果说监禁刑是通过强制犯罪分子在监禁场所服刑而实现犯罪预防目的的刑罚,那么,社区性刑罚就是通过强制犯罪分子在社区服刑而实现犯罪预防目的的刑罚。虽然社区性刑罚执行的空间在社区,而不是在监狱,社区中的罪犯管理也不同于监狱对罪犯的管理,但是,社区性刑罚与监禁刑一样,也具有威慑犯罪、惩罚犯罪、矫正罪犯与剥夺犯罪能力的刑罚功能,也是国家的重要刑罚。社区性刑罚是一种全新的刑罚。

第三,社区性刑罚是与监禁刑并列的刑罚。虽然社区性刑罚产生的历史短,但是,社区性刑罚发展很快,日益受到重视,已成为现代刑罚体系中的一类重要的刑罚类型。通过有关资料,我们看到,社区性刑罚适用量很大,在刑罚适用中所占的比例很高。根据英国司法部的刑罚适用季度统计,英格兰与威尔士 2011 年 4—6 月对 30,771 名犯罪分子适用了社区性刑罚,而同期对 21,467 名犯罪分子适用了监禁刑。[①] 根据澳大利亚南澳大利亚州司法部的统计,2007 年 1—12 月,南澳大利亚州

① Ministry of Justice, *Offender Management Statistics Quarterly Bulletin*, *April to June* 2011, *Eegland and Wales*, Ministry of Justice, 2011, p. 3.

对6852名犯罪分子适用了社区性刑罚，而同期对3893名犯罪分子适用了监禁刑。[①]社区性刑罚的适用量超过了监禁刑的适用量。由于社区性刑罚决定机关重视社区性刑罚的适用，所以，在社区中执行刑罚的罪犯数量很大。以美国为例，2000年时，有3,839,532名服刑人员接受保护观察机构[②]的监督，而且基本很稳定。

第四，社区性刑罚是正在发展中的概念。与监禁刑、财产刑等普遍被接受的概念相比较，社区性刑罚这一概念尚未被普遍接受。其主要原因为：社区性刑罚这一概念产生得比较晚，尚未被广泛传播。社区性刑罚自身尚在发展中，无论体系、运作，还是结构，都在发展中。在社区性刑罚中，有的刑种发展得很稳定，如社区服务刑，有的刑种发展得不够稳定，如保护观察刑；有的刑种被社会普遍接受，如社区服务刑，有的刑种在争论中，如缓刑；有的刑种在此国被认为是独立刑种，在彼国则被认为非独立刑种，如家庭监禁刑，在美国，家庭监禁被认为是一种刑罚，而在新西兰，家庭监禁被认为是监禁刑。差异、矛盾、冲突，甚至否定，是社区性刑罚发展中的组成部分。

虽然社区性刑罚产生晚，但是其在刑罚领域发展非常快。现在社区性刑罚继监禁刑、财产刑后，成为刑罚领域中的重要刑罚，成为刑罚的新贵。关于社区性刑罚的制定、修改与完善的理论研讨持续升温，关于社区性刑罚的立法成为刑罚立法的热点与焦点。下面看一下21世纪前后有关社区性刑罚立法的一些重要事件。

1966年美国加利福尼亚州创设了社区劳动刑。根据规定，被判该刑罚的罪犯需要在社区参加无偿的劳动。

20世纪70年代，美国创设了日报告刑（Day Reporting Centers）。[③]

1981年，法国引入社区劳动刑。[④]

美国佛罗里达州《矫正改革法》规定了家庭监禁刑（House Arrest, House Confinement），并于1983年付诸实施。[⑤]

1983年，美国开始推广军训营刑（Boot Camp）。该刑罚属于半监禁刑，罪犯在

---

① Office of Crime Statistics and Research, *Crime and Justice in South Australia*, 2007: *Adult Courts and Corrections*, Office of Crime Statistics and Research South Australian Attorney - General's Department, 2011, p. 6 - 7.

② 保护观察机构是美国一些州社区矫正机构主要机构之一。这类机构的重要职责之一就是执行社区性刑罚。

③ Parent, D., et al., *Day Reporting Centers*, National Institution, 1995, p. 3.

④ Martine Herzog - evans, *Probation in France: Some Things Old, Some things New, Some things Borrows, and Often Blue*, 58 Probation Journal 345 (2011).

⑤ Nieto, M., *Community Correction Punishments: An Alternative to Incarceration for Nonviolent Offenders*, www.library.ca.gov/CRB/96/08.

监禁设施中服刑一段时间后，转到社区服刑。

1984 年，爱尔兰引入社区劳动刑。①

1991 年英国的《刑事司法法》明确保护观察刑是一种独立的刑种。②

1991 年，英国规定了社区惩罚与矫正刑。这个刑罚将社区惩罚刑与社区矫正刑结合起来。

1996 年，社区劳动被引入捷克。1998 年有监督的缓刑、有条件撤销的监督刑被引入(The Conditional Waiver of Punishment with Supervision)。③

1997 年，法国引入电子监控刑。④

1998 年，英国的《犯罪与违反秩序法》(the Crime and Disorder Act 1998)规定了行动刑。行动刑是结合惩罚、矫正与恢复的短暂的、强力的社会干预项目，目的在于改变罪犯行为与预防进一步的犯罪。

1998 年，英国创设了监禁与训练刑，该刑罚适用于未成年犯。服这种刑罚的罪犯，第一阶段在监禁设施内服刑，第二阶段到社区服刑。

2000 年，英国《刑事法院量刑权力法》[Powers of Criminal Courts (Sentencing) Act]规定了宵禁刑，宵禁刑是一种对特定人在特定时间、特定地点的活动内容予以限制的刑罚。根据该法第 37 条，治安法院、皇家法院都有权对犯有谋杀及法律规定的有关罪行以外罪行的犯罪人适用宵禁刑。

2000 年英国的《刑事司法与法院法》(Criminal Justice and Court Service Act)将 1972 年引入社区劳动刑改为社区惩罚刑，并于 2001 年 4 月生效。

根据英国 2002 年出台的《刑事司法法》，英国过去的所有社区性刑罚统一为社区令(Community Orders)。这一综合性的社区刑(The Generic Community Sentence)将社区矫正刑(Community Rehabilitation Order)、社区惩罚刑(Community Punishment Order)等十种刑罚合为一种刑罚。

2002 年挪威规定了社区劳动刑。⑤

---

① Dea, P. O', *The Probation and Welfare Service: Its Role in Criminal Justice*, in Mahony, P. O'ed., Criminal Justice in Ireland. Dublin: The Institute of Public Administration, 2002, p. 635 – 656.

② Cavadino, M. & Dignan, J., *The Penal System*, SAGE Publications, 1997, p. 219.

③ Lenka Ourednickova, Pavel Stern & *Dagmar Doubravova*," The Czech Republic, in Anton M. Von Kalmthout, Jenny Roberts & Sandra Vinding eds., Probation and Probation Service in the EU Accession Countries, Wolf Legal Publishers, 2003, p. 71 – 99.

④ Martine Herzog – evans, *Probation in France: Some Things Old, Some things New, Some things Borrows, and Often Blue*, 58 Probation Journal 345 (2011).

⑤ Gerhard Ploeg & Jan – Eeik Sandlie, *Mapping Probation Future: Norway*, 58 Probation Journal 386 (2011).

间歇监禁刑是2003年英国设计的刑罚。该刑罚设计的直接目的是降低监狱的弊端,帮助罪犯维持家庭联系、保持工作技能发展。这种刑罚设计的终极目的是降低重新犯罪率。间歇监禁刑是一种替代短期监禁刑的刑罚。服间歇监禁刑的罪犯在接受社区矫正的过程中需要定期至监禁场所接受短期监禁。

……

我们看到,自20世纪60年代,世界上很多国家陆续推出社区性刑罚。社区性刑罚不仅在刑罚世界中立足,而且在不断扩展与完善中。社区性刑罚改变了传统的刑罚结构,社区性刑罚已经成为与监禁刑比肩的刑罚,被重视程度甚至超过监禁刑。

在传统刑事司法中,法官往往重用监禁刑,从而形成以"监禁刑为主,以其他刑罚为辅"的刑罚裁决格局。社区性刑罚出现后,法官不仅开始适用社区性刑罚,而且日益重视社区性刑罚。在西方有的国家中,如英国,因为社区性刑罚受重视,适用量不断提升,已经成为适用量最大的刑罚类型。2004年英国原内政部(现司法部)曾经向平民院(The House of Commons)呈报一个报告,[①]根据这个报告,从1992年到2002年,社区刑适用量不断上升,从1997年开始,社区刑适用量已经超出监禁刑、财产刑,成为英国1997—2002年适用量最大的刑罚。

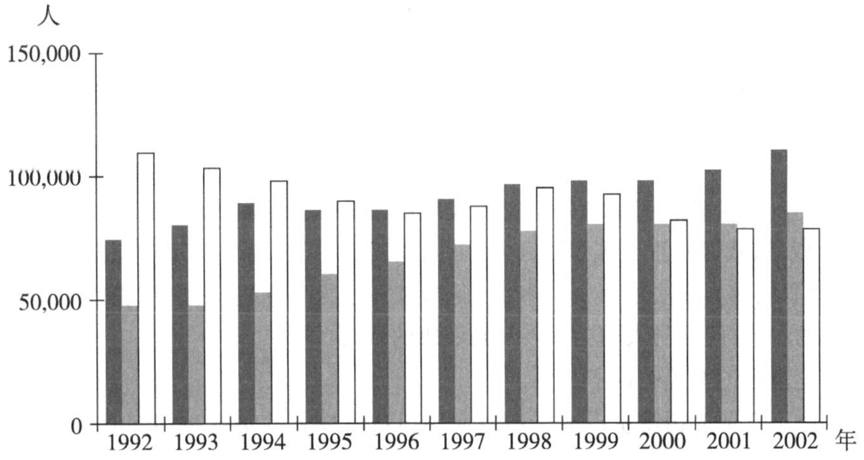

(说明:Y轴指示犯罪人数,X轴指示年份;白色条形表示罚金适用量,浅色条形表示监禁刑适用量,深色条形表示社区刑适用量)

图3-1 英格兰与威尔士适用刑罚情况图

① The House of Commons, *Home Affairs - First Report*, 2004.

社区性刑罚适用量的上升,特别是社区刑适用量大幅提升与高居不下,无疑改变了刑事裁决的传统格局。

(二)刑罚的种类

按照刑罚性质,在当代国际社会,刑罚的种类除了生命刑、剥夺自由刑、财产刑,便是限制自由刑。限制自由刑表现形式不尽相同,有的形式是保护观察刑、有的形式是社区劳动刑、有的形式是有条件的监禁刑等。

根据《美国法典》(2018 年修订版)第 3551 条的规定,对罪犯适用的刑罚有:保护观察刑、罚金、监禁刑。

根据 1996 年通过的《俄罗斯联邦刑法典》第 44 条的规定,刑罚的种类有:罚金;剥夺担任一定职务或者从事某种活动的权利;剥夺专门称号、军衔,或者荣誉称号、职衔和国家奖励;强制性劳动;劳动改造①;限制军职;没收财产;限制自由;拘役;军纪营管束;一定期限的剥夺自由;终身剥夺自由;死刑。

根据 2012 年修订的《荷兰刑法典》的规定,荷兰的刑罚包括:监禁、拘役、社区劳动、罚金。

根据南非 1977 年修订的《犯罪程序法》第 276 条的规定,南非的刑罚有:死刑;监禁;间歇监禁;宣布为惯犯;罚金;鞭刑。

根据 1987 年《德国刑法典》第 38 条与第 40 条的规定,德国的刑罚是自由刑与罚金。

三、刑罚的裁量

关于刑罚裁量的目的主要包括:(1)报复,代表被害人回应犯罪人的犯罪行为;(2)报应,从社会角度实现法律的公平;(3)实现正义,从道德角度实现对罪犯的谴责;(4)威慑,威慑罪犯不再犯罪;(5)剥夺,隔离罪犯于社会,使其不能犯罪;(6)矫正,帮助罪犯成为守法公民;(7)和解,犯罪破坏了人与人的关系,刑罚裁量要促进人与人的和解,使人与人的关系恢复到健康的状态。②

刑罚裁量的模式有以下几种。③

一是不定期刑罚裁量模式。不定期刑罚裁量模式在美国被很多州法院适用,

---

① 这是一种社区刑。根据《俄罗斯联邦刑法典》第 50 条的规定,被判处劳动改造的罪犯服刑地点在罪犯的工作地点,期限为 2 个月以上 2 年以下。

② Schmalleger, F. & Smykla, J. O., *Corrections in the 21st Century*, McGraw Hill Education 2015, p. 57.

③ Champion, D. J., *Corrections in the United States: a Contemporary Perspective*, Pearson Education, 2005, p. 49 – 57.

在这种模式下，法官确定刑罚的上限与下限，罪犯服刑的最终时间通过假释委员会决定。

二是定期刑罚裁量模式。在定期刑罚裁量模式，法官对被定罪的罪犯确定明确的服刑期限。在这种模式下，如果罪犯表现好，可以获得减刑分（good time credits），减刑分可以扣除法官所判处的刑期。

三是推定的刑罚裁量模式（presumptive sentencing）。在这种模式下，法官根据刑罚裁量指导准则对每个罪的规定裁定刑罚。刑罚裁量指导准则是根据罪行与犯罪史确定刑罚期限的规则制度。如美国联邦的量刑准则，对于第 43 级的罪行，即使只有 1 次犯罪史，也需要判处无期徒刑。

四是强制的刑罚裁量模式。这种模式的特点是，法官需要对某类犯罪无条件地裁量某种刑罚及期限，而没有自由裁量余地。如在美国的密歇根州，对于持有枪械的犯罪需要判处 2 年监禁，而不能只判处社区劳动刑。

刑罚的裁量要以法律为根据，美国学者司马勒格等认为，对被告人适用的刑罚可以从下面的刑罚的选择：①财产刑、保护观察刑、中间制裁（intermediate sanctions）、监禁刑、死刑。

四、罪犯矫正的机构

罪犯矫正机构在国家系统中是犯罪控制中的一环，是刑事司法系统中有机的组成部分。刑事司法系统中，罪犯矫正机构承担刑罚执行的功能。

在多数国家，罪犯矫正机构包括监狱与社区矫正机构两部分，而且很多国家的罪犯矫正机构设置在司法部内。在日本，法务部负责管理罪犯矫正工作。法务部设置的监狱局，负责管理监狱；矫治局负责管理社区矫正工作。② 在英国，司法部负责罪犯管理局的工作，罪犯管理局包括监狱局与社区矫正局。丹麦的社区矫正机构由监狱与社区矫正局领导。监狱与社区矫正局是司法部的组成机构之一。③

（一）监狱管理机构

在美国，监狱管理机构分为联邦监狱管理机构、州监狱管理机构与地方监狱机构。

---

① Schmalleger, F. & Smykla, J. O., *Corrections in the 21st Century*, McGraw Hill Education, 2015, p. 63.

② Silva, J. R., *Corrections in Japan*, in Kerley, K. R. ed., The Encyclopedia of Corrections (Volume I), John Wiley & Sons Ins., 2017, p. 502 – 508.

③ Sandra Winding, *Denmark*, in Anton M. van Kalmthout & Jack T. M. Derks eds., Probation and Probation Services: A European Perspective, Wolf Legal Publishers, 2000, p. 121 – 147.

联邦监狱系统完全独立于州监狱系统、地方监狱系统。1890 年前美国在联邦层面没有设置监狱。司法部对于联邦法院判决的罪犯交付州监狱与地方看守所(County Jail)的罪犯,需要支付费用。1891 年为了关押违反联邦法律的罪犯,开始建立监狱。随着联邦监狱数量增加,1930 年司法部设立了联邦监狱局(Bureau of Prisons)。现在联邦监狱局有监狱,少部分私营监狱,重返社会中心(Residential Reentry Center),还有家庭监禁中心(Home Detention)。① 私营监狱出现在 21 世纪初,其特点是私营合同商以矫正公司名义承包监狱矫正事项,向罪犯提供食物、医疗、教育等。②

联邦监狱局是司法部下属的部门。③ 联邦监狱局设置局长、副局长的职位,设置有下列部门:行政管理处(Administration Division),其负责管理监狱局财物与设施;矫正项目处(Correctional Programs Division),其负责罪犯矫正项目的推广与检查;生活卫生处(Health Services Division),其负责罪犯的生活卫生工作;人力资源管理处(Human Resource Management Division),其负责人事工作;联邦产业处(Federal Prison Industries),其负责罪犯的职业培训;信息、政策与公共事务处(Information, Policy, & Public Affairs Division),其向监狱局提供司法部、国会、其他机构有关信息;国家矫正学院(National Institute of Corrections),其负责培训矫正工作人员;咨询办公室(Office of General Counsel),其就政策、法律管理等向监狱局提供咨询;内部监督处(Program Review Division),其负责对监狱局进行内部监督;重返社会服务处(Reentry Services Division),其对罪犯回归社会问题进行研判、指导。

在州监狱管理层面,管理监狱的机构是州政府的组成部分。州长任命局长(Director of Corrections),局长任命监狱长(warden)。州长的换届,往往意味着监狱系统领导层的换届。州监狱对监狱实施统一管理。地方社区、私营合同商可以向监狱提供服务,服务内容包括矫正项目、教育、后勤、设施维护等。④

在美国,各州的管理体制不尽相同。

在俄勒冈州罪犯矫正分别由两个机构管理:矫正部(Department of Corrections)负责监狱管理,人力资源部(下设俄勒冈青少年处 Oregon Youth Authority)管理未成年人矫正机构。在阿肯色州,州政府设立有矫正与社区矫正委员会(Board of

---

① Schmalleger, F. & Smykla, J. O., *Corrections in the 21st Century*, McGraw Hill Education 2015, p. 246 - 249.

② Mays, G. L. & Winfree. Jr., T., *Essentials of Corrections*, Thomson Wadsworth, 2005, p. 117.

③ https://www.bop.gov/.

④ Schmalleger, F. & Smykla, J. O., *Corrections in the 21st Century*, McGraw Hill Education, 2015, p. 243.

Corrections and Community Correction),该委员会管理监狱部、社区矫正部。监狱部管理监狱,机构设置包括:行政管理处(Administrative Services Division)、基建与设施维护处(Construction and Maintenance Division)、卫生与矫正项目处(Health and Correctional Programs Division)、监管设施处(Institutions Division)、罪犯管理处(Operations Division)等。①

在得克萨斯州②,监狱管理工作由得克萨斯刑事执法委员会(Texas Board of Criminal Justice)负责,得克萨斯刑事执法委员会领导罪犯矫正设施处(Correctional Institutions Division)。罪犯矫正设施处管理监狱。罪犯矫正设施处包括:罪犯分类与档案科(Classification and Records)、黑帮应对中心(Fusion Center)、后勤科(Laundry, Food and Supply)、罪犯外联管理组(Mail System Coordinators Panel)、罪犯转运科(Offender Transportation)等。

在加利福尼亚州州政府设立有加州矫正部(California Department of Corrections and Rehabilitation)③,该部设立有局长(secretary)、副局长(undersecretaries)、助理局长(assistant secretary)、专业顾问(special advisor)。加州矫正部下设未成年执法处(Division of Juvenile Justice)、罪犯矫正处(Division of Rehabilitative Programs)、成年罪犯设施处、(Division of Adult Institutions)、成年犯假释运行处(Division of Adult Parole Operations)、基建处(Division of Facility Planning, Construction and Management)、研究处(Division of Correctional Policy Research and Internal Oversight)、信息处(Division of Enterprise Information Services)、行政服务处(Division of Administrative Services)、卫生处(Division of Correctional Health Care Services)、卫生政策与行政管理处(Health Care Policy and Administration),此外,还有诉冤办公室(Office of Appeals)、法律事务办公室(Office of Legal Affairs)、人事办公室(Office of Personnel Services)、人员培训办公室(Office of Training and Professional Development)等。

(二)社区矫正的管理机构

在美国,对社区矫正的管理是分散管理的模式。这种分散不仅表现在联邦、州与地方上管理的不尽相同,而且表现在管理机构的不同:有的社区矫正机构归属法院管理,有的归属行政机构管理。

在美国联邦,保护观察机构由法院管理。保护观察机构也对适用假释的罪犯

---

① Champion, D. J., *Corrections in the United States: a Contemporary Perspective*, Pearson Education, 2005, p. 359.

② https://www.tdcj.texas.gov/index.html.

③ https://www.cdcr.ca.gov/about-cdcr/.

进行监管。[①] 法院任命总保护观察官(Chief Probation Officer),总保护观察官任命下级官员。[②] 很多城市的保护观察机构,根据州法,也由法院进行管理。[③] 在县级机构,保护观察局局长由法院的法官联合任命,保护观察局局长管理保护观察官与志愿者。[④]

但是,县级保护观察机构是由县行政机构进行管理。此外,州保护观察机构,由州行政机构管理。[⑤] 一些较大的州,如加州、纽约州、得州,将保护观察机构与假释监督机构分开设置,分别管理,而大多数州将保护观察机构与假释监督机构合并管理。乔治亚州成立社区监管部(the Department of Community Supervision)管理保护观察机构与假释监督机构。在宾夕法尼亚州成立有保护观察与假释委员会(Board of Probation and Parole)管理保护观察部门与假释部门。[⑥]

关于社区矫正机构究竟是否应当纳入审判机构,有不同的主张。赞同者认为,将社区矫正机构纳入审判机构,有利于社区矫正机构向法院负责;法院有利于了解保护观察机构的具体情况,有利于保护观察官行使自由处理权(discretion)。反对者认为,保护观察官的很多事务超越法官裁决范围,而法官没有接受行政管理的训练,所以,社区矫正机构应当放入行政机构。[⑦]

在俄罗斯联邦,社区矫正机构是刑事执行机构的一部分。俄罗斯刑事执行总局社区矫正工作管理司负责全联邦社区矫正管理工作。各联邦主体下设的非监禁刑罚执行管理处对辖区内的社区矫正工作进行统一管理和协调;其社区矫正的执行机关是由隶属于上级社区矫正管理机构的刑事执行管理机关,专门负责包括社区矫正在内的非监禁刑罚执行的具体事务。社区矫正工作管理司的主要职能是:依法组织社区刑的执行工作;依法组织对被法院裁定假释和缓刑的罪犯实施监督;为地方社区矫正工作管理机关和基层执行机关提供组织保障;对执行刑罚和刑罚性质法律措施活动中的守法情况实施部门监督;领导本司各处、室对地方社区矫正机关执行法律、法规情况进行指导;对社区矫正机关及其领导部门在执行法院对罪犯判处刑罚和非监禁刑事法律措施的判决、决定和裁定过程中给予实际帮助;对社

---

① Abadinsky, H., *Probation and Parole: Corrections in the Community*, Pearson, 2018, p. 73 – 74.

② Cromwell, P. F., Carmen, R. V. del & Alarid, L. F., *Community – based Corrections*, Wadsworth & Thomson Learning 2002, p. 101 – 102.

③ Abadinsky, H., *Probation and Parole: Corrections in the Community*, Pearson, 2018, p. 73 – 74.

④ Abadinsky, H., *Probation and Parole: Corrections in the Community*, Pearson, 2018, p. 75.

⑤ Abadinsky, H., *Probation and Parole: Corrections in the Community*, Pearson, 2018, p. 73 – 74.

⑥ Abadinsky, H., *Probation and Parole: Corrections in the Community*, Pearson, 2018, p. 72 – 74.

⑦ Abadinsky, H., *Probation and Parole: Corrections in the Community*, Pearson, 2018, p. 75.

区矫正机关依法保障罪犯权利、维护刑罚及非监禁刑事法律措施的执行制度情况实施监督;组织社区矫正机关与预防未成年人失管和犯罪部门的协调配合工作;组织社区矫正机关与社会团体和非政府组织就刑罚和非监禁刑事法律措施的执行问题进行协调配合工作;研究、宣传和推广非监禁刑执行领域的先进经验;组织举办全俄和区域性的社区矫正警察和地方社区矫正领导机关参加的专业研讨会和协作会议,等等。[①]

在南非,社区矫正工作由中央统一管理。从机构设置上看,社区矫正局是矫正部(Department of Correctional Services)的组成部分。在国家层面,南非设有矫正局(Head Office),其功能是促进社区矫正有效性的提高,在操作层面上负责政策贯彻,评价政策实现效果;在地区层面设置有地区社区矫正局(Regional Office),其功能是保障对法律的正确解读,促进政策的实施,促进文件的上传下达及有力贯彻,并检查工作。[②]

在比利时、丹麦、法国、西班牙等国家,社区矫正由中央政府管理,具体由司法部管理。在丹麦司法部设立有监狱与社区矫正局。在意大利,社区矫正是刑罚执行的一部分,所以归口罪犯矫正局管理。在挪威,监狱与社区矫正局也设立在司法部。在芬兰、荷兰、奥地利,社区矫正由私营机构管理。[③] 在芬兰,管理机构是社区矫正协会(Probation Association)。在荷兰有三个私营机构管理社区矫正机构:国家保护观察服务社(The National Probation Service)、心理健康机构(the Mental Health Care Organisation)、救世军[④]。在法国,社区矫正的管理机构既有国家机构,也有私营机构。[⑤] 管理社区矫正的国家机构是监狱与保护观察局(Prison Service of Rehabilitation and Probation)。监狱与保护观察局局长的职责是:领导社区矫正局的工作;激发社区矫正官、社会工作者、行政官员的积极性;与志愿者合作;与社会机构合作;支

---

① 栗志杰、李玉娥、田越光:《俄罗斯社区矫正制度评述与启示》,载《河北法学》2014 年第 1 期。

② Department of Correctional Services, *Revised Procedure Manual: Supervision*, Department of Correctional Services, Republic of South Africa, 2017, p. 6 – 7.

③ Jack T. M. Derks & Anton M. van Kalmthout, *A Palette of European Probation Service System*, in Anton M. van Kalmthout & Jack T. M. Derks eds., Probation and Probation Services: A European Perspective, Wolf Legal Publishers, 2000, p. 1 – 28.

④ 救世军是一个于 1865 年成立,以军队形式作为其架构和行政方针,并以基督教作为信仰基本的国际性宗教及慈善公益组织,以街头布道和慈善活动、社会服务著称。它有一个称呼,为"以爱心代替枪炮的军队"。它的创办人希望能够把基督教传给穷困的人,并透过了解穷人们物质及心灵之需要来给予帮助。其国际总部位于英国伦敦,在全世界有几千个分部,分布在大约 70 多个国家。

⑤ Jack T. M. Derks & Anton M. van Kalmthout, *A Palette of European Probation Service System*, in Anton M. van Kalmthout & Jack T. M. Derks eds., Probation and Probation Services: A European Perspective, Wolf Legal Publishers, 2000, p. 1 – 28.

持地方公安工作;支持地方戒毒部门工作。监狱与保护观察局管理9个地区局,此外,还管理一个培训学校。①

在德国,社区矫正工作是在州层面展开,联邦层面不开展社区矫正工作。社区矫正工作在各州模式不同:第一种模式是在地方法院内设置社区矫正机构,该机构不仅面向对社区矫正的罪犯,而且在监狱中开展社会工作;第二种模式是在地方高级法院领导下开展社区矫正工作,社区矫正机构不仅面向社区矫正的罪犯,而且在监狱中开展社会工作;第三种模式是社区矫正工作在州司法部直接领导下开展。②

在意大利,社区矫正工作由中央政府管理。社区矫正局是罪犯悔罪管理部(Department of Penitentiary Administration)的组成部分。罪犯悔罪管理部管理监狱局、社区矫正局、矫正官培训学校。在国家层面,社区矫正工作由社区措施处(Community Measures Division)管理,该机构职责包括:指导、计划、组织、协调、检查社区矫正中心活动。地区的社区矫正机构是地区监狱管理局组成部分,工作职责与中央机构相同。在地方,社区矫正中心负责社区矫正工作具体开展。③

第二节　监狱的设置及其工作人员

一、监狱的分类

由于功用不同,监狱类别不尽相同。

在美国,监狱出现过以下类型:监狱(Prisons)、悔罪营(Penitentiaries)、军训营(Boot Camps)、监狱农场(Prison Farms)、入监中心(Reception)、评估中心(Diagnostic)、分类中心(Classification Centers)、筑路营(Road Camps)、林地维护营(Forestry and Conservation Camps)、青少年管教所(Youthful Offender Facilities)、职业培训所(Vacation Training Facilities)、监狱医院(Prison Hospitals)、戒毒中心(Substance

---

① Thomas Gilly, *France*, *Probation and Probation Services*: *A European Perspective*, in Anton M. van Kalmthout & Jack T. M. Derks eds., Probation and Probation Services: A European Perspective, Wolf Legal Publishers, 2000, p. 204 – 233.

② Hartmut Wegener, *Germany*, in Anton M. van Kalmthout & Jack T. M. Derks eds., Probation and Probation Services: A European Perspective, Wolf Legal Publishers, 2000, p. 237 – 254.

③ Luisa Gandini *Italy*, in Anton M. van Kalmthout & Jack T. M. Derks eds., Probation and Probation Services: A European Perspective, Wolf Legal Publishers, 2000, p. 291 – 312.

Abuse Treatment Centers)。①

在英国,监狱分为:看守所、分散(Despersal)监狱、B 类监狱、C 类监狱、开放监狱、未管所、女监。② 分散监狱用以收押高度危险的罪犯,B 类监狱用以收押危险比较大的罪犯,C 类监狱用以收押不适合予以开放处遇的罪犯。

在奥地利,监狱类型有:成人男监(收押被判 1 年以上有期徒刑罪犯)、未成年犯监狱、女监、看守所。男监设置有卫星设施,如监狱农场。这些设施都是低度戒备设施。③

在法国,监狱被为分为三类:短刑犯监狱、长刑犯监狱、出监监狱。④

在德国,监狱被分为封闭监狱与开放监狱。开放监狱关押的罪犯占比 20% 。⑤此外,德国还有保安处分机构、青少年监狱。⑥

在俄罗斯,监狱分为劳动改造营、劳动教养营、监狱、医疗性改造机构。劳动改造营是为犯轻罪的成年人设立的机构,其分为劳动改造村、普通管束的劳动改造营、严格管束的劳动改造营、特别管束的劳动改造营。劳动教养营是为未成年罪犯而设立的监管机构。监狱是关押罪行比较严重的罪犯设施。监狱关押下列人:"特别严重的犯罪而被剥夺自由超过 5 年的人,特别危险的累犯,恶意违反服刑程序而从劳改营移送来的被判刑人。"医疗性改造机构是特殊的收押机构。医疗性改造机构收押:被判处适用医疗性强制方法的人员;判处限制自由、拘役、剥夺自由的酒精中毒者、吸毒成瘾的人员;患有不排除刑事责任能力的精神病的人。⑦

---

① Whitehead, J. T. , Pollock, J. M. & Braswell, M. C. , *Exploring Corrections in America*, Anderson Publishing Co. , 2003, p. 538.

② Bryans, S. , *Prison Governors: Managing Prisons In a Time of Change*, Willan Publishing, 2007, p. 6.

③ Gratz, W. , Held, A. & Pilgram, A. , *Austria*, in Dirk van Zyl Smit & Frieder Dunkel eds. , Imprisonment Today and Tomorrow: International Perspective on Prisoners' Rights and Prison Condition, Kluwer Law International, 2001, p. 3 – 31.

④ Philippe Combessie, *France*, in Dirk van Zyl Smit & Frieder Dunkel eds. , Imprisonment Today and Tomorrow: International Perspective on Prisoners' Rights and Prison Condition, Kluwer Law International, 2001, p. 253 – 287.

⑤ Frieder Dunkel & Dieter Rossner, *Germany*, in Dirk van Zyl Smit & Frieder Dunkel eds. , Imprisonment Today and Tomorrow: International Perspective on Prisoners' Rights and Prison Condition, Kluwer Law International, 2001, p. 288 – 350.

⑥ 司绍寒:《德国刑事执行法研究》,中国长安出版社 2010 年版,第 61 – 62 页。

⑦ Alexander Uss & Anna Pergataia, Russia, in Dirk van Zyl Smit & Frieder Dunkel eds. , Imprisonment Today and Tomorrow: International Perspective on Prisoners' Rights and Prison Condition, Kluwer Law International, 2001, p. 551 – 558. 1996 年俄罗斯国家杜马通过的《俄罗斯刑事执行法典》第 74 条(《俄罗斯刑事执行法典》,黄道秀、李国强译,中国政法大学出版社 1999 年版,第 110 页)。

按照不同标准,监狱可以分为不同类型,如按照性别,可以将监狱分为男性监狱和女性监狱;按照管理主体,可以将监狱分为公立监狱和私营监狱。由于监狱安全是监狱管理的基本价值,所以,通常根据警戒等级,对监狱进行分类。

根据警戒等级,监狱分为下列等级。

一是超高度戒备监狱(supermaximum facilities)。这类监狱关押特别危险的罪犯。其主要特点是将罪犯与一般人员隔离,彼此隔离。①

二是高度戒备监狱(high – security prison)。这类监狱关押长刑的危险罪犯。主要特点是监狱设置安全围栏,安全围栏包括高墙、瞭望塔;监舍有栏杆;罪犯走动严格控制。②

三是中度戒备监狱(medium – security prison)。这类监狱关押危险小一些的罪犯。在中度戒备监狱,罪犯行动适当控制。

四是低度戒备监狱(low – security prison)。这类监狱关押危险低的罪犯。这类监狱对罪犯管理轻松。美国的低度戒备监狱管理严格程度与欧洲的开放监狱相当。

五是最低度戒备监狱(minimum – security prison)。这类监狱关押危险等级为最低的罪犯。这类监狱管理宽松。该类型监狱有时作为假释的过渡住宿。③

二、监狱的组织结构

监狱的组织机构包括监狱长、监狱长助手与下属管理人员。监狱长是监狱工作第一责任人,是监狱组织机构的第一层次管理者。监狱长助手包括行政助理、秘书、负责执法程序的助理监狱长、负责监狱运行的助理监狱长。上述官员直接对监狱长负责,是监狱组织机构的第二层次管理者。典型的成人监狱的管理科层如下:④

下列部门由负责执法程序的助理监狱长直接管理:矫正项目部门(Correctional Services)、宗教服务部门(Religious Service)、A 监区监区长(Unit Manager Unit A)、

---

① Schmalleger, F. & Smykla, J. O., *Corrections in the 21st Century*, McGraw Hill Education, 2015, p. 249 – 250.

② Schmalleger, F. & Smykla, J. O., *Corrections in the 21st Century*, McGraw Hill Education, 2015, p. 249 – 250.

③ Champion, D. J., *Corrections in the United States: a Contemporary Perspective*, Pearson Education, 2005, p. 296.

④ Carlson, P. M., *The Organization of the Institution*, in Carlson, P. M. & Garrett J. S., eds., Prison and Jail Administration: Practice and Theory, An Aspen Publication, 1999, p. 25 – 31.

B 监区监区长（Unit Manager Unit B）、C 监区监区长（Unit Manager Unit C）、D 监区监区长（Unit Manager Unit D）、文化教育与娱乐管理部门（Education and Recreation）、心理健康机构（Mental Health）、档案机构（Records Office）、通信管理机构（Receiving /Discharge Mail Room）、个案管理协调机构（Case Management Coordinator）。

下列部门由负责监狱运行的助理监狱长直接管理：设施维护与基建机构（Facilities Maintenance & Construction）、劳动与生产机构（Industry Program）、财务管理部门（Financial Management）、工作人员培训机构（Staff Training）、人力资源管理部门（Human Resource）、伙食管理部门（Food Service）、安全管理部门（Safety Management）、卫生部门（Health Service）。

由于各国犯罪治理模式、制度不同，监狱组织结构也不同。即使同一个国家，由于内部体制不同，监狱组织结构也不同。例如，在美国，有的监狱组织结构①与典型的监狱组织结构就有所不同，监狱长管理下列人员：副监狱长、监狱安全科科长（负责管理监狱安全、监狱工作程序、罪犯脱逃事宜）、人力资源科科长（负责人员管理与训练）、计划与审计科科长（负责管理秘书、内部审计、事务计划、监督等）、财务科科长（负责管理财务、购买、出纳、合同签订等）、劳动事务科科长（负责监狱维护、工程建设）、罪犯矫正科（负责劳动项目、教育项目、矫正项目、宗教活动与非政府组织活动参与安排）。副监狱长管理住宿管理科（管理监区、隔离设施、特别监区的住宿安排）、罪犯个案工作科（负责罪犯刑期计划）、生活卫生科（负责医生、精神病医生、牙医、专家等工作管理）。

近年越来越多的监狱设置监区（Unit）。美国的得克萨斯州监狱系统、密苏里州监狱系统、英格兰与威尔士的监狱在探索这种制度。② 监区管理的概念是由美国联邦调查局的雷温胜（Levinson, R.）、格雷德（Gerard, R）提出，③他们认为这种制度可以提高监狱管理水平。

---

① Bryans, S., *Prison Governors: Managing Prisons In a Time of Change*, Willan Publishing, 2007, p. 192.

② Sim, J. *An Inconvenient Criminological Truth: Pain, Punishment and Prison Officers*, in Bennett, E. J., Crewe B., & Wahidin, A., eds., Understanding Prison Staff, Willan Pubishing, 2008, p. 187 - 204.

③ Carlson, N. A., Hess, K. M. & Orthmann, C. M. H., *Corrections in 21st Century: A Practical Approach*, West/Wadsworth, 1999, p. 411 - 412.

监狱的管理模式主要有以下几种。①

一是威权模式管理(the authoritarian model)。在这种模式下,监狱管理是通过监狱长、监狱官员高度集权进行。

二是科层模式管理(the bureaucratic - lawful model)。在这种模式下,监狱管理是通过监狱长、监狱其他官员的分权展开的。分权的根据源于法律规定。

三是分权模式(the share power model)。在这种模式下,不仅普通监狱官员参与分权,而且罪犯也参与分权,如罪犯有权决定是否参加教育项目,并通过分权实现监狱的管理。

四是罪犯自治模式(the inmate control model)。在这种模式下,罪犯成立自己的组织,规定自己的行为要求与违反规定的惩戒方式,并通过这种方式实现监狱的管理。

上述管理模式在不同监狱类型的体现程度不同,如高度戒备监狱更多体现威权模式。

三、监狱长

曾经担任监狱长、英国监狱长协会副主席的柏阳斯(Bryans, S.)认为监狱长的功能一直在发展。他认为,早期的监狱长实质就是称为看守(keeper),监狱长职位的功能就是保证罪犯不脱逃、不与外面的人交往。在英国,1779—1876 年,监狱长的称谓改为“政府官员”(governors),其职责要求放在关注监狱条件改善与罪犯权利保障方面。1877—1945 年,监狱长的称谓改为“改造的官员”,监狱长职位的功能放在解决监狱管理的标准化与罪犯改造上,特别是使用宗教方法对罪犯改造上。“二战”后,监狱长的功能逐步多样化,从刑罚执行的指导者、矫正的指导者,到监狱的经理、工作人员经理、交易的协调者、个案官员、公共关系处理官等。② 正因如此,监狱长有“总经理”的称谓与总执行官(chief executives)的称谓。③

在当代,监狱长的职责被分为 12 项:第 1 项,管理人力资源,管理内容包括工作人员评估训练、岗位设置、岗位监督、岗位咨询、人员招录、人员提拔、纪律考评、激励;第 2 项,管理外在的事务,管理内容包括公共关系、发展与媒体的关系、维护与其

---

① Champion, D. J., *Corrections in the United States: a Contemporary Perspective*, Pearson Education, 2005, p. 367 - 368.

② Bryans, S., *Prison Governors: Managing Prisons In a Time of Change*, Willan Publishing, 2007, p. 14 - 49.

③ Bryans, S., *Prison Governors: Managing Prisons In a Time of Change*, Willan Publishing, 2007, p. 49 - 57.

他执法机构的关系、发展与高校的关系、维护与医疗机构的关系等；第 3 项，管理法务，管理内容包括复议矫正个案、执行矫正协会的标准、执行法院的裁决、培训矫正官出庭、学习新的程序性规定等；第 4 项，管理矫正机构的变化，管理内容包括明确变化及程度、修改应变策略、应对破坏性事件等；第 5 项，管理工作人员，管理内容包括制定报告制度、对工作分类、检查布置的任务等；第 6 项，管理罪犯，管理内容包括监督罪犯分级、与罪犯保持经常性的、直接的接触、保障罪犯的安全、维护监规纪律、维护罪犯申诉机制、促进罪犯沟通等；第 7 项，设施管理，管理内容包括安排维护计划、维护卫生设施、检查监狱建筑与地面等；第 8 项，自我提高管理，管理内容包括参加与接受专业训练、阅读专业图书、参与学术活动、接受继续教育等；第 9 项，安全程序管理，管理内容包括批准安全策略与程序、对安全程序的监管、检查安全设施与系统、构建信息系统、发展内部侦查程序等；第 10 项，目标管理，管理内容包括明确长期目标与短期目标、批准计划、布置行动计划、监督实现目标的过程、修改目标等；第 11 项，紧急状态管理，管理内容包括批准应急计划、检查应急计划、与应急支持机构保持联系、激活应急计划等；第 12 项，财务管理，管理内容包括根据经费安排员工、提出经费要求、制订经费优先方案、监督花费等。①

由于监狱长责任重大，所以，很多国家提出了监狱长的任职条件，如在德国，监狱长的任职条件是具有法律资格。在英国，监狱长是公务员，需要具有监狱工作经验，②并对监狱长的申请者进行评估。如 1996 年英国推出监狱“管理推进计划”，对监狱长的申请职位者进行评估，评估内容包括管理目标、工作主张、谈判沟通能力、观点表达、问题解决方案等要素，还要开展工作能力、心理上的测试。③

为了促进监狱长更好地胜任工作，监狱长需要定期或者不定期接受培训。英国的培训课程包括宪法、经费管理、产业关系、员工福利与训练、人力资源管理、安全管理与控制、纪律系统、公共关系、体制工作、人员管理、一般管理。④

---

① Withrow, P. K., *What is a Warden?*, in Wardens, North American Association of Wardens and Superintendent eds., A View from the Trenches: A Manual for Wardens, North American Association of Wardens and Superintendent, 2007, part 2, p. 2 – 7.

② Coyle, A., *Change Management in Prisons*, in Bennett, E. B., Crewe B. & Wahidin, A., Understanding Prison Staff, Willan Pubishing, 2008, p. 231 – 244.

③ Bryans, S., *Prison Governors: Managing Prisons In a Time of Change*, Willan Publishing, 2007, p. 91.

④ Bryans, S., *Prison Governors: Managing Prisons In a Time of Change*, Willan Publishing, 2007, p. 56.

四、监狱的其他工作人员

(一)监狱工作人员的类型

在美国,监狱工作人员包括监狱长(Warden/Superintendent)、罪犯管理人员(Correctional Officer)、文化教师(Academic Teacher)、咨询管理员(Activity Therapy Administrator)、牧师(Chaplain)、分类官(Classification Officer)、临床社会工作人员(Clinical Social Worker)、劳动岗位安排官(Job Placement Officer)、个案经理(Case Manager)、假释官(Parole officer)、保护观察官(Probation Officer)、矫正项目工作人员(Program Specialist)、社会工作者(Social Worker)、心理服务工作人员(Psychologist)、统计师(Statistician)。①

在法国,监狱工作人员分为:罪犯管理人员、行政管理人员、教育工作者、技术人员、社会工作者、指导人员、其他人员。②

在印度,监狱工作人员包括监狱长、副监狱长、监狱长助理、监狱长分助理、罪犯管理长官(Head Warders)、罪犯管理人员、医生、药师、电工、清洁工、职员等。③

罪犯管理人员,或者称为监禁刑执行官(custodial staff),是在监狱中人群最多的工作人员,其工作特点是直接管理罪犯,其基本职责是维护秩序与保障监狱安全。④ 罪犯管理人员通常穿有制服。在美国,借鉴军队的管理,罪犯管理人员设有衔级:分别是少校(major)、上尉(captain)、中尉(lieutenant)、军士(sergeant)。

罪犯管理人员包括不同的官员。负责生活区管理的官员(block officers)的主要职责是对生活场所的罪犯进行监管,管理事项包括对罪犯点名、要求罪犯有秩序地行走、检查罪犯财物、监视罪犯活动、搜查、开门与关门、处理罪犯生活场所问题。负责工作场所管理的官员(work detail supervisors)的主要职责是对在劳动场所参加劳动的罪犯进行监控,管理事项包括干洗房活动监控、厨房活动监控、农场劳动监控、对来料进行清单检查、对劳动工具进行清单检查。负责培训与学习场所管理的官员(industrial shop and school officers)的主要职责是监督罪犯学习劳动技能与文

---

① Schmalleger, F. & Smykla, J. O., *Corrections in the 21th Century*, McGraw Hill Education, 2015, p. 7.

② Philippe Combessie, *France*, in Dirk van Smit & Frieder Dunkel eds., Imprisonment Today and Tomorrow, Kluwer Law Internation, 2001, p. 253 – 258.

③ Norris, B., *Prison Bureaucracies in the United States, Mexico, India, and Honduras*, Lexington Books, 2018, p. 233.

④ Schmalleger, F. & Smykla, J. O., *Corrections in the 21th Century*, McGraw Hill Education, 2015, p. 300.

化课程，这项工作的完成需要与技能指导师傅、教师、咨询专家合作并共同完成。负责场地管理的官员（yard officers）的主要职责是在罪犯集中的场地监控罪犯，包括罪犯的活动空间、吃饭、开展娱乐活动。负责杂事管理的官员（administrative officers）的主要职责是控制钥匙、控制武器、管理探视罪犯的活动。负责监狱外围安全的官员的主要职责是管理围墙、塔楼、大门等，防止脱逃、探测监狱安全，防止诸如毒品、攻击性工具进入监狱内部。临时替换病休、休假的官员（relief officers）的主要职责是替代不能上岗的官员。①

罪犯管理人员基本职责是：通过监禁维护社会安全；提高监狱工作的顺畅与有效；保障监禁的人道性；向罪犯提供积极生活的机会，使罪犯释放后具有融入社会的劳动就业能力。由于岗位不同，具体职责又有不同。②

为提高管理的规范性，监狱对罪犯管理人员实施纪律化的管理，对于违反纪律的管理人员，要予以惩戒。惩戒形式有：口头指示，口头警告，书面指令，斥责（letter of reprimand），暂缓降薪（disciplinary suspension reduction in pay），暂缓停薪（disciplinary suspension reduction without pay），降职、开除。③

罪犯管理人员形成的亚文化规则主要有：对抑郁的同事予以帮助；在罪犯面前不能给同事难堪；在同事与罪犯争议中予以帮助；支持其他同事惩罚罪犯；对同事要关心；不要同情罪犯；要帮助可能有危险的同事；不要与罪犯走得太近；不要与罪犯一起批评自己的领导；不要在背后捅同事刀子；不要允许错误进入工作空间；尊重同事的智慧、经验。④

在美国，罪犯管理人员被称为矫正官，这一概念是基于摆脱"看守"这一具有消极性的称谓并承认罪犯管理的专业性而使用的。⑤ 传统上，罪犯管理人员主要负责罪犯的监管与控制，但是，近年，罪犯管理人员正从罪犯监控、安全保外者走向促进

---

① Schmalleger, F. & Smykla, J. O., *Corrections in the 21th Century*, McGraw Hill Education, 2015, p. 307 - 308.

② Schmalleger, F., Smykla, J. O., *Corrections in the 21th Century*, McGraw Hill Education, 2015, p. 299.

③ Whitehead, J. T. & Braswell, M. C., *Exploring Corrections in America*, Anderson Publishing, 2003, p. 481.

④ Whitehead, J. T. & Braswell, M. C., *Exploring Corrections in America*, Anderson Publishing, 2003, p. 477 - 478.

⑤ American Correctional Association, *Resolution the the Term "Correcitonal Officer"*, Corrections Today, 1993, p. 60, 146.

罪犯矫正与社会福利的推进者的方向发展。①

罪犯管理人员是直接管理罪犯的官员(operational staff)其他工作人员是支持性的工作人员(non - operational staff),如心理服务工作人员。② 一般来说,监狱对支持性的工作人员的要求更高。以个案经理、罪犯分类主管、监狱长助理为例,监狱对上述人员要求学习专业是刑事执法、社会工作或者心理学,很多监狱要求求职者具有硕士学位。上述人员需要负责罪犯安全分类、矫正项目,需要解决罪犯心理、戒毒等问题。③

(二)监狱工作人员的招聘与培训

1.监狱工作人员的招聘

监狱工作人员招聘是公开的,参加竞聘的人员除了好奇人群,还有被罪犯矫正工作激发起进取心的人群、以前是其他执法机构的人员。④ 一般来说,监狱工作人员招聘需要考虑学历程度。在爱沙尼亚,只有具有较高道德品质、接受较高的教育、通过资格考试的人才能被任命为监狱工作人员。⑤ 如果竞聘者竞聘的岗位职场上要获得更高的职位,需要有更高的学位。⑥ 但是,由于监狱工作的复杂性,所以,各国要招聘监狱工作人员时,要考虑诸如人际交往之类的能力等。在英国,罪犯管理人员的录用由地方组织,而不是在国家层面进行。监狱管理工作人员招聘除了考虑竞聘者的身体状况、专业外,对竞聘者人际沟通能力有特别的要求。⑦ 在美国,一些州设立监狱管理人员评估中心,对竞聘者解决问题的能力、沟通的能力、情绪控制能力、相互的能力(对别人内在的了解力、领导力)进行评估,然后决定是否录用。佛罗里达州评估中心(the Florida Assessment Center)是美国开设的第一家监狱管理

---

① Bennett, J. & WahidinA., *Industrial Relations in Prisons*, in Bennett, E. J., Crewe, B. & WahidinA., eds., Understanding Prison Staff. Devon: Willan Pubishing, 2008, p. 117 - 133.

② Bolger, M., Bennett, J., *Training and Developing Prison Staff*, in Bennett, E. J., Crewe, B. & Wahidin, A., eds., Understanding Prison Staff. Devon: Willan Pubishing, 2008, p. 386 - 397.

③ Mays, G. L. & Wenfree, Jr. T., *Essentials of Corrections*, Thomson Wadsworth, 2005, p. 261.

④ Cheeseman, K., *Correctional Staff and Management*, in Blackburn, A. G., Fowler, S. K. & Pollock, J. M. eds., Prison Today and Tomorrow, Jones & Bartlett Learning, 2014, p. 203 - 229.

⑤ Jaan Sootak, Rando Antsmae & Olave Isreal, *Estonia*, in Dirk van Smit & Frieder Dunkel eds., Imprisonment Today and Tomorrow, Kluwer Law Internation, 2001, p. 238 - 252.

⑥ Champion, D. J., *Corrections in the United States: A Contemporary Perspective*, Pearson Education Inc., 2005, p. 533.

⑦ Crawley, E. & Crawley, P., *Understanding Prison Officers: Culture, Cohesion and Conflicts*, in Bennett, E. J., Crewe, B. & Wahidin, A. eds., Understanding Prison Staff, Willan Pubishing, 2008, p. 134 - 152.

人员录用评估的中心，其他州也陆续开设。① 在奥地利，招聘监狱工作人员需要评估竞聘者的管理能力、计划的能力、对问题的预判的能力、对紧急事件准备应对的能力、实现计划的能力。② 此外，监狱管理人员竞聘，还关注不利于任职的因素，如入职动机、知识、压力承受力、吸毒的可能性、种族偏见因素、对工作的态度、责任感、判断能力、团队精神、接受批评的能力、服从命令的能力、性别偏见、忠诚度、情绪稳定性、成熟度、主宰他人的需要。③

2. 对监狱工作人员的培训

对入职的监狱工作人员培训是队伍建设的重要一环，各国都非常重视。

在美国，监狱工作人员岗前的培训时间平均为 9 个月，但是具体到各州，时间不尽一致。在犹他州培训时间为 18 个月，在伊利诺伊州培训时间为 5 个月。在美国，岗前培训内容通常有搜查、合法武力的使用、法律规定、民事责任、刑事责任、正当程序、罪犯管理人员的权力、吸毒等问题。④

在奥地利，罪犯管理人员入职后要接受 15 个月的基础培训，其中包括 3 个月的理论学习、9 个月的实践训练、3 个月的最新的理论动态学习。理论课关注法律规定、行政管理条款；实践课包括射击、急救、心理指导等。⑤

在英格兰与威尔士，罪犯管理人员需要接受三阶段的培训。第一阶段是熟悉自己工作的监狱情况，包括地理位置、不同部门情况，包括牧师部门、社区矫正部门、健身机构、探视机构、大门、车间、入监机构、医疗卫生、隔离（segregation unit）部门。第二阶段是到不同监狱实习，参与日常工作，包括搜查、监督、检查信件等。第三阶段是去监狱培训学院（Prison Service Training Colleges）学习，学习内容包括监狱安全管理，如搜查；关系处理，如如何与罪犯交往、防止自杀、防止欺凌、处理精神有问题罪犯；刑期管理，包括刑期计划；罪犯管理人员个体的工作；监狱出现毒品问题如何处理；罪犯行为报告；如何完成书面材料；个别谈话；对罪犯的激励措施；与罪犯相关的法律问题（种族、机会平等）；如何践行专业行为，如在罪犯面前表现权威与负

---

① Champion, D. J., *Corrections in the United States: A Contemporary Perspective*, Pearson Education Inc., 2005, p. 539 – 540.

② Gratz, W., Held, A. & Pilgram, A., *Austria*, in Dirk van Smit & Frieder Dunkel eds., Imprisonment Today and Tomorrow, Kluwer Law Internation, 2001, p. 3 – 31.

③ Champion, D. J., *Corrections in the United States: A Contemporary Perspective*, Pearson Education Inc., 2005, p. 532.

④ Champion, D. J., *Corrections in the United States: A Contemporary Perspective*, Pearson Education Inc., 2005, p. 532.

⑤ Gratz, W., Held, A. & Pilgram, A., *Austria*, in Smit, D. van & Dunkel, F. eds., Imprisonment Today and Tomorrow, Kluwer Law Internation, 2001, p. 3 – 31.

责;刑事执法系统,如裁决、监狱规则;罪犯管理的目标;警体,等等。① 入职后,经验丰富的罪犯管理人员需要对接受完培训的人员进行督导。②

对监狱工作人员的培训,除了入职培训,还有经常性培训。在英格兰与威尔士,“培训与提高集团”(the Training and Development Group)是培训监狱工作人员的重要机构。该集团对监狱工作人员安排的课程有领导力与管理的发展、安全、官员管理、人员管理、监狱行政管理、IT、控制与限制、体育等。此外,监狱也开展自己的培训活动,对监狱工作人员进行一定培训。监狱培训课程很多,包括罪犯控制与限制、自杀预防、财务管理、矫正项目、刑期管理等。③

调动监狱工作人员接受的积极性,提高培训质量,是监狱工作人员培训的目标。在美国,“美国矫正协会”明确提出培训标准,具体包括培训题目、确定时间数、课程特点。提出培训要突出理念、知识、操作。④ 一些学校开展培训,向参训人员提供获得证书的机会,如“中部技术学院”(MidState Technology College)向培训人员提供获得2年制的“矫正科学” 副学士的机会。“美国矫正协会的认证委员会”(Commission on Accreditation for Corrections)对接受培训的监狱工作人员提供培训认证。⑤

(三)监狱工作人员专业化促进

所谓专业化即具有专业意识,如自律、承诺、自主等,遵守专业道德准则、不断学习、解决问题的专业知识、持续的自我评估。⑥

为促进监狱工作人员的专业化,下列行为被认为是专业行为:⑦谨慎,工作时要

---

① Arnold, H., *The Experience of Prison Officer Training*, in Bennett, E. J., Crewe, B. & Wahidin, A. eds., Understanding Prison Staff, Willan Pubishing, 2008, p. 399 - 415.

② Crawley, E. & Crawley, P., *Understanding Prison Officers: Culture, Cohesion and Conflicts*, in Bennett, E. J., Crewe, B. & Wahidin, A. eds., Understanding Prison Staff, Willan Pubishing, 2008, p. 134 - 152.

③ Bolger, M. & Bennett, J., *Training and Developing Prison Staff, Understanding Prison Staff*, in Bennett, E. J., Crewe, B. & Wahidin, A. eds., Understanding Prison Staff, Willan Pubishing, 2008, p. 386 - 397.

④ Schmalleger, F. & Smykla, J. O., *Corrections in the 21th Century*, McGraw Hill Education, 2015, p. 17 - 18.

⑤ Champion, D. J., *Corrections in the United States: A Contemporary Perspective*, Pearson Education Inc., 2005, p. 528 - 530.

⑥ Schmalleger, F. & Smykla, J. O., *Corrections in the 21th Century*, McGraw Hill Education, 2015, p. 16.

⑦ Wright, R. L., *Governing: The Human Side of Personnel Management*, in Carlson, P. M. & Garrett, J. S., eds., Prison and Jail Administration: Practice and Theory. Gaithersburg: An Aspen Publication, 1999, p. 151 - 157.

专注自己做的事情;礼貌,与他人合作要尊重他人;遵守程序,按照程序开展工作;诚实,尊重同事与上级;不传播流言蜚语,为健康的环境作出自己的贡献;不威胁他人,没有人有资格或者权威恐吓、报复、威胁他人;性骚扰是不受欢迎的行为;尊重他人的权利、他人的建议。

在美国,为促进监狱工作人员专业化,美国矫正协会提出了专业道德法典(Code of Ethics)[①]:会员应当保护公民的法律权利;会员应当关心每个人的福利,不能有获得他人利益的念头;会员应当与同事相互尊重,在专业水准内不断提高自己的工作质量;对于社会真实的、建设性的批评,会员与会员所在的机构要虚心接受;会员需要认识到纪律在刑事执行系统内的重要性,不断提高合作水平;会员需要公众对信息的知情权,在法律范围内最大程度分享信息;会员需要保护公众免受犯罪侵害的权利;会员需要限制自己利用自己的地位获取优势或者利益的行为;会员在履行公务中要限制自己为个人利益削弱自己履行的责任的行为;会员应当限制自己正式或非正式地进入与履行职责冲突的个人领域;会员应当限制自己接受任何与职责有关的礼物、服务或者好处;会员需要明确自己与美国矫正协会不同的观点;会员需要向合适的机构报告自己收受贿赂或者不道德财物的行为;会员需要限制自己歧视不同种族、国籍、年龄等人群或者个体;会员应当维护个人信息的完整性,除职责外限制自己寻求他人的个人信息,除非授权限制自己公开非公共信息;会员应当根据规则而不是个人利益实施契约、提拔或者辞退行为;会员应当为安全、健康、免除各种骚扰的工作场所做贡献。

近年研究指出,罪犯矫正效果与罪犯管理情商关系密切,罪犯管理人员的核心能力是情商。[②] 情商水平与专业道德水平关系非常密切。

第三节 社区矫正机构的种类、职责及其工作人员

一、社区矫正机构的种类

虽然美国最早使用社区矫正[③]这一概念,但是,这并不意味着社区矫正这一概

---

① Schmalleger, F. & Smykla, J. O., *Corrections in the 21th Century*, McGraw Hill Education, 2015, p. 18.

② Arnold, H., *The Prison Officer*, in Jewkes, Y., Crewe, B. & Bennett, J. eds., Handbook on Prisons, Routledge, 2016, p. 265 – 280.

③ 1973 年美国明尼苏达州通过了《社区矫正法》(Community Corrections Act)。其内容主要是要求政府资助保护观察事业、假释事业。此后美国的艾奥瓦州、科罗拉多州跟进制定了《社区矫正法》。

念被广泛接受,更不意味着社区矫正机构因此实现统一称谓。实际上,很多执行社区矫正的机构仍然被称为保护观察机构或者假释监督机构,同时监控与矫正的对象也不尽相同。按照矫正对象的不同,我们可以将国外的社区矫正机构分为三类。

第一类是收矫适用保护观察罪犯的机构。在美国,一些社区矫正机构,如美国市级保护观察机构,仅收矫适用保护观察的罪犯,而不收矫被假释的罪犯。根据州法,美国市级的保护观察机构由基层法院进行管理。[①]

第二类是收矫适用假释罪犯的机构。如美国的加利福尼亚州、纽约州的假释监督机构,仅收矫被假释的罪犯。

第三类是既收矫被适用保护观察的罪犯,也收矫被适用假释的罪犯。这一类机构是社区矫正机构的主要形式。如南非、美国联邦层次的保护观察机构。

由于社区矫正基层机构规模小,所以,一般社区矫正机构内部设置比较简单。在意大利,社区矫正中心工作分为三个部分:第一部分是秘书;第二部分是社区矫正执行;第三部分是行政管理与财务。三个部分分别由三个经理负责。[②] 在丹麦,社区矫正办公室设置有下列岗位:高级社区矫正官(senior probation officer)[③]、社区矫正官(probation officer)、行政官员、监管官员(Supervisors)、财务工作人员,此外,还有准备审前报告的辅助人员。[④] 但是,南非社区矫正基层机构的设置规模较大,所以岗位设置复杂一些。在南非,社区矫正基层机构设置有:主任(head of community corrections),其负责社区矫正机构全面工作;收矫官(reintegration admission official),其负责进入社区矫正罪犯的身份认定与收矫;个案管理官(reintegration case management supervisor),其负责社区矫正个案安排与管理;监督委员会(supervision committee),其负责罪犯监督与服刑计划评估;个案官员(reintegration case official),其负责对罪犯的监督与评估;矫正工作小组经理(unit manager),其对矫正工作小组进行全面管理。此外,还有志愿者参与社区矫正。矫正工作小组分为以下八个:社区矫正办公室管理小组、判刑前调查小组、收矫前小组、收矫小组、罪犯评估小组、罪

---

① Abadinsky, H., *Probation and Parole:Corrections in the Community*, Pearson 2018, p. 73 – 74.

② Luisa Gandini, *Italy*, in Anton M. van Kalmthout & Jack T. M. Derks eds., Probation and Probation Services: A European Perspective, Wolf Legal Publishers, 2000, p. 291 – 312.

③ 丹麦也没有使用社区矫正概念,而使用保护观察(probation)。为统一表达,这里将 probation officer翻译为社区矫正官。

④ Sandra Winding, *Denmark*, in Anton M. van Kalmthout & Jack T. M. Derks eds., Probation and Probation Services: A European Perspective, Wolf Legal Publishers, 2000, p. 121 – 147.

犯服刑计划实施小组、监控与评估小组、解矫小组。①

二、社区矫正机构的性质及职责

(一)社区矫正机构的性质

由社区矫正工作的多元性决定,关于社区矫正机构性质,一直存在争论:有的认为社区矫正机构属于社会工作机构;有的认为社区矫正机构是执法机构。② 由此派生出社区矫正机构矫正与监控地位之纠、矫正的民间与官方主导之争。

由于取向的差别,社区矫正机构分为监控型、社区工作型、混合型三种类型。③ 如苏格兰的社区矫正机构属于社区工作型。美国基本属于混合型,但是具体到各州,由于立法的差异,美国各州有差别:类型一,社区矫正官不是执法官员,但是可以携带武器,具有逮捕权,如明尼苏达州;类型二,社区矫正官是执法官员,但是不能携带武器,如内布拉斯加州;类型三,社区矫正官是执法官员,可以携带武器,如弗吉尼亚州;类型四,社区矫正官是执法官员,应当携带武器,如宾夕法尼亚州。④

(二)社区矫正机构的工作目标与职责

1. 社区矫正的工作目标

社区矫正的工作目标各国规定有所不同,但基本包括下列目标:

第一,惩罚犯罪。惩罚表现为限制罪犯自由。惩罚的具体方式有:宵禁、周末限制外出、每周尿检、每月报告、限制旅行、限制交往、限制居住环境、限制浪漫事宜、经济惩罚、赔偿损失、强制参加无报酬的劳动、搜查、无告知的家庭查访、要求雇主报告就业表现、参加戒毒等矫正项目、限制拥有武器。⑤

第二,帮助罪犯融入社会。⑥ 犯罪是犯罪分子不适应社会的结果。帮助罪犯融入社会就是帮助他们适应社会生活。帮助罪犯融入社会具体做法包括学习劳动技能、学习处理家庭关系、学习处理社会关系等。

---

① Department of Correctional Services, *Volume 5 Revised Procedure Manual: Supervision*, Department of Correctional Services, Republic of South Africa, 2017, p. 6 – 7.

② Latessa, E. J. & Smith, P., *Corrections in the Community*, Anderson Publishing, 2007, p. 200.

③ Abadinsky, H., *Probation and Parole: Corrections in the Community*, Pearson, 2018, p. 227 – 228.

④ Abadinsky, H., *Probation and Parole: Corrections in the Community*, Pearson, 2018, p. 230 – 231.

⑤ Clear, T. R. & Dammer, H. R., *The Offender in the Community*, Thomson & Wadsworth, 2003, p. 20 – 24.

⑥ Clear, T. R. & Dammer, H. R., *The Offender in the Community*, Thomson & Wadsworth, 2003, p. 20 – 24; Schmalleger, F. & Smykla, J. O., *Corrections in the 21th Century*, McGraw Hill Education, 2015, p. 94 – 95.

第三,降低刑罚执行成本。① 在当今国际社会监禁刑是各国适用的重要刑罚。然而,适用监禁刑国家需要投入很大的人力、物力、财力。社区矫正的出现与发展为降低投入寻找了一个新的路径。如何降低投入成了社区矫正工作推进中一个重要目标。

2. 社区矫正机构的职责②

社区矫正机构的职责主要包括以下几个方面:

第一,监控罪犯、保证罪犯遵守规定。采取的措施包括:查访就业情况;查访居住情况;帮助罪犯接受矫正项目;对罪犯进行家访、尿检;与家长、学校管理人员讨论,预防可能的问题。

第二,调查。获得案件与个人背景的信息,如犯罪情况、前罪次数、家庭情况等。

第三,分析并提出建议。根据上述信息,决定罪犯的安置、监控力度及监控措施撤销等。

第四,书面报告。包括对罪犯实施的收矫、矫正项目实施、撤销保护观察或者缓刑、解矫等情况向上级报告。

第五,紧急情况处理。如出现伤害、脱逃、攻击社区矫正官等情况,就是否使用武力与相关限制措施、第一时间的救助等情况处理。

第六,与罪犯互动。社区矫正机构及工作人员需要与罪犯保持经常的互动。互动内容包括权利保障、责任承担、罪犯违反规定的后果、行为如何符合社区矫正的要求,诸如尿检、就业、矫正等。

第七,与社区矫正罪犯外的人员积极交往,如罪犯的父母、被害人、雇主等。

第八,与同事的交往,与警察、与其他矫正机构交往。

第九,与审判机构合作,准确完成审前调查报告。

第十,合法使用武力。

三、社区矫正工作人员的招聘与培训

(一)社区矫正工作人员的招聘

由于社区矫正工作的复杂性,一般要求求职者具有学士学位。

在美国,大多数州要求社区矫正官获取学士学位,所学专业是相关专业,如社

---

① Clear, T. R. & Dammer, H. R., *The Offender in the Community*, Thomson & Wadsworth, 2003, p. 20 – 24.

② Abadinsky, H., *Probation and Parole: Corrections in the Community*, Pearson, 2018, p. 225 – 226.

会学、心理学。印第安纳州除了对学历提出要求，还要求在执法、社会工作、心理咨询等行业工作1年以上。纽约州要求获得硕士或者学士学位，在社会工作岗位工作3年以上。[①] 联邦招聘社区矫正官，需要符合下列条件：本科学习刑事执法专业、社会工作专业、犯罪学、社会学、心理学等专业，年龄不超过37周岁，会自卫术，能够使用枪械。伊利诺伊州德卡柏县（Dekalb）招聘人员不仅有相关学历要求，而且对申请人员提出下列能力要求：表达能力、写作能力、沟通能力、计划能力、组织能力、问题分析能力、判断力。[②] 在美国加利福尼亚州各县，录用社区矫正官除了学历，还要检查申请人下列方面：身体情况；品德情况；心理健康情况；背景情况，如犯罪等；法律知识水平；应用心理与咨询知识水平；犯罪侦查知识水平；谈话技术水平；证据收集能力；社会资源利用能力。社区矫正官需要有效与罪犯沟通，发现问题，并提出个人意见，完成相关报告，因此需要申请人具有一定人际沟通能力，熟悉程序法，具有与法官有效交往的能力。[③]

（二）社区矫正工作人员的培训

培训在社区矫正工作推进中是很重要的一部分，所以各国都很重视对社区矫正工作人员的培训。

在意大利，社区矫正官是国家公务员，录取时要求申请人员具有大学社会工作专业学士学位，入职需要参加入职考试。为促进社区矫正工作人员不断学习，根据规定，社区矫正工作人员提拔也需要参加考试。[④]

如何开展培训？

在丹麦，社区矫正官员招录通过广告展开。申请者通过录用程序，将被纳入公务员序列，但是要接受2年的试用。被录取的社区矫正官需要去社会工作学校学习，并在3年内拿到社会工作者资格证书。学习者学习内容包括社会政策、社会学、心理学、社会法、民法、刑法、犯罪学、社会工作、社会工作方法等。入职者在正式上课前先要花几天时间接受监狱与社区矫正局的工作地位、社区矫正基本内容等教

---

① Abadinsky, H., *Probation and Parole: Corrections in the Community*, Pearson, 2018, p.222.

② Champion, D. J., *Corrections in the United States: A Contemporary Perspective*, Pearson Education Inc., 2005, p.547－549.

③ Champion, D. J., *Corrections in the U nited States: A Contemporary Perspective*, Pearson Education Inc., 2005, p.548.

④ Luisa Gandini, *Italy*, in Anton M. van Kalmthout & Jack T. M. Derks eds., Probation and Probation Services: A European Perspective, Wolf Legal Publishers, 2000, p.291－312.

育课程。①

在美国,内华达州需要社区矫正官申请者在被雇用第1年内完成480小时的理论与实务学习。学习课程包括刑事司法系统、法律法规、法律责任、职业伦理、个案监督、假释委员会专题、物质滥用问题、危机干预、审前调查、倾听的技巧、焦虑管理、人际交流、冲突解决。此外,必须在上岗后的第1年在执法学院完成650个小时的课程,包括武器使用、逮捕程序、手铐使用与罪犯控制、防卫术、搜查、证据收集、与警察联系、家访实务等。② 在美国,对社区矫正官的培训基本是军事化模式。③

为了提高社区矫正官员的培训质量,"美国社区矫正官协会"(American Probation and Parole Association)引入认证项目制度,允许经过认证的培训项目实施,从而促进了培训课程、师资水平的提高。④ 培训中需要学习社区矫正官伦理法典,以推进社区矫正官员专业化。社区矫正官伦理法典主要内容如下:"我将为司法机构与社会提供专业服务,最大程度帮助罪犯适应社会;我将维护法律的尊严,在保卫公众免遭犯罪侵害时向罪犯展现我的责任感;我在履行自己职责时,也会维护每个人不可剥夺的权利、认可每个人的价值、尊重每个人的秘密;我将保持自己的体面,在公务活动中不寻求好处;我将与我的同事合作,与相关机构合作,通过学习知识与理解不断提高自己专业能力;我将清楚地分清我的言语与行为,我是作为社区矫正机构代表出现在公共场所的;我将促进社区矫正政策的实施、程序的展开,这是实现美国社区矫正官协会的价值、目标与目的的一部分;只要我真诚地对待社区矫正官伦理,我的工作就能成为公众信任的符号;我将不断地追求这些目标与理想,奉献于我选择的专业。"⑤

在美国,社区矫正官上岗前需要接受培训,而晋升时也需要接受培训。晋升时学习内容除了法律课程,还学习急救、攻击行为管理、化学性制服工具使用、武器使

---

① Sandra Winding, *Denmark*, in Kalmthout, A. M. van, Derks, J. T. M., eds., Probation and Probation Services: A European Perspective, Wolf Legal Publishers, 2000, p. 121 – 147.

② Abadinsky, H., *Probation and Parole: Corrections in the Community*, Pearson, 2018, p. 224.

③ Champion, D. J., *Corrections in the United States: A Contemporary Perspective*, Pearson Education Inc., 2005, p. 545 – 546.

④ Champion, D. J., *Corrections in the United States: A Contemporary Perspective*, Pearson Education Inc. 2005, p. 546.

⑤ Schmalleger, F. & Smykla, J. O., *Corrections in the 21th Century*, McGraw Hill Education, 2015, p. 283.

用规定等。① 社区矫正工作者是社会工作者与执法人员混合的人才。②

矫正志愿者(corrections volunteers)是社区矫正队伍中有机组成的部分。为保证志愿者发挥积极作用,矫正志愿者也接受一定培训。矫正志愿者接受的培训主要内容有:对罪犯诡异行为报告;学习倾听的技术;对罪犯要有共情,要有耐心;与罪犯相处要谨慎;不要将罪犯领到家;不要借给罪犯钱;不要试图解决罪犯的问题;不要对罪犯进行判断;不要向罪犯提供毒品、酒精。③

研究与思考

1. 如何理解罪犯矫正机构的专业化?
2. 如何看待罪犯矫正机构的地位?
3. 监狱设置需要考虑哪些因素?
4. 如何看待社区矫正的性质?
5. 如何看待社区矫正的目标?

① Champion, D. J., *Corrections in the United States: A Contemporary Perspective*, Pearson Education Inc., 2005, p. 547 - 549.

② Abadinsky, H., *Probation and Parole: Corrections in the Community*, Pearson 2018, p. 229 - 231.

③ Champion, D. J., *Corrections in the United States: A Contemporary Perspective*, Pearson Education Inc., 2005, p. 561.

第四章　罪犯的管控

重点提示

1. 罪犯管控的概念及其目的。

2. 罪犯管控的机制。

3. 罪犯分类的意义、罪犯分类的实施。

4. 罪犯的行为规范及其意义。

5. 罪犯激励管理的概念、罪犯激励管理的内容。

6. 罪犯危险管理的概念、价值；罪犯危险评估的发展、方法；罪犯危险控制的措施；监狱戒备等级分级、禁闭、搜查、武力使用；武力使用的原则。

7. 监狱应急管理概念、内容、特别授权。

8. 社区矫正中的罪犯危险管控；社区矫正中的罪犯危险评估；社区矫正中的罪犯危险控制。

本章拟讨论罪犯管控的基本措施、激励管理、危险管理以及应急管理等内容。

第一节　罪犯管控的要求与机制

一、罪犯管控的概念

所谓罪犯管控，是指罪犯矫正机构为了执行刑罚、保障社会与公民的安全而管控罪犯人身自由的措施与制度。

罪犯管控的价值主要有以下几点。

第一，保障刑罚执行的正常进行。没有监狱的安全，罪犯所判刑罚很难执行。

第二，保障社会与公民的安全。罪犯不仅实施了具有社会危害性的犯罪行为，而且个体具有一定人身危险性。监管机构的基本价值就是通过对罪犯的有效管控，使其不再在社会上威胁社会与公民。

第三，保障罪犯的人身安全。监管设施内容易出现霸凌问题，监管机构需要预防与控制牢头狱霸的产生与发展，保障所有罪犯的人身安全。

第四，维护罪犯矫正的正常秩序，为开展罪犯矫正创造条件。罪犯矫正是罪犯监管机构的社会使命。罪犯矫正的开展必须以稳定的监管秩序为前提，而罪犯管控的基本价值就在于维护监管设施的正常秩序。

二、罪犯管控的要求

罪犯管控承载着社会、法律与文明的使命，具有独特的社会、法律与文明的要求。具体来说，罪犯管控需要体现下列要求。

第一，维护罪犯矫正机构的安全、保障社会的安全。

第二，维护罪犯矫正机构运行的法律秩序，包括监狱内、社区矫正机构内的法律秩序。罪犯矫正机构在对罪犯管控中需要依法管控，不能违反法律。

第三，遵循人道主义原则，即对罪犯实施文明管控。

第四，遵守有效管控原则。罪犯管控要考虑投入产出关系，罪犯管控要不断提高管控效益，最大程度提高管控有效性，降低管控的投入。

三、罪犯管控的机制

罪犯管控既包括对罪犯的管理，也包括对罪犯的控制。罪犯管理解决监狱的秩序问题，而罪犯控制解决监狱的安全问题。罪犯的管控机制主要有激励管理与危险管理。

激励管理是通过奖惩措施，调动罪犯遵守纪律的积极性而实施的能动管理。

危险管理是根据危险评估确认罪犯的不同危险等级，包括高度危险、中度危险与低度危险，进而实行严格程度不同的控制。危险管理包括危险评估与危险控制。在危险管理框架下，罪犯矫正机构对于高度危险的罪犯严格管理，而对低度危险的罪犯实施宽松管理，有利于提高罪犯管控效益，同时，有利于罪犯融入社会。

激励管理与危险管理并非完全分立的机制，两者具有相互影响的关系。危险管理也具有很大的激励作用。如果罪犯表现好、积极降低自己的危险程度，罪犯就可以享受管控宽松的待遇。

第二节　对罪犯的基本管控

罪犯管控是随着罪犯矫正机构出现而出现。罪犯分类与罪犯行为规范是较早出现的罪犯管控措施。虽然现代的罪犯管控内容不断丰富、技术水平不断提高，但是，罪犯分类与罪犯行为规范措施却不断沉淀，成为罪犯管控的基本措施。

一、罪犯的分类

早在17世纪，英国就有了罪犯分类实践，即将罪犯分为不同类别。当时罪犯分类根据是罪犯的财产：罪犯向监狱支付的货币多，住宿条件好；反之，住宿条件差。[①]进入19世纪，根据性别对罪犯分类基本被确定下来。根据年龄进行分类也有了探索。美国的爱尔米拉罪犯改造所（Elmira Reformatory）还使用访谈方法，根据罪犯犯罪史、社会史方法对罪犯进行分类。[②] 20世纪上半叶，早期的罪犯分类思想日益成熟，如男女犯分类关押、未成年犯与成年犯分类关押，刑期长短、犯罪性质、年龄、性别四大要素被纳入罪犯分类根据中，这样，“二战”后形成了被越来越多国家接受的罪犯分类制度。[③]

但是，这一分类制度有些粗糙，不能完全满足监狱罪犯管控与矫正的需要，进入20世纪下半叶后，罪犯分类又有了新的探索。有的从监狱安全保障探讨罪犯的分类，即罪犯的外在分类（external classification）。外在分类将目光放在监狱层面上。有的从不同类型犯矫正探索罪犯的分类，即罪犯内在分类（internal classification）问题。[④] 内在分类将目光放在监区、监舍层面上。有的将罪犯分类取决于矫正官称为主观分类（subjective classification），而将罪犯分类取决于具有循证后的标准的分类称为客观分类（objective classification）。[⑤]

（一）罪犯分类的含义与意义

罪犯分类就是根据监狱安全需要对罪犯进行安置的措施。

---

① Biley, B. & Mullings, J. L., *Classification and Correctional Programming*, in Blackburn, A. G. & Fowler, S. K. eds., Prison Today and Tomorrow, Joycelyn M. Pollock, Jones and Bartlett Learning, 2014, p. 123 - 154.

② Mays, G. L. & Winfree Jr., L. T., *Essentials of Corrections*, Thomson and Wadsworth, 2005, p. 120 - 122.

③ Biley, B. & Mullings, J. L., *Classification and Correctional Programming*, in Blackburn, A. G., Fowler, S. K. eds., Prison Today and Tomorrow, Joycelyn M. Pollock, Jones and Bartlett Learning, 2014, p. 123 - 154.

④ Biley, B. & Mullings, J. L., *Classification and Correctional Programming*, in Blackburn, A. G., Fowler, S. K. eds., Prison Today and Tomorrow, Joycelyn M. Pollock, Jones and Bartlett Learning, 2014, p. 123 - 154.

⑤ Ortiz, J. M., *Security Levels*, in Kerley K. R. ed., The Encyclopedia of Corrections Volume 2, Wiley Blackwell, 2017, p. 905 - 908.

罪犯分类包括系统分类(systemwide classification)、设施内分类(institutional classification)与再分类(reclassification)。① 系统分类是在罪犯分类中心对罪犯进行的分类。系统分类的任务是将罪犯分到不同戒备等级的监狱。罪犯分类中心是罪犯被判监禁刑后送押与收押的机构。设施内分类是监狱对所接受罪犯进行安排的活动,其包括监区安置、监舍安置、床铺安置。再分类是监狱在罪犯服刑一定期限内根据监狱安全需要、罪犯危险变化、矫正需要变化,对罪犯进行的重新安置。再分类的结果可以是罪犯被安置在管控更严格的监狱,也可以是被安置在管控较宽松的监狱。

现代罪犯分类承担很多功能,如通过男女分类体现刑罚执行的文明化,但是,罪犯分类的最主要功能是在充分考虑罪犯重返社会的同时,实现了对罪犯合理的管控,保障监狱安全、公众与社会安全,即根据罪犯的危险程度安排管控资源。罪犯分类包含罪犯管控中的等级安排,而罪犯管控等级意味着对罪犯的不同物理性控制力,或者说环境控制力。② 分类不仅意味着罪犯被分配到不同监狱,而且意味着罪犯接受不同等级的管控。

罪犯分类的类型通常与监管警戒设施类型相对应。如果监管警戒设施分为低度、中度、高度三类,罪犯也分为三类。所以,罪犯分类的类型不尽一致。在美国多数州将罪犯被分为三类,即低度危险罪犯、中度危险罪犯、高度危险罪犯。③ 在澳大利亚的维多利亚州,罪犯被分为四类:最高安全(maximum security)、高度安全(high security)、中度安全(medium security)和最低安全(minimum security)。④

(二)罪犯分类的实施

1. 罪犯分类的实施者

通常罪犯分类在罪犯分类设施进行。何谓罪犯分类设施? 罪犯分类设施就是对罪犯收押、分类与分押的监狱。从刑事诉讼看,罪犯分类设施是接受判决已经生效的罪犯的监管设施。从刑罚执行看,罪犯分类设施是对罪犯收监并进行分类的设施。罪犯进入分类设施,是其刑罚执行的开始。

---

① Carlson, N. A., Hess, K. M. & Orthmann, C. M. H., *Corrections in the 21st Century*, West/Wadsworth, 1999, p. 229.

② Leinson, R. B., *Classification: The Cornerstone of Corrections*, in Carlson, P. M. & Garrett, J. S., Prison and Jail Administration: Practice and Theory, An Aspen Publication, 1999, p. 260 – 266.

③ Champion, D. J., *Corrections in the United States: a Contemporary Perspective*, Pearson Education, 2005, p. 306.

④ The Corrections Regulations 2009 (R 22 [2]).

罪犯分类设施的功能包括:[①]第一,查验罪犯身份(identifying the prisoner);第二,完成罪犯个人情况的基本记录;第三,对罪犯进行身体与精神状况检查;第四,判断罪犯对社会的危险与其自身的安全要求;第五,确定在矫正设施内罪犯与具有安全威胁团伙的关系;第六,确定是否可能成为性侵害的对象;第七,对罪犯分类,安排到不同监管设施。

罪犯分类设施在分类中需要完成很多具体的工作,如在确定身份中,需要查清罪犯家庭住址、教育等,需要采集手纹、拍摄照片、查清犯罪史、获取毒品使用情况等;在分类中,需要检查生理情况、精神情况,了解受教育情况等;在矫正需要评估中,通过谈话、标准工具,看罪犯需要,包括吸毒、教育、酗酒、劳动技能、愤怒管理、理财能力、家庭关系处理等。[②]

以美国华盛顿州为例。在美国华盛顿州设立两个罪犯分类设施,罪犯分类设施在24日内完成分类。在罪犯入监后1~11日内完成个人身份确定,生理、精神、教育、滥用毒品等情况检查,完成罪犯服刑指导。在12~16日内对罪犯初步分类分级。在21~24日确定最后的分类等级。对罪犯的分类工具使用的是等级评估量表(Level of Service Inventory – Revised),简称LSI – R量表。[③] 水平评估量表是由加拿大的安德鲁(Andrews, D.)博士与博塔(Bonta, J.)博士于1995年设计并推出危险评估量表,这个量表借助犯罪史、教育或者就业情况、罪犯家庭情况等预测因子测量罪犯重新犯罪可能性。关于这个量表本书在后面具体介绍。

2. 罪犯分类的流程

罪犯分类如何具体操作?罪犯分类涉及罪犯入监检查内容、责任主体、时限、分类工具等。具体操作流程不尽一致,但是又有共同之处。我们可以通过美国科罗拉多州罪犯入监评估流程(Overview of Colorado's Prisoner Intake Process)了解罪犯分类的流程。[④] 具体见表4-1。

---

① Hardyman, P. L., Austin, J. & Peyton, J., *Prisoner Intake Systems: Assessing Needs and Classifying Prisoners*, National Institute of Corrections, 2004, p. vii.

② Hardyman, P. L., Austin, J. & Peyton, J., *Prisoner Intake Systems: Assessing Needs and Classifying Prisoners*, National Institute of Corrections, 2004, p. viii – ix.

③ Hardyman, P. L., Austin, J. & Peyton, J., *Prisoner Intake Systems: Assessing Needs and Classifying Prisoners*, National Institute of Corrections, 2004, p. x.

④ Hardyman, P. L., Austin, J. & Peyton, J., *Prisoner Intake Systems: Assessing Needs and Classifying Prisoners*, National Institute of Corrections, 2004, p. 17.

表4－1　美国科罗拉多州罪犯入监评估流程

任务	选择性质	评估对象	负责人员
第1天			
身份确立	强制	所有罪犯	监狱管理人员
生理检查	强制	所有罪犯	医务人员
肝炎检查、血液检查	强制	所有罪犯	医务人员
隔离	强制	所有罪犯	监狱管理人员
是否帮伙成员	强制	所有罪犯	专门官员
第2天			
学业成绩	强制	所有罪犯	专业人员
智商	强制	所有罪犯	专业人员
就业态度			
滥用毒品情况	强制	所有罪犯	专业人员
精神	强制	所有罪犯	专业人员
第3天			
生理检查	强制	所有罪犯	专业人员
精神情况复查	观察	根据需要	专业人员
DNA检查	非强制	暴力性罪犯、性犯罪罪犯	专业人员
牙齿检查	强制	所有罪犯	专业人员
第4～7天			
犯罪史	强制	所有罪犯	分类官员
社会史	强制	所有罪犯	分类官员
监禁等级	强制	所有罪犯	分类官员
内部分类	非强制要求		
罪犯隔离	强制	所有罪犯	分类官员
被害人公示	非强制要求	根据被害人的要求	分类官员
第8～14天			
安全等级确定、服刑场所安排完成、罪犯移监安排完成	强制	所有罪犯	分类官员

我们看到，在罪犯分类流程中，分类机构不仅每天有具体的检查内容，而且对责任工作人员安排也作出规定，这样确保了在规定时间完成罪犯分类。

3. 罪犯分类工具

罪犯分类需要根据危险评估结果进行，即根据危险评估工具评估罪犯危险情况，如高度危险、中度危险与低度危险，然后将罪犯安置在不同戒备等级的监狱。

危险评估工具的主要功能是对罪犯进入重新违法犯罪的评估。按照刑罚执行不同阶段的需要，罪犯危险评估工具可以分为入监时的罪犯危险评估工具、刑罚执行中的罪犯危险评估工具、假释时的罪犯危险评估工具等。罪犯分类的工具是入监时的罪犯危险评估工具。关于罪犯危险评估工具知识，我们在后面章节专门介绍。这里先介绍罪犯分类工具。

关于罪犯分类工具各国都在探索中。有的监狱使用专门工具，有的使用的是非专门工具，即刑罚执行时的罪犯危险评估工具。前面介绍的美国科罗拉多州等级评估量表就是非专门工具。这一量表也被一些监狱用于刑罚执行中的罪犯危险评估。美国阿拉斯加州矫正系统所使用的罪犯分类工具"阿拉斯加罪犯矫正局罪犯分类量表"（Alaska Department of Corrections Classification Form for Sentenced Prisoners）是专门工具。该工具具体突出了分类针对性。具体见表4－2。

表4－2　阿拉斯加罪犯分类量表 ①

犯罪的严重程度						分值
1＝轻罪；3＝C类重罪；5＝B类重罪；7＝A类重罪						
余刑						
0＝0～12个月；1＝13～59个月；3＝60～83个月；5＝84＋个月						
以前定罪的类型						
0＝无；1＝轻罪；2＝重罪						
脱逃或者脱逃未遂的历史						
	无	15年以上	10～15年	5～10年	5年以下	
轻	0	1	1	2	3	
重	0	4	5	6	7	

① Champion, D. J., *Corrections in the United States*, Pearson, 2005, p. 311.

续表

犯罪的严重程度						分值
暴力行为史						
	无	15年以上	10~15年	5~10年	5年以下	
轻	0	1	1	2	3	
重	0	4	5	6	7	
总分						
安全等级： 低度安全等级=0~6分；中度安全等级=7~13分；高度安全等级=14~36分						

二、罪犯的行为规范

规范罪犯行为，不仅是刑罚执行的需要，更是建构与维护监管场所秩序的需要。关于罪犯行为规范的价值，国外有学者认为，罪犯的行为规范具有下列价值：明确纪律规范，保证监管场所秩序，保障罪犯的安全，向罪犯提供文明的服刑环境，向罪犯注入秩序的价值。① 关于罪犯的行为规范各国通常规定在规格较高的法律上。

关于罪犯的行为规范有两种立法方式：其一，行为要求方式，即要求罪犯行为符合法律规定；其二，行为违反方式，即通过规定罪犯不允许的行为，确定罪犯行为规范。

按照第一种方式明确罪犯行为规范的立法例，如《俄罗斯刑事执行法典》(1996)第11条规定：(1)罪犯应当履行俄罗斯联邦法律规定的公民义务，遵守道德规范、卫生保健的要求；(2)遵守法律程序及法律的要求；(3)完成刑事执行机构的合法要求；(4)有礼貌地对待刑事执行机构的工作人员；(5)有礼貌地对待其他罪犯；(6)不履行法律义务承担法律责任；(7)不执行刑事执行机构的要求，承担相应的责任。

按照第二种方式明确罪犯行为规范的立法例，2005年通过的《日本刑事设施及服刑者处遇法》第51条规定了罪犯应当遵守的规范：(1)不得实施犯罪；(2)对他人不得使用粗野或者无理的行为，不得实施给他人添麻烦的行为；(3)不得实施自伤身体的行为；(4)不得妨碍刑事设施职员执行职务的行为；(5)不得实施可能妨碍自

---

① Cripe, C. A., *Inmate Disciplinary Procedures*, in Carlson, P. M. & Garrett, J. S., Prison and Jail Administration: Practice and Theory, An Aspen Publication, 1999, p. 208 - 218.

己或者其他罪犯活动的行为;(6)不得实施有害于刑事设施安全的行为;(7)不得实施有碍刑事设施内卫生或者风纪的行为;(8)不得不正当使用、持有、收受现金;(9)没有正当理由不得懈怠劳动作业,没有正当理由不得懈怠参加各种矫正活动。

澳大利亚西澳大利亚州1981年出台的《监狱法》(Prisons Act 1981)①通过规定罪犯违反监规的情形,明确了罪犯的行为规范。该《监狱法》将罪犯违反监规行为,分为轻微违反监规行为(minor prison offences)、严重的违犯监规行为(aggravated prison offences)。根据该法第69条的规定,轻微违反监规行为包括不遵守罪犯矫正官命令、在劳动中心不在焉、有不遵守秩序的行为、使用不体面的语言、使用威胁的语言或者动作、假装生病、恶意毁坏财物、诬告矫正官、对监狱规定的无视、合法外出未能返回监狱,等等。该法第70条规定,严重的违犯监规行为包括:粗鲁的行为;攻击他人的行为;脱逃或者预备脱逃;逃离或者预备逃离所监管的区域;使用或者拥有毒品;违反规定喝酒;未经监狱长批准,拥有使人呈醉酒状物质;拥有武器状物体;不提供依法检查的血液、体液等。

英国(英格兰与威尔士)也是通过规定罪犯违反监规的情形,明确了罪犯的行为规范。根据英国的《罪犯管理法(2007)》(Offender Management Act 2007)第21条、第22条的规定,下列行为是违法行为:协助罪犯脱逃;携带禁止物品进出监狱,如毒品、手机、录音设施。1999年实施的《监狱规则》(The Prison Rules 1999)不仅对罪犯从吃饭、睡觉到活动进行了行为规范,而且在第51条规定了违反纪律的行为:攻击他人;违反他人意志,控制他人行为;拒绝矫正官接近;与他人斗殴;企图威胁他人健康或者安全;企图阻止矫正官执法;脱逃;临时释放不遵守规定;消费、偷运、拥有毒品、酒精等非法物品;未经同意将他人物品拿走;企图放火;毁坏监狱或者他人财物;不参加要求参加的活动;对矫正官员不尊重;使用威胁性语言;拒绝参加劳动;不遵守命令;不服从规定;预备实施违法行为或者教唆他人实施违法行为。美国的罪犯行为规范规定方式同英国。美国2019年修订的《加利福尼亚州法典》(California Code)第4500部分规定:罪犯攻击任何人,将承担相应的法律责任。第4530部分规定:罪犯脱逃或者预备脱逃、携带禁止物品进出监狱,要承担相应法律责任。第4570部分规定:未经监狱长或者有关人员批准不能以任何方式,包括书信,与外界人员联系。

由于法律规定下的罪犯行为规范比较原则,所以,实践层面上的罪犯行为规范需要细化。根据美国联邦的"罪犯入监与指导手册"(Inmate Admission and Orienta-

① 澳大利亚各州具有独立的立法权。

tion and Handbook)[①]具体规定,罪犯的行为规范包括八类规范:第一,着装规范;第二,身份牌规范;第三,点名规范;第四,就医规范;第五,罪犯活动控制的规范;第六,携带物品的规范;第七,金属物品检查规范;第八,使用明火预防与控制规范。在英国,罪犯的行为规范有:尊重他人,不使用暴力、威胁、恐吓、侮辱人的语言;尊重他人行为的多样性;行为体面,记住监狱不是私人住所;知道噪声对他人的影响;遵守矫正官的要求与命令,与矫正官合作;遵守监狱的规则,与他人坦诚相处,不断提高对他人的信任;记住监狱允许带入与持有的物品,不非法带入与持有非法物品;遵守毒品、酒精检查规定;不要赌博、进行非法交易;注意个人卫生与健康;保持监舍的卫生;尊重他人的财产权;遵守消防规定;具有与其他罪犯建设良好关系的意愿。[②]

罪犯违反行为规范,触犯监规纪律,通常引发罪犯矫正官的调查,罪犯矫正官根据规定进行调查,并完成罪犯违反监规纪律调查报告。这个报告是处罚的重要根据。罪犯违反监规纪律调查报告通常包括:罪犯违反监规纪律的时间、地点;发生的事件、事件基本情况;官员调查;违反监管纪律罪犯的陈述;违反监规纪律罪犯的态度等内容。[③] 有关内容在后面章节介绍。

第三节 对罪犯的激励管理

一、激励管理的概念

对罪犯的激励管理就是通过对采取奖惩措施调动罪犯遵守监规纪律的积极性而实施的罪犯管控方式。

对这一概念可以从以下三点理解。

第一,对罪犯的激励管理的目标是调动罪犯遵守监规纪律的积极性。激励管理是现代科学管理的重要类型。按照需要层次论,人有不同的需要,激励管理就是通过满足人的不同需要实现对人行为的激励。按照双因素理论,管理者需要区分保健因素与激励因素,在满足人的保健因素基础上,抓住激励因素,可以提升人的

---

① Federal Bureau of Prisons, *Legal Resource Guide to the Federal Bureau of Prisons*, Legal Resource Guide to the Federal Bureau of Prisons, 2019, p. 19.

② National Offender Management Service, *Incentives and Earned Privileges*, National Offender Management Service, 2017, p. 32.

③ Cripe, C. A. , *Inmate Disciplinary Procedures*, in Carlson, P. M. & Garrett, J. S. , Prison and Jail Administration:Practice and Theory, An Aspen Publication, 1999, p. 208 – 218.

积极性。按照期望理论,管理者抓住人的期望,可以通过满足人的期望调动人的积极性。通常,激励管理是调动人工作的积极性,而这里的激励管理是调动罪犯遵守监规纪律的积极性或者主动性。

第二,对罪犯激励管理是对罪犯管控的方式。对罪犯管控的基本方式是通过对罪犯行为的规范实现对罪犯管控。虽然对罪犯违反行为规范、触犯监规纪律予以惩戒,在罪犯管控中非常重要,但是,仅靠行为规范是不够的,单纯的行为规范可能效果不尽如人意,甚至导致罪犯对抗。所以,早在现代监狱探索时期,英国人马克诺基就尝试通过激励管理管控罪犯,即通过调动罪犯遵守监规纪律的积极性维护监狱秩序。在1787年到1857年,英国大约将130,000~160,000名罪犯送到澳大利亚。对于有明显的再犯罪危险的罪犯,政府又将他们送到离大陆有930英里的诺福克岛。由于这些罪犯很难管控,马克诺基在诺福克岛推行"分数制",以调动罪犯遵守监规纪律的积极性:对获得分数高的罪犯予以减刑,表现不好者加刑。"分数制"有四个要素:其一,罪犯所服刑期长短取决于特定的劳动量,而不是时间,完成特定劳动量就可以出狱;其二,罪犯所获得的分数取决于罪犯是否遵守纪律、是否接受节俭的生活、是否努力的劳动;其三,罪犯可以使用所获得的分数换取所希望得到的利益,如食物;其四,在罪犯得到接近可能释放的分值时,监狱的管理要相对宽松一些。① 马克诺基的实践取得了一定效果,所以,"分数制"对后世产生了影响。由于激励管理能够调动罪犯的积极性,所以越来越多的监狱管理者管控罪犯使用激励管理方式。

第三,激励管理是通过奖励与惩罚两种手段调整罪犯行为。

二、激励管理的价值

激励管理是罪犯管控的形式之一。激励管理在罪犯管控中的重要价值就是提高罪犯管控的效益,即在同等人力、物力投入的前提下,激励管理可以取得更好的效果。激励管理通过满足罪犯的需要,调动罪犯积极性促进罪犯自觉遵守监规纪律,客观上使多数罪犯参与到监管秩序维护中,从而相对减少了罪犯管控中的人力、物力投入。除了激励罪犯遵守监规纪律,激励管理同时也促进罪犯参与罪犯矫正活动,有利于罪犯的矫正。

---

① Carlson, N. A., Hess, K. M. & Orthmann, C. M. H., *Corrections in the 21st Century: A Practical Approach*, Wadsworth Publishing Company, 1999, p. 55-56.

三、激励管理的内容

在当今国际社会,激励管理是普遍适用的罪犯管控方法。激励管理的具体内容包括奖励与惩戒。按照奖励与惩罚对罪犯的利益的影响,奖励包括处遇上的奖励与法律上的奖励;惩戒包括处遇上的惩戒与法律上的惩戒。

(一)奖励

对于罪犯奖励,各国做法不尽相同。

根据1996年通过的《俄罗斯刑事执行法典》第113条的规定,俄罗斯对于被判处剥夺自由的罪犯可以适用下面的奖励:表扬;发给奖品;发给奖金;准许额外接受包裹或者转交物品;准许额外增加打电话的次数;准许额外进行短期探视和长期探视;准许在最低劳动报酬1/4的限度内额外花钱购买食品和生活必需品;对关押在劳动改造营严格服刑条件下的罪犯,关押在禁闭设施中的罪犯,将每个月的放风时间增加到每天2小时;提前撤销所施予的处罚;对于劳动改造村服刑的罪犯,可以准予在劳动改造村外度过节假日;对于在监狱表现良好的罪犯,在服完刑事判决所判处刑期的一半后,可以移送到劳动改造营;对于在劳动改造营表现好的罪犯,可以移送到劳动改造村;对于改造表现好的罪犯,可以提请假释;对于改造表现好的罪犯,可以提请将未服完的刑罚改判为较轻的刑罚;对于改造表现好的罪犯,可以提请特赦。

由此可以看到,俄罗斯对罪犯奖励力度非常大,不仅使用处遇变更奖励罪犯,而且将假释、易刑、特赦都用于奖励罪犯。

在英国,罪犯服从监规纪律,就可能获得下列处遇奖励:接触现金;有资格获得表现好的回报,如从有机会参加获得更高报酬的劳动,从基本优惠等级升到标准等级;观看电视;获得穿自己的衣服的机会;延长外出监舍的时间;获得额外的探视次数;临时释放(Release on Temporary Licence)。[①] 在英国,处遇奖励的内容非常丰富,下列内容都在奖励处遇的范围:穿衣、穿鞋、戴首饰、获得卫生用品、获得美容用品、使用收音机、使用录音机等声音播放器、[②]获得录音带、获得光盘、使用耳机、使用闹钟、使用计算器、使用电池(非充电)、使用插座、使用胶水、使用暖壶、拥有香烟、拥有烟斗、拥有电子烟、使用纸张、使用书籍、使用日记本。此外,下列用品的使用也在处遇奖励范围:床具、桌布、便服、帽子、厨具、茶具、视频播放器、修饰面容的器物,如电子理发器、打印机、鸟及鸟笼、塑料衣架、台灯、画笔、画布、毛衣针、体育用

---

① HM Prison and Probation Service, *Policy Framework Name: Incentives Policy Framework*, HM Prison and Probation Service, 2020, p. 11.

② 需要考虑监狱安全,要进行危险检查。

品,如瑜伽垫、乒乓球拍等。①

在美国,罪犯服从监规纪律除了处遇奖励,还可以获得减刑奖励。② 在美国,减刑被认为是由马克诺基的"分数制"发展而来的。在"分数制"中,罪犯只要获取一定分数就可以早释。"分数制"后来发展为减刑。③ 在美国联邦系统的监狱,如果罪犯服从监规纪律,具有好的行为表现,一年最多可以获得不超过 54 天的减刑。④ 在美国的马里兰州,根据罪犯所犯罪行,每个月可以减刑 5 ~ 10 天。⑤ 在美国的田纳西州,如果罪犯服从监规纪律,具有好的行为表现,每个月最高可以减刑 8 天。⑥

基于高度戒备设施中罪犯管控难度更大,所以,奖励成为维护监管秩序不可或缺的手段。在澳大利亚维多利亚州,在高度戒备设施所采取的奖励有:增加监舍外活动;获得接触性探视;亲密空间探视;获得与同监区罪犯交流机会;获得额外消费的机会;使用个人钱财消费;获得单独类型咖啡的消费资格;与他人打电话;获得吸烟的准许;使用电器;看电视;获得玩电子游戏的资格;获取使用电脑的资格;获取开展自己喜欢活动的资格;允许监舍放置个人物品。⑦

(二)惩戒

在激励管理的框架下,罪犯遵守监规纪律,具有好的表现,可以获得奖励;违反监规纪律,则可能受到惩戒。

根据 1996 年通过的《俄罗斯刑事执行法典》第 115 条的规定,对判处剥夺自由的罪犯适用的惩戒有:警告;数额为最低劳动报酬 2 倍以上的纪律罚金;将在劳动改造营或者监狱中的罪犯关押 15 日以下禁闭;移送到严格管束的设施服刑;移送到单人监舍服刑;对劳动改造村服刑的罪犯可以取消宿舍外休假的权利;从劳动改造村移送到劳动改造营;从劳动改造营移送到监狱。

根据日本 2006 年《刑事设施及服刑者处遇法》第 106 条的规定,对于违反监规纪律的罪犯可以予以下面的惩戒:警告;停止劳动作业;对自备物品处以 15 天以内部分或者全部停用;停止阅览书籍 30 日以内;扣减 1/3 以内的劳动报酬;禁闭 30 日

---

① HM Prison and Probation Service, *Policy Framework Name*: *Incentives Policy Framework*, HM Prison and Probation Service, 2020, p. 24 – 26.

② 虽然假释也是一种奖励措施,但是,假释更多被认为是帮助罪犯重返社会的措施。

③ Carlson, N. A., Hess, K. M. & Orthmann, C. M. H., *Corrections in the 21st Century*, West/Wadsworth, 1999, p. 251.

④ 18 USCS § 3624(b).

⑤ Maryland Correctional Services § 3 – 701 et seq.

⑥ Tennessee § 41 – 21 – 236.

⑦ Corrections Victoria, *Incentive based Regimes*, Corrections Victoria, 2014, p. 5.

以内。

根据澳大利亚维多利亚州1986年的《罪犯矫正法》(Corrections Act 1986)第53条第4项的规定,监狱长对于违反监规纪律的罪犯可以采取下列措施予以惩戒:警官;不超过一个惩罚单位的罚款;根据违反监规纪律种类、严重程度剥夺奖励处遇一项或者若干项。

根据英国1999年的《监狱规则》第55条的规定,对于违反监规纪律的罪犯,监狱长可以采取下列措施予以惩戒:警告;剥夺不超过42天的奖励处遇;剥夺不超过21天的交往活动;扣减不超过42天的劳动收入;不超过14日的禁闭;延长不超过42天的监禁期;在一定时间内不能使用法律规定的自己的物品。

在美国,对于违反监规纪律的罪犯,在联邦监狱系统,可以受到下列惩戒:禁闭(Disciplinary Segregation)、扣除减刑日数、剥夺奖励处遇。①

第四节　对罪犯的危险管理

一、罪犯危险管理的概念及其价值

罪犯危险管理是罪犯管控的重要方式。危险管理是根据危险评估确认罪犯的不同危险等级,然后根据罪犯不同危险等级采取严格程度不同控制措施的管理。危险管理包括危险评估与危险控制。

危险管理具有以下特点:第一,危险管理的目标是实现对罪犯的区别性控制;第二,危险管理的依据是罪犯危险评估;第三,危险控制与危险评估结果相对应,罪犯危险大,危险控制严格;罪犯危险小,危险控制宽松。

危险管理是通过对危险性大的罪犯采取有效监管控制而保证社会安全与监管人员安全的罪犯管控模式。这种模式的突出特点是将矫正机构的监管人力、物力与财力,投向经过危险评估被认为重新违法犯罪危险性大的罪犯。传统的矫正,为维护社会与公众安全,往往通过对罪犯普遍性的强化监督而进行。危险管理是对罪犯中的危险大者进行强化的控制,从而维护社会与公众安全,即通过控制重要的少数罪犯而控制全局。与普遍的强化监督相比,危险管理具有两个特点。其一,能够形成对个别罪犯超强的监督力度。危险管理是有选择的强化监督模式。这种监

---

① Federal Bureau of Prisons, *Legal Resource Guide to the Federal Bureau of Prisons*, Federal Bureau of Prisons, 2019, p. 35.

督模式不是平均使用监督力量,而是对具有危险性较大的服刑人员予以强化监督,而对于危险性较小的罪犯予以一般监督。其二,在同样的监管资源的条件下,使用危险管理模式矫正机构可以监督更多的服刑人员。由于危险管理只关注少数人,所以在一定程度上"节约"了监督资源。

二、罪犯危险管理的理论基础

罪犯危险管理的理论基础是新刑罚学理论(the New Penology)。新刑罚学理论(the New Penology)是美国学者费莱(Feeley, M.)与西蒙(Simon, J.)提出的。新刑罚学理论认为,犯罪案件呈不均衡分布状态。在一定时间内在一定地区中发生的多数犯罪案件是由犯罪分子中的一小部分实施的。这一小部分罪犯具有突出的犯罪危险性。如果能够"标定"出犯罪危险性大的罪犯,并对他们加以监管控制,全社会的犯罪将会得到有效控制,而且犯罪控制成本将大大降低,社会安全程度将得到极大提高。①

新刑罚学理论的基础是"少数人实施多数犯罪"。根据国外很多学者的实证研究:一定时间内在一定地区中发生的多数犯罪案件是由犯罪分子中的一小部分实施的。美国犯罪学家沃尔夫冈(Walfgang, M.)、费格利奥(Figlio, R.)与赛林(Sellin, T.)于1972年在芝加哥大学出版社出版了他们的著名研究成果《同生代中的青少年犯》(Delinquency in a Birth Cohort)。他们在费城对青少年团伙犯罪进行了广泛深入的调查研究。他们调查了10,000名青少年犯罪分子。调查中他们发现:被调查的10,000名青少年犯罪分子中的6%,却对费城发生犯罪案件中的52%负责,对暴力犯罪中的2/3负责。也就是说,犯罪分子中的少数人实施了犯罪案件中的多数。这个结果被其他对团伙犯罪的研究成果重复证实。美国学者怀特(Wright, J. D.)与罗西(Rossi, P. H.)在对被监禁的犯有重罪的罪犯调查中发现,被认定为严重危险的罪犯中的22%对所调查犯罪中的50%负责。② 根据英国学者法林顿(Farrington, D. P.)1981年的调查:仅5%的被调查男性犯罪分子对所调查犯罪中的一半负责③。

---

① Feeley, M. & Simon, J., *The New Penology: Notes on the Emerging Strategy of Corrections and Its Implications*, 30 Criminology 449(1992).

② Wright, J. D. & Rossi, P. H., *Armed and Considered Dangerous: A Survey of Felons and Their Firearms*, Aldine de Gruyter, 1986, p. 148.

③ Bank, L., et al., *A Comparative Evaluation of Parent – Training Interventions for Families of Chronic Delinquents*, In Cullen, F. T. & Appedgate, B. K. eds., Offender Rehabilitation: Effective Correctional Intervention, Ashgate Publishing Company Limited, Dartmouth Publishing Company Limited, 1997, p. 16.

为何少数犯罪分子对多数犯罪负责？1982年美国兰德公司的研究人员格林伍德与阿伯拉汉姆斯（Abrahamse, A. F.）在他们的研究报告《有选择剥夺》（Selective Incapacitation）中指出：虽然大部分犯罪分子犯罪的次数很有限，但是有一部分犯罪分子犯罪次数很频繁，有的犯罪分子每年实施夜盗行为232次；有的犯罪分子每年抢劫次数高达87次。10%的活跃的实施夜盗的犯罪分子对所调查区域的多数夜盗犯罪负责，平均每年达到230起。① 部分犯罪分子犯罪的频繁性促成了"少数犯罪分子实施多数犯罪案件"的统计现象。

英国学者法林顿使用"慢性犯"（chronic offenders）概念称呼这一部分犯罪分子，这部分犯罪分子不仅对多数犯罪案件负责，而且对多数重大犯罪负责，是大案要案的实施者。美国学者沃尔夫冈于1972年在费城的研究表明：虽然"慢性犯"人数少，但是他们却是犯罪的主要人群，是重大犯罪的实施者。被调查男性犯罪分子中的6%的犯罪分子，实施了重大伤害案件的69%，实施了杀人案件的71%，实施了强奸案件的73%，实施了抢劫案件中的82%。② 频繁性与严重性是紧密相关的。

为什么"慢性犯"具有很强的犯罪能力？英国剑桥大学犯罪研究所的法林顿对犯罪生涯有专门研究。法林顿教授的基本观点是"犯罪人的犯罪行为与其过去经历密切相关，具有违法犯罪经历的人容易再违法犯罪"。法林顿教授的主张对于理解上述问题具有很大的帮助。其基本观点与表述见于他的《人类进化与犯罪生涯》一文。③ 法林顿的犯罪生涯理论，一方面解释了为何"慢性犯具有很强的犯罪能力"问题，解释了为何出现"少数人实施多数犯罪"的现象；另一方面暗含了具有违法犯罪史的人容易成为犯罪能力强的人。后一个观点与危险评估相关联。在现代危险评估工具中往往将犯罪史作为重要的评估因子。

新刑罚学认为国家没有必要对所有的罪犯都投入大量的人力、物力、财力去监管，国家只需对危险性高的罪犯强化控制，而对危险性低的罪犯实施宽松的控制，监管安全就能得到保证，公正安全就能得到保证。新刑罚学关注重点不是惩罚，也不是矫正，而是危险人群的评估与控制，即对犯罪分子的危险管理。

1897年，意大利学者维弗雷度·帕累托（Vilfredo Pareto, 1848—1923）在进行经济问题分析时，偶然注意到19世纪英国人财富和收益模式的调查取样中，大部分

---

① Greenwood, P. & Abrahamse, A. F., *Selective Incapacitation*, RAND. Corporation, 1982, p. viii.

② Farrington, D. P., *Human Development and Criminal Careers*, in Caffrey, S. & Mundy, G. eds., Crime, Deviance and Society, Greenwich University Press, 1996, p. 111 – 126.

③ Farrington, D. P., *Human Development and Criminal Careers*, in Caffrey, S. & Mundy, G. eds., Crime, Deviance and Society, Greenwich University Press, 1996, p. 95 – 136.

所得和财富流向了少数人手里。他发现了这个非常重要的事实:某一族群占总人口数的百分比,和该族群所享有的总收入或财富之间,有一项一致的数学关系。帕累托感到兴奋的就是这种不平衡的模式会重复出现。他在对不同时期或不同国度的考察中都见到了这种现象。不管是早期的英国,还是与他同时代的其他国家,或是更早的资料,他发现相同的模式一再出现,而且有数学上的准确度。由此他提出了所谓"重要的少数与琐碎的多数原理",大意是:在任何特定的群体中,重要的因子通常只占少数,而不重要的因子则占多数,因此,只要控制重要的少数,即能控制全局。帕累托法则又称 80/20 法则、二八定律。危险管理符合帕累托法则。

三、罪犯的危险评估

罪犯危险评估就是使用一定工具对罪犯重新违法犯罪可能性进行系统科学的预测的活动。这里的重新违法犯罪活动包括服刑与出狱后的重新犯罪与服刑中的脱逃、实施暴力等违反监规纪律的行为。罪犯危险评估是近年罪犯矫正领域最活跃的部分。

由于危险评估理论不同,危险评估的方法不同。

(一)刑法学理论下的危险评估方法

随着报应主义在近代刑法理论的兴起,与之对立的预防主义随即产生。预防主义认为,刑罚执行的目的在于重新犯罪的预防,而罪犯的危险不尽相同,有的罪犯危险大,有的罪犯危险小,所以,监狱应当根据罪犯的危险程度予以不同期限的关押。据此,不定期刑理论诞生。同时,一些问题相应出现,例如,何谓"危险"?如何判断罪犯的危险?意大利学派予以了回答。意大利著名刑法学家加罗法洛在他 1880 年出版的《危险状态的标准》一书中指出:危险就是某人变化无常的、却内心固定的犯罪倾向。① 意大利刑法学家菲利在他的《犯罪社会学》《实证派犯罪学》等著作中就罪犯危险判断提出自己的见解。他将罪犯分为天生犯罪人、习惯性犯罪人、精神病犯罪人、机会犯罪人与激情犯罪人。从菲利的表述看,天生犯罪人、习惯性犯罪人是他关注的危险罪犯。他认为,天生犯罪人是本能的犯罪人,这些人既残忍蛮横,又狡猾懒惰,分不清杀人、抢劫或其他犯罪与诚实勤劳的差别。② 习惯性犯罪人是染上犯罪习惯的人。菲利认为,习惯性犯罪与第一次犯罪未受到惩罚、与其他的犯罪人交往有较大的关系。③ 根据菲利的主张,对罪犯危险的判断可以根据罪犯是

---

① 陈兴良:《刑法的启蒙》,法律出版社 1998 年版,第 209 – 212 页。

② [意]恩里科·菲利:《犯罪社会学》,郭建安译,中国人民公安大学出版社 1990 年版,第 23 页。

③ [意]恩里科·菲利:《犯罪社会学》,郭建安译,中国人民公安大学出版社 1990 年版,第 24 页。

否是天生犯罪人、习惯性犯罪人判断。

(二)人类学理论下的危险评估法

从人类学视角对罪犯进行危险评估始于意大利医生龙勃罗梭。

龙勃罗梭早年担任军医,后兼任监狱的医生。基于专业能力及个人兴趣,龙勃罗梭选择人类学视角分析罪犯危险性。他通过对士兵、精神病人、罪犯的面相观察、颅相观察、身体测量、尸体解剖等认为,罪犯与一般人有所不同,特别是天生犯罪人。龙勃罗梭认为,天生犯罪人有以下特征:从身体特征看,天生犯罪人的头部外形、面部、牙齿等与正常人不同,如颚部发达、下巴向上突起、有犬齿窝等;从感觉特征看,天生犯罪人左侧比右侧更加敏感,对触摸与疼痛的感受弱于正常人;从感情看,天生犯罪人极少体验正常人的感情,往往以激情替代家庭与社会感情;从道德感看,天生犯罪人似乎意识不到犯罪行为的非道德,不知道悔恨与自责。①

(三)社会学理论下的危险评估法

“实证”是社会学的主要理论与基本研究方法。实证方法的功能包括“描述”与“预测”。也正因为实证方法具有“预测”功能,具有预测罪犯未来实施犯罪行为的危险的能力,所以,社会学家早在20世纪20年代在假释出现伊始,便开始了罪犯危险评估探索工作。美国社会学家伯杰斯(Burgess, E. W.)是其中的代表。

美国芝加哥大学社会学系教授伯杰斯首先运用预测因子分析手段预测被假释罪犯的危险。伯杰斯使用以下因子进行危险预测:犯罪性质、共同犯罪情况、国籍、父母情况、婚姻情况、犯罪类型、社区情况、犯罪发生的地点、所居住社区的大小、提请假释时年龄、智力情况、近邻的类型、逮捕时是否有住所、法院在判决时是否宽大、入监前是否有诉辩交易、刑期、假释提请前服刑期、前科情况、以往职业的记录、监狱内服刑表现、性格与精神医学诊断结论。在此基础上,伯杰斯构建了预测表,②见表4-3。

表4-3 伯杰斯假释时服刑人员危险预测表

计分情况	假释成功或者失败期待	
	失败的比率(%)	成功的比率(%)
16~21分	1.5	98.5
14~15分	2.2	97.8

① [意]切萨雷·龙勃罗梭:《犯罪及其原因和矫治》,吴宗宪等译,中国人民公安大学出版社2009年版,第8-10页。

② Schuessler, K. F., *Parole Prediction: Its History and Statue*, 45 Journal of Criminal Law and Criminology 425(1955).

续表

计分情况	假释成功或者失败期待	
	失败的比率(%)	成功的比率(%)
13 分	8.8	91.2
12 分	15.1	84.9
11 分	22.7	77.3
10 分	34.1	65.9
7~9 分	43.9	56.1
5~6 分	67.1	32.9
2~4 分	76.0	24.0

由于使用社会学方法进行危险评估可以实现危险的量化,且可操作,所以,社会学方法在危险评估领域一跃而起,成为危险评估中的主导方法。在伯杰斯的成果出版后不久,哈佛大学法学院的格鲁克夫妇(Glueck, S. & Glueck, E.)也提出他们的危险评估主张。

格鲁克夫妇认为,危险评估可以根据以下方面内容进行预测:第一,社会背景方面,看父亲的管教是否存在问题,母亲的管教是否合适,是否受到父亲的漠视,是否受到母亲漠视,家庭是否缺乏关爱;第二,心理方面,是否具有社会成见,是否容易挑衅他人,是否多疑,是否具有毁灭倾向,是否容易冲动;第三,精神方面,是否不考虑行为后果,是否做事外露,是否做事我行我素,是否容易情绪不稳定。①

20 世纪 30 年代危险评估的社会学方法传入德国,德国的希德开始设计危险评估工具,他将遗传、祖先的犯罪、不良的教育关系、半途终止学业、不规则的上班、18 岁前的初犯、四次以上的前科、间隔短的累犯、性格异常、跨地犯罪、瘾癖、不良狱中表现、释放后的不良关系等 15 个因子作为预测因子,②从而将社会学方法下的危险评估传到欧洲。

1970 年后,美国"犯罪与越轨国家委员会"(the National Council on Crime and Delinquency)与"美国假释委员会"(U. S. Parole Commission,原来的 U. S. Parole Board)请社会学家帮助制定假释指导标准,在高特佛德森(Gottfredson, D.)和威尔金斯(Wilkins, L.)的领导下制定了假释指导标准。于是有了 1976 年的假释危险评估工具。该工具经过修订形成了这里介绍的 1981 年的版本。1981 年修订后的

① Taft, D. R., *Implication of the Glueck Methodology for Criminological Research*, 42 Journal of Criminal Law and Criminology 300(1951).

② 黄兴瑞:《人身危险性的评估与控制》,群众出版社 2004 年版,第 130-131 页。

版本比前者在可信度、效度、稳定性、简洁性上都有提高。与前者相比,1981年版本中罪犯的犯罪史权重较大。[①] 见表4-4。

表4-4 假释中的重要因素表(The Salient Factor Score)

总分:

题 目	分值
1. 以前犯罪情况(包括成年时,也包括未成年时期) 没有3分 1次2分 2次或者3次1分 4次以上0分	
2. 上次犯罪超过30日以上的情况(包括成年时,也包括未成年时期) 没有2分 1次或者2次1分 3次以上0分	
3. 现行犯罪的年龄/以前犯罪的年龄 25岁以上2分 20~25岁1分 19岁以下0分	
4. 上次犯罪情况 没有犯罪史或者超过3年没有犯罪1分 其他情况0分	
5. 接受缓刑/假释/监禁等违规情况 执行缓刑/假释/监禁,没有违规等记录1分 其他0分	
6. 对海洛因、鸦片依赖 没有依赖史1分 其他0分	
说明:0~3分危险性大 4~5分危险性较大 6~7分有一定危险性 8~10分危险性小	

"二战"后,随着方差分析、回归分析、元分析、抢救分析等方法发展,社会学方法成为危险评估的主导方法,特别是随着跨学科思想进入危险评估领域,社会学方法与刑法学、心理学相互交融,呈水涨船高、使用效益倍增的趋势。

① Hoffman, P. B., *Screening for Risk: A Revised Salient Factor Score(SFS81)*, 11 Journal of Criminal Justice 539(1983).

(四)心理学理论下的危险评估方法

心理学是在20世纪20年代随弗洛依德的精神分析理论的兴起而进入监狱领域。此后,心理学很多成果顺着通道进入监狱领域。“二战”前后,明尼苏达多相人格量表(MMPI)出现并被引入监狱,监狱开始使用明尼苏达多相人格量表对罪犯危险进行评估。①

明尼苏达多相人格量表是明尼苏达大学教授哈瑟韦(Hathaway, S. R.)和麦金力(Mckinley, J. C.)于1940年编制的量表,包括10个临床量表与4个效度量表。10个临床量表分别是:疑病,对身体功能的不正常关心;抑郁,忧郁、淡漠、悲观、思想与行动缓慢有关;癔病,依赖、天真、外露、幼稚及自我陶醉,并缺乏自知力;精神病态,人格病态,如反社会、攻击型人格;男性化—女性化,高分的男人表现敏感、爱美、被动、女性化,高分妇女行为男性化、粗鲁、好攻击、自信、缺乏情感、不敏感,极端高分考虑同性恋倾向和同性恋行为;妄想狂,偏执、不可动摇的妄想、猜疑;精神衰弱,紧张、焦虑、强迫思维;精神分裂,思维混乱、情感淡漠、行为怪异;轻躁狂,联想过多过快、观念飘忽、夸大而情绪激昂、情感多变;社会内向,高分者内向、胆小、退缩、不善交际、屈服、紧张、固执及自罪,低分者外向、爱交际、富于表现、好攻击、冲动、任性、做作、在社会关系中不真诚。该量表题量有500多个。

由于明尼苏达多相人格复杂,操作难度大,心理学家奎尔(Quay, H. C.)于20世纪70年代设计了相对简单的人格量表用于观察服刑人员的危险,奎尔将未成年犯分为:未社会化而具有侵犯性的人;社会化而具有侵犯性的人;注意力缺乏的人;焦虑、萎靡与烦躁不安者。成年罪犯分为五类:具有侵犯性的精神变态者;阴险的背后操纵者;投机取巧者;做事不知尺度/没有主意的依从者;神经过敏/焦虑者。②

(五)跨学科理论(刑事执法学)下的危险评估方法

20世纪六七十年代,犯罪问题,特别是重新犯罪问题困扰着美国,甚至整个西方国家。如何遏制不断增长的犯罪及重新犯罪?传统学科明显力所不逮。在这种背景下,依托社会学、法学与心理学的刑事执法学异军突起,成为新一代犯罪控制的理论基础与思想源泉。刑事执法学是“二战”后世界范围兴起的交叉学科。

随着刑事执行领域跨学科的发展,危险评估迅速升温,并在国际范围掀起了研究危险评估的高潮,特别是20世纪90年代。于是各种危险评估工具纷至沓来。这

① Champion, D. J., *Measuring Offender Risk: A Criminal Justice Sourcebook*, Greenwood Press, 1994, p. 25.

② Champion, D. J., *Measuring Offender Risk: A Criminal Justice Sourcebook*, Greenwood Press, 1994, p. 25.

里罗列一些量表。

水平评估量表(Level of Service Inventory – Revised),简称 LSI – R 量表,编制于 1995 年。

历史因素评估工具(Historical Clinical Risk),简称 HCR – 20,编制于 1997 年。

精神疾病量表(Psychopathy Checklist – Revised),简称 PCL – R,编制于 1991 年。

重新犯罪统计信息量表(The Statistical Information on Recidivism – Revised 1 Scale),编制于 1996 年。

静态 – 99(Static – 99),编制于 1999 年。

暴力危险评估表(Violent Risk Appraisal Guide),简称 VRAG,编制于 1998 年。

暴力犯评估量表(ViolenceI Risk Assessment Scale – Experimental Version),编制于 1996 年。

青少年犯暴力危险的结构评估(Structured Assessment of Violence Risk in Youth),编制于 1999 年。

这里选择两个代表性的量表的结构与内容,以期帮助大家了解当代的罪犯危险评估手段:服刑等级评估表—修正版(Level of Service Inventory – Revised)与“犯罪人危险评估系统”(OASys)。

服刑等级评估表—修正版(Level of Service Inventory – Revised,LSI – R 量表)是由加拿大的安德鲁博士与博塔博士于 1995 年设计并推出的,是一个包容使用动态与静态的要素于一体的评估再犯的危险的工具。安德鲁博士与博塔博士认为以下 10 方面 54 项内容与重新犯罪有密切关系,并试图通过对这 10 方面 54 项(每项 1 分)内容的评估,确定被测者重新犯罪的可能。见表 4 – 5。

表 4 – 5　服刑等级评估表—修正版

题　　目	分值
犯罪史(Criminal History 10 分) 1. 以前至少接受过 1 次定罪 2. 在成年期间 2 次被定罪 3. 在成年期间曾接受了 3 次定罪 4. 现行犯罪有 3 个以上 5. 在 16 周岁以下被捕过 6. 曾经因为犯罪行为而被监禁过 7. 曾经被监禁过 8. 曾经因为不当行为而被惩罚过 9. 在被监督期间违反有关规定或者被起诉 10. 有攻击或者使用暴力的记录	

续表

题　　目	分值
教育或者就业情况(Education/Employment 10 分) 11. 现在失业 12. 经常失业 13. 整年无业可就 14. 曾经被开除 15. 在学校没有读完 10 年级 16. 在学校没有读完 12 年级 17. 停学或者被开除 18. 参与项目情况与成绩 19. 伙伴之间的来往 20. 被有关机构联系或者来往的情况	
财产情况(Financial 2 分) 21. 存在经济问题 22. 依赖于社会帮助	
家庭情况(Family/Marital 4 分) 23. 对家庭不满意 24. 从来没有回报父母 25. 从来没有回报亲戚 26. 家庭成员或者配偶也犯罪	
住宿情况(Accommodation 3 分) 27. 对居住状况不满意 28. 去年变更住址 3 次以下 29. 邻居犯罪问题突出	
娱乐情况(Leisure/Recreation 2 分) 30. 缺少娱乐 31. 能够很好地使用时间:提高自己的需要	
交往(Companions 5 分) 32. 交往孤独 33. 有些犯过罪或者正在服刑的朋友 34. 有犯过罪的朋友 35. 与犯过罪的人不交往 36. 没有没犯过罪的朋友	

续表

题　　目	分值
使用酒精或者毒品问题(Alcohol/Drug Problems 9 分) 37. 曾经有酗酒问题 38. 曾经有吸毒问题 39. 现在有酗酒问题 40. 现在有吸毒问题 41. 有违法问题 42. 有婚姻或者家庭问题 43. 学校或者工作问题 44. 生理问题 45. 其他酗酒、吸毒信息	
情感问题(Emotional/Personal 5 分) 46. 情感干预 47. 动态的精神状态 48. 经过治疗后的精神状态 49. 现在的精神状况 50. 精神指标	
态度(Attitudes/Orientation 4 分) 51. 对犯罪持赞同态度,不满意现状 52. 对传统持不赞成的态度 53. 对刑期态度消极 54. 对监督态度消极	

如何确定危险等级?

根据 LSI－R 用户手册,LSI－R 将危险等级分为 5 级。① 在对 956 名加拿大罪犯的分析基础上所确定的危险等级分值与重新犯罪可能性如下,见表 4－6。

表 4－6　LSI－R 下分值与重新犯罪情况

分值范围	重新犯罪情况(释放一年后)
41～47 分以上	高危险的罪犯(重新犯罪是 76%)
34～40 分	中高度危险的罪犯(重新犯罪是 57.3%)
24～33 分	中度危险的罪犯(重新犯罪是 48.1%)

① Andrews, D. A. & Bonta, J., *LSI－R User's Manual*, MHS, 2001.

续表

分值范围	重新犯罪情况(释放一年后)
14~23分	低中度危险的罪犯(重新犯罪是31.1%)
0~13分	低度危险的罪犯(重新犯罪是11.7%)

也就是说,如果一名罪犯测试的分数是41~47分以上,罪犯将被认定为高度危险的罪犯;如果被测罪犯的分数是34~40分,罪犯将被认定为中高度危险的罪犯;如果被测罪犯的分数是24~33分,罪犯将被认定为中度危险的罪犯;如果被测罪犯的分数是14~23分,罪犯将被认定为低中度危险的罪犯;如果对一名罪犯测试的分数是0~13分,罪犯就被认定为低度危险的罪犯。

"犯罪人危险评估系统"是英格兰与威尔士所使用的犯罪人危险评估工具。该工具于1999年4月由英国监狱当局与社区矫正部门联合推出,既在监狱系统适用,也在社区矫正系统适用。① 表4-7是"犯罪人危险评估系统"的评估内容(根据第2版设计)②。

表4-7 "犯罪人危险评估系统"的评估框架

部分A:现行犯罪

A1 这次犯罪被独立定罪的个数。

犯罪的个数	1个	2~3个	4个以上
分数	0	1	2

A2 犯罪涉及下列因素。

	打钩(一钩一分)
使用武器	
暴力威胁	
玩手段 Cunning/Manipulation	
行为表现一定迷恋性	
行为表现出一定装腔作势	

① Using Risk Assessment in Effective Sentence, www. homeo - ffice. gov. uk/docs2/riskassess4. html.

② Howard, P., Danny Clark & Natasha Garnham, An Evaluation of the Offender Assess - ment System(OASys):In Three Pilots 1999 - 2001. London:National Offender Management Service 2006.

续表

	打钩（一钩一分）
背信	
对财产造成一定损害	
长时策划	
有性的因素	

A3 现在的犯罪是否为行为模式的一部分？

否 = 0

是 = 2

A4 现在的犯罪是否在以前犯罪的基础上有所发展？

否 = 0

是 = 2

A5 被害人情况。

被害人总数	分数
0 ~ 1 个	0
2 个	1
2 个以上	2

对同一个被害人侵害？

否 = 0

是 = 2

被害人是否老弱病残？

否 = 0

是 = 2

被害人是否陌生人？

否 = 0

是 = 2

部分 B：犯罪史（以前定罪情况）

B1 18 岁以前被定罪的情况。

被定罪情况	0 次	1 ~ 2 次	3 次以上
分数	0	1	2

B2 成人后被定罪次数。

被定罪情况	0 次	1 ~ 2 次	3 次以上
分数	0	1	2

B3 第一次被定罪时的年龄。

年龄	18 岁以上	14 ~ 17 岁	14 岁以下
分数	0	1	2

B4 第一次与警察打交道的年龄，包括警告。

年龄	18 岁以上	14 ~ 17 岁	14 岁以下
分数	0	1	2

B5 21 岁以下被监禁的次数。

监禁刑	0 次	1 ~ 2 次	3 次以上
分数	0	1	2

B6 21 岁以上被监禁的次数。

监禁刑	0 次	1 ~ 2 次	3 次以上
分数	0	1	2

B7 违反保释、保护观察。

否 0

是 2

B8 是否具有脱逃史？

否 0

是 2

B9 在监管设施内具有实施暴力、攻击与破坏的历史。

否 0

是 2

B10 犯罪种类。

故意杀人、伤害、故意杀人预备、伤害预备	
其他暴力，包括攻击、持有武器	
性犯罪	
绑架	
夜盗	
盗窃	
诈骗、伪造	
其他不诚实的行为	
投毒	
进口、提供与拥有毒品	
交通犯罪	

犯3种以下罪 0

犯3~4种罪 1

犯4种以上罪 2

部分C：态度

没有问题=0 有些问题=1 严重问题=2

C1 接受或者拒绝自己的犯罪责任。

C2 犯罪的动机。

C3 对被害人的态度。

C4 对量刑与法律程序的态度。

C5 对管理人员的态度。

C6 对假释等促进罪犯重返社会措施的态度。

C7 对自己犯罪的态度（将来）。

C8 对犯罪的一般态度（提供机会是否任何人都会犯罪）。

C9 对社会的态度。

C10 对自己的态度（是否有信心）。

部分D：住宿

没有问题=0 有些问题=1 严重问题=2

D1 罪犯住的哪类房屋？

D2 释放后是否有确定的住所？

D3 住宿的适宜性?

D4 是否经常迁移?

D5 释放后所使用的住宿是否与犯罪活动或者被害人比较接近?

部分 E:家庭或者婚姻关系

没有问题 =0　　有些问题 =1　　严重问题 =2

E1 与家庭、孩子的关系,如是否能够经常关心孩子?

E2 在未成年时期是否受到过虐待?

E3 现在与最亲近亲属的关系?

E4 过去与最亲近的亲属关系情况,如数量、满意程度等。

E5 现在与配偶的感情情况。

E6 家庭暴力情况。

E7 为人父母角色下看与孩子的关系。

E8 亲近的家庭成员是否有犯罪记录?

没有 =0

有 =2

部分 F:所接受教育与训练情况

没有问题 =0　　有些问题 =1　　严重问题 =2

F1 上学情况,是否逃过学、被学校逐出?

F2 未获得文凭。

F3 在阅读、写作与数学上存在问题。

F4 在学习上有困难。

F5 对学习与培训的态度。

部分 G:就业情况

G1 现在的就业情况。

		分数
在狱内全时就业		0
临时就业		0
偶尔参加劳动		1
参加政府的训练项目		0
参加全日教育		0
曾经失业(6 个月以下)		1
曾经失业(6 个月以上)		2

续表

		分数
退休		0
因为能力原因未能找到工作		0
其他没有找到工作的原因		0
照顾家庭成员		0
说明:如果罪犯符合1种以上情况,以最高分计		

G2 就业史,如工作种类、数量、离职的原因。

G3 与工作相关的技能,如木工。

有技能 =0

无技能 =2

G4 最近有多少个月没有工作?

月数	0~17 个月	18~21 个月	22 个月以上
分数	2	1	0

G5 工作中与人的关系。

G6 对就业的态度。

部分 H:理财能力与收入

没有问题 =0　　有些问题 =1　　严重问题 =2

H1 已经申请福利(入狱前)。

没有 =0

有 =2

H2 非法收入是钱物主要来源。

H3 生活主要依靠别人的经济帮助。

H4 理财情况,如收支关系处理。

H5 存在滥用钱财问题,如赌博、滥用信用等。

H6 对经济上需要帮助的人予以帮助,如自己的孩子、其他家庭成员。

部分 I:生活方式与外在联系

没有问题 =0　　有些问题 =1　　严重问题 =2

I1 有些孤僻,很少有亲密朋友。

I2 融入社会情况,是否加入诸如体育俱乐部类的社团组织?

I3 与其他罪犯的关系。

I4 是否与其他罪犯共度时光?

I5 是否容易受到犯罪性交往的影响?

I6 休闲活动是否与犯罪机会创造相关?

I7 是否滥用友情,是否欺负他人,是否利用他人?

I8 生活方式中的其他问题。

I9 行为大意,存在对刺激的需要。

部分 J:酗酒

没有问题 =0　有些问题 =1　严重问题 =2

J1 现在喝酒频率。

J2 最近 6 个月喝醉酒的情况。

J3 通常酗酒频率。

J4 与处方药品一起使用酒精。

=0 否

=2 是

J5 因酗酒身体状况很差。

=0 否

=2 是

J6 家庭成员也存在酗酒问题。

=0 否

=2 是

J7 由于酗酒从事任何工作都有问题。

=0 否

=2 是

J8 其他与酗酒相关的问题,如驾驶、理财。

=0 否

=2 是

J9 酗酒后有使用暴力的记录。

=0 否

=2 是

J10 有证据证明监禁后还使用过酒品。

=0 否

=2 是

J11 在矫治中酒瘾复发。

复发次数	0～1 次	2 次	3 次以上
分数	0	1	2

J12　使用酒类的态度。

部分 K:使用毒品

K1　使用毒品情况。

毒品种类	没有使用	以前使用过	现在偶尔使用	现在经常使用
可卡因				
兴奋性的药品				
幻觉性的药品				
鸦片				
苯丙胺类毒品				
巴比妥类				
大麻类毒品				
苯二氮类				
类固醇				
溶剂类				
其他				
说明：偶然使用 1 分；经常使用 2 分				

K2　使用的主要毒品。

K3　曾经注射过毒品。

否＝0

是＝2

K4　滥用处方药品。

否＝0

是＝2

K5　经常性地与酒精一起使用药品。

否＝0

是＝2

K6　因使用毒品存在健康问题。

否 =0

是 =2

K7　家庭成员与使用毒品有关。

否 =0

是 =2

K8　因为使用毒品从事任何职业都有问题。

否 =0

是 =2

K9　其他因使用毒品的问题，　如个人经济问题、驾驶问题等。

否 =0

是 =2

K10　与使用毒品相关的暴力史。

否 =0

是 =2

K11　在监禁中使用过毒品。

否 =0

是 =2

K12　在矫治中复发。

复发次数	0～1 次	2 次	3 次以上
分数	0	1	2

K13　是否以毒品买卖为职业？

否 =0

是 =2

K14　对使用毒品的态度。

部分 L：情感或者心理问题

没有问题 =0　　有些问题 =1　　严重问题 =2

L1　有问题，如情绪不稳定、处于紧张中，容易焦虑。

L2　存在抑郁问题。

L3　儿童时存在问题，如破坏公物、残害动物。

L4　具有头脑被伤害的历史。

否 =0

是 =2

L5　现在接受精神治疗。

否 =0

是 =2

L6　曾经接受过精神治疗。

否 =0

是 =2

L7　因为精神健康问题有过“静默”治疗。

否 =0

是 =2

注意力不集中、不良性倾向等。

L8　在特别的医院或者地方安全机构。

否 =0

是 =2

L9　具有 自伤、自杀的想法。

否 =0

是 =2

L10　现在的心理或者精神问题。

部分 M:相互之间的行为

没有问题 =0　　有些问题 =1　　严重问题 =2

M1　交往技能水平。

M2　交往中的敌对态度,如是否对他人总有疑心,是否有敌对态度?

M3　攻击性行为,有通过威胁或者暴力解决问题的倾向。

M4　愤怒管理情况,如是否容易生气,是否不能管理自己的情绪,是否解决问题的能力差?

M5　存在歧视他人问题,如种族歧视、性歧视等。

部分 N:思维形式

没有问题 =0　　有些问题 =1　　严重问题 =2

N1　意识到问题的能力。

N2　解决问题的能力。

N3　对结果的判断与了解能力。

N4　确定目标的能力,如是否确定不具有可行性的目标?

N5　解读环境, 包括社会环境、人际环境,如能否理解他人,能否体会他人的情感?

N6　是否容易冲动,是否倾向于无计划前行动,是否倾向于刺激?

N7　抽象思维能力,如以刻板的思维思考、看待问题。

总分数：

根据英国学者霍华德（Howard, P.）的报告，危险评估分值与重新犯罪概率的关系见表4-8。[①]

表4-8 "犯罪人危险评估系统"危险评估分值与重新犯罪概率的关系

OASys 分值	重新犯罪可能
0~40	低度危险
41~99	中度危险
100~168	高度危险

英格兰与威尔士曾经使用"评估、个案管理与评估系统"（Assessment, Case Management and Evaluation, ACE）与"服刑等级评估表—修正版"（LSI-R）。21世纪前后开发并使用"犯罪人危险评估系统"。"犯罪人危险评估系统"被认为是世界同类危险评估系统中最先进的系统。2011年英国在"犯罪人危险评估系统"的基础上推出"犯罪人危险评估系统—修改版"（OASys—R）。与"犯罪人危险评估系统"相比，"犯罪人危险评估系统—修改版"可以更好地在网络平台上使用。由于"犯罪人危险评估系统—修改版"的网络功能突出，所以可以更全面地获取与分享犯罪人有关危险评估的资料，进行数据更新，支持危险管理，降低评估费用。2011年以后，"犯罪人危险评估系统"又有了新发展，"犯罪人危险系统总预测工具版本1"（the OASys General Re-offending Predictor v.1, OGP1）与"犯罪人危险系统暴力预测工具版本1"（the OASys Violence Predictor v.1, OVP1）被编制出来。这两个工具在完善原来访题的基础上进行了区分。

罪犯危险评估与控制是20世纪后期在国际社会兴起的监狱改革。虽然罪犯危险评估已经受到普遍的重视，而且在大范围内探索，但是，由于其是新生事物，所以，罪犯危险评估从量表到方法尚未定型。有的工具突出准确性，有的工具突出便捷性。"准确"与"便捷"代表危险评估工具开发的两种重要的价值取向。

四、罪犯的危险控制

罪犯危险控制，是指监狱根据罪犯危险程度而实施的对应的监督与管理。危险程度越高，控制越严格；危险程度越低，控制越宽松。危险控制是罪犯危险管理的

---

① Howard, P., *The Offender Assessment System: an evaluation of the second pilot*, Findings, 2006, p.278.

组成部分。罪犯危险控制的手段主要有监狱戒备等级分级、禁闭、搜查、武力使用。

(一)监狱戒备等级分级

监狱戒备等级分级是罪犯危险控制的基本手段。

监狱戒备等级的不同,意味着危险控制的严格程度不同。监狱戒备等级区分的要素包括硬件与软件。硬件有:围网、围网监控设施、岗楼、外看守人员与数量、大门、监狱院落设计、①监区设计、监舍设计、内看守人员与数量、监区与监舍监控设施等。软件有监狱矫正官的配备比(与罪犯的比率)、对矫正官的管理要求、对罪犯的管理制度等。

监狱分级不尽一致。在美国,联邦监狱系统分为超高度戒备监狱(Administrative Institutions)、高度戒备监狱(High - security Institutions)、中度戒备监狱(Medium - security Institutions)、低度戒备监狱(Low - security Institutions)与最低度戒备监狱(Minimum - security Institutions)②。在英国,监狱被分为A类监狱、B类监狱、C类监狱、D类监狱。A类监狱主要关押高度危险的罪犯。B类监狱关押不需要采取最严格安保措施的罪犯。C类监狱关押采取基本安全措施即能保证其安全服刑的罪犯。D类监狱关押危险最低的罪犯。关押在D类监狱的罪犯既可以在监狱内参加劳动,也可以到狱外劳动,监狱外围基本不设置安全设施。③ 在德国,监狱被分为封闭式监狱、半开放监狱、开放式监狱、社区矫治监狱。封闭式监狱关押较大危险的罪犯,其他监狱关押危险低的罪犯。④ 在俄国,监狱被分为:监狱、特别管制型矫正营、严厉管制型矫正营、普通管制型矫正营、村镇式矫正营。在俄国,监狱管控力度从前至后从严至宽。在村镇式矫正营,管理是开放的,罪犯从事农副业劳动活动。⑤

---

① 监狱建筑院落设计不尽相同:有的监狱俯视图如放射状,监舍走廊呈现放射形状;有的监狱对放射形状进行了改良,如奥本设计,监舍走廊呈五指伸开状;有的监狱俯视图如电线杆,一条纵向监舍走廊与多条横向监舍走廊交叉;有的监狱建筑设计如同民居庭院,监狱院落呈庭院状,监舍沿着方形院落铺开;还有的监狱俯视图如学校校园。监狱建筑院落设计不同,监狱的功能不同。G. Larry Mays & L. Thomas Winfree. Jr., *Essentials of Corrections*, Thomson Wadsworth, 2005, p. 123 - 124.

② Schmalleger, F. & Smykla, J. O., *Corrections in the 21st Century*, McGraw Hill, 2011, p. 258.

③ Creighton, S. & King, V., *Prisoners and the Law*, Butterworths, 2000, p. 41 - 49.

④ 司绍寒:《德国刑事执行法研究》,中国长安出版社2010年版,第60页。

⑤ 刘旭、李深、田越光:《俄罗斯联邦刑事执行制度研究——刑罚执行机关及其工作监督制度》,载《中国监狱学刊》2012年第2期。

1. 高度戒备监狱

高度戒备监狱是关押高度危险罪犯的监狱。①

高度戒备监狱通常具有以下特点。

第一，旧的监狱使用石头或者水泥墙将监狱围起，②现在很多监狱设置安全围栏，安全围栏包括高墙、瞭望塔。③

第二，看守在监狱院落中心或者通道关节位置。看守巡逻通道，定期或者不定期地点名，保障每个罪犯都在视野中。④ 罪犯走动受到严格控制。⑤ 有的监狱对罪犯还使用定位装置。⑥

第三，监舍装配有栏杆。⑦

第四，监狱定期或者不定期地清监，即搜查罪犯身体或者监舍，防治武器、毒品，甚至检查口腔、肛门等。检查的条件是：从不安全区域到安全区域；清监没有发现嫌疑人走私的物品。⑧

第五，探视严格监控，除了律师，不允许身体上的接触。⑨

第六，在高度戒备监狱中罪犯放松性项目少，监狱矫正官的配备比高。⑩

2. 中度戒备监狱

中度戒备监狱是关押中度危险罪犯的监狱。中度戒备监狱所收押的罪犯刑期

---

① Schmalleger, F. & Smykla, J. O., *Corrections in the 21st Century*, McGraw Hill, 2015, p. 249 – 250.

② Mays, G. L. & Winfree. Jr., L. T., *Essentials of Corrections*, Thomson Wadsworth, 2005, p. 126 – 128.

③ Schmalleger, F. & Smykla, J. O., *Corrections in the 21st Century*, McGraw Hill Education, 2015, p. 249 – 250.

④ Mays, G. L. & Winfree. Jr., L. T., *Essentials of Corrections*, Thomson Wadsworth, 2005, p. 126 – 128.

⑤ Schmalleger, F. & Smykla, J. O., *Corrections in the 21st Century*, McGraw Hill Education, 2015, p. 249 – 250.

⑥ Mays, G. L. & Winfree. Jr., L. T., *Essentials of Corrections*, Thomson Wadsworth, 2005, p. 126 – 128.

⑦ Schmalleger, F. & Smykla, J. O., *Corrections in the 21st Century*, McGraw Hill Education, 2015, p. 249 – 250.

⑧ Schmalleger, F. & Smykla, J. O., *Corrections in the 21st Century*, McGraw Hill Education, 2015, p. 249 – 250.

⑨ Mays, G. L. & Winfree. Jr., L. T., *Essentials of Corrections*, Thomson Wadsworth, 2005, p. 126 – 128.

⑩ Schmalleger, F. & Smykla, J. O., *Corrections in the 21st Century*, McGraw Hill Education, 2015, p. 249 – 250.

可以长一些,也可能短一些。① 一些中度戒备监狱不称为监狱,而称为矫正机构。②

中度戒备监狱设有围墙。围墙通常是双层或者三层,围墙上面有铁丝网或者刺网的链状护栏。通常围栏有感应器,以防止罪犯脱逃。③

很多中度戒备监狱的罪犯住宿是单元住宿,大约 50 人住在一个大的区域。除了监狱安排外,罪犯可以穿便服。④

罪犯在监狱内的行动受到一定控制,但是,罪犯活动的限制要求少于高度戒备监狱对罪犯活动的限制要求。罪犯在狱内点名与搜查的次数要少于高度戒备监狱点名与搜查次数。⑤

在中度戒备监狱,罪犯的探视受到适当控制。中度戒备监狱工作的重点是开展罪犯劳动、罪犯矫正项目,罪犯有更多的机会被减刑。⑥

在美国,中度戒备监狱通常与高度戒备设施靠近,以减少转移费用。⑦

3. 低度戒备监狱

低度戒备监狱关押的对象是低度危险的罪犯,如白领、初犯、即将释放的罪犯。⑧

低度戒备监狱通常没有刺网、岗楼,⑨没有围栏或者围墙。美国的低度戒备监狱相当于欧洲的开放监狱。⑩

---

① Schmalleger, F. & Smykla, J. O., *Corrections in the 21st Century*, McGraw Hill Education, 2015, p. 249 - 250.

② Mays, G. L. & Winfree. Jr., L. T., *Essentials of Corrections*, Thomson Wadsworth, 2005, p. 126 - 128.

③ Mays, G. L. & Winfree. Jr., L. T., *Essentials of Corrections*, Thomson Wadsworth, 2005, p. 126 - 128.

④ Mays, G. L. & Winfree. Jr., L. T., *Essentials of Corrections*, Thomson Wadsworth, 2005, p. 126 - 128.

⑤ Mays, G. L. & Winfree. Jr., L. T., *Essentials of Corrections*, Thomson Wadsworth, 2005, p. 126 - 128.

⑥ Schmalleger, F. & Smykla, J. O., *Corrections in the 21st Century*, McGraw Hill Education, 2015, p. 249 - 250.

⑦ Mays, G. L. & Winfree. Jr., L. T., *Essentials of Corrections*, Thomson Wadsworth, 2005, p. 126 - 128.

⑧ Mays, G. L. & Winfree. Jr., L. T., *Essentials of Corrections*, Thomson Wadsworth, 2005, p. 128.

⑨ Ortiz, J. M., *Security Levels*, in Kerley, K. R. ed., The Encyclopedia of Corrections Volume 2. Hoboken: Wiley Blackwell 2017, p. 905 - 908.

⑩ Schmalleger, F. & Smykla, J. O., *Corrections in the 21st Century*, McGraw Hill Education 2015, p. 249 - 250.

低度戒备监狱的外观像大学校园、农场。①

罪犯所住房间通常是宿舍类型。监狱允许罪犯外出工作/劳动与外出学习。监狱允许罪犯接触式探视。②

（二）禁闭

这里的禁闭（segregation）是控制极危险罪犯的措施，不同于作为惩罚措施的禁闭。很多国家法律规定不能将这种禁闭作为惩罚措施。如南非《罪犯矫正法》（Correctional Services Act，1998）30（9）明确作出了规定。作为罪犯危险控制措施，这里的禁闭期限是与罪犯危险对应，而作为惩罚的措施，禁闭期限与违反监规纪律的严重程度对应。在美国，禁闭适用于攻击性强、逃跑可能性大、具有破坏性的罪犯。

作为控制高度危险罪犯的措施，禁闭通常是单独设立的。在美国，这种设施设置有多层电网，安置有完备的监视设施，使用加强版的武装看守力量。罪犯关押通常1人1监舍。监舍充分使用钢材、水泥，设置有传统的门窗栏杆。罪犯的探视、与其他罪犯交往、通邮等都被严格限制。罪犯每天被关押23个小时。③ 在1个小时的放风中罪犯还需要戴着手铐、脚镣。④

在南非，根据1998年《罪犯矫正法》第30条的规定，对于危险的罪犯，监狱可以非连续的、在医务人员的跟进下禁闭。

在英国，根据1999年《监狱规则》第46条与第58条的规定，对于危险的罪犯，监狱可以监禁，但是每次不超过30日。在医务人员的跟进下根据罪犯的危险情况可以连续进行。

需要说明的是，即使在监禁中监狱仍然为罪犯安排了激励措施，罪犯表现好可以看电视、阅读书籍等。⑤

（三）搜查

搜查是监狱维护安全，控制危险的重要措施。澳大利亚维多利亚州《罪犯矫正

---

① Mays, G. L. & Winfree. Jr., L. T., *Essentials of Corrections*, Thomson Wadsworth 2005, p. 128.

② Ortiz, J. M., *Security Levels*, in Kerley, K. R. ed., The Encyclopedia of Corrections Volume 2, Wiley Blackwell 2017, p. 905 – 908.

③ Ortiz, J. M., *Security Levels*, in Kerley, K. R. ed., The Encyclopedia of Corrections Volume 2, Wiley Blackwell 2017, p. 905 – 908.

④ Ward, D. A., *Supermaximum Facilities*, in Carlson, P. M. & Garrett J. S. eds., Prison and Jail Administration: Practice and Theory, An Aspen Publication, 1999, p. 252 – 259.

⑤ Ward, D. A., *Supermaximum Facilities*, in Carlson, P. M. & Garrett J. S. eds., Prison and Jail Administration: Practice and Theory, An Aspen Publication, 1999, p. 252 – 259.

法》45(1)、46(1)明确规定:为了监狱安全监狱长可以命令矫正官搜查监狱任意地方,对于不允许带入监狱的物品可以扣押。搜查是监狱的重要法定权力。

按照搜查的对象,搜查分为罪犯身体搜查、监舍搜查、物品的搜查、全面搜查、车辆搜查、探视者搜查、工作人员搜查。按照是否使用工具,搜查可以分为手工搜查与工具搜查,如金属探测搜查、警犬搜查。按照身体搜查程度,搜查可以分为裸体搜查与非裸体搜查。按照搜查的空间,搜查分为出入监场所的搜查、劳动学习场所的搜查、监舍的搜查。

由于搜查是维护监狱安全、控制危险的重要措施,所以,各国都有相关的规定。

南非1998年《罪犯矫正法》第27条规定:搜查,使用工具或者手工进行。可以使用X光机进行搜查。如果有正当理由,可以对罪犯进行裸体搜查,可以对罪犯身体的诸如肛门处等搜查。身体搜查由同性进行。

英国1999年《监狱规则》第41条规定,每个罪犯进入特定监管设施都要接受搜查。搜查的目的是发现藏匿的物品。裸体搜查不能在其他罪犯在场的情况下进行,不能由异性进行搜查。

2016年7月由英国罪犯管理局颁布的监狱指令(Prison Service Instructions)《监狱中搜查》第1.3条规定:搜查的目的是:防止脱逃,维护监狱安全;控制非法或者不允许的物品出现在监狱;防止伤害或者自杀自残;控制危险,维护监狱正常的秩序。第2.3条规定了身体搜查的四种类型:A级别的从上到下的摸索搜查(Level A Rub - down Search)、B级别的从上到下的摸索搜查(Level B Rub - down Search)、全身搜查(Full Search)、身体某些部位的搜查(Searching of Other Body Areas)。第2.5条规定:监狱可以使用X光仪器、手持金属探测仪器等进行检查。

(四)武力使用

武力是维护监管秩序,控制危险罪犯的重要措施,所以,各国都规定了武力使用的内容。

1. 武力的内容

根据2006年《日本刑事设施及服刑者处遇法》第55条的规定,日本的武力包括警绳、手铐与拘束衣。警绳、手铐是在罪犯脱逃、自杀、实施暴力行为、破坏设施中使用。拘束衣是在罪犯有自伤自残的情况下使用。

根据英国2015年修订的《监狱令1600》(Prison Service Order, PSO1600)"武力的使用"第四部分,监狱具有下列权力:使用警棍的权力,警棍主要用于防卫;使用"控制与限制"(Control and Restraint, C&R)的权力,"控制与限制"措施由3名矫正官实施,该权力是对暴力犯与危顽犯使用的措施;使用手铐的权力,手铐用于控制危顽犯;使用“限制下全方位搜查”(Full Search of a Prisoner Under Restraint)的权力,这一种与调换关押监舍结合的罪犯控制措施。

在美国,武力使用的内容包括使用致命性武器与使用非致命性武器。致命性武器很少使用,通常在守护围墙中使用。在罪犯脱逃、骚乱中可能使用。非致命性武器是经常使用的工具,在罪犯与罪犯的打架中,罪犯拒绝服从合法命令的场合下使用。经常使用的非致命武器有电击棒、催泪喷射器、强光手电、捕网、警棍等。根据调查,非致命性武器在高度戒备监狱使用次数多。①

2. 武力使用的原则与要求

理论上使用武力要遵从下列原则。②

第一,最低武力使用原则,即能够不使用武力,就不使用,能使用轻的武力,不使用重的武力,不过度使用武力。

第二,武力分级原则,监狱对所使用武力与罪犯危险对应。

第三,使用武力报告原则,对罪犯使用武力要向上级报告情况。

使用武力的要求为:武力实施要遵守程序;遵守武力使用纪律,非致命武器电击枪不能指向头部,不能指向隐私部位,不能对孕妇、老人使用电击枪;武力实施后要开展医疗救护;对武力实施后果要进行医疗评价。③

关于对罪犯武力实施,法律也有明确的规定。

英国1999年《监狱规则》第47条规定:非必要不能实施武力,如果故意实施武力将被认为是挑衅罪犯。英国2015年修订的《监狱令1600》中“武力的使用”第2.1段规定了武力使用的四原则、合理性原则、必要性原则、不必要原则、比例原则。

合理性原则要求对罪犯使用武力要有根据。

必要性原则,是指根据“武力的使用”第2.6段,在罪犯的行为对他人生命有危险、对他人身体有危险、对监狱或者个人财产有危险、对秩序有危险,监狱方面才有必要对罪犯动用武力。

---

① Hepburn, J. R., Griffin, M. L. & Shade, T. V., *The Use of Force in Correctional Institutions*, in Carlson, P. M. & Garrett J. S. eds., Prison and Jail Administration: Practice and Theory, An Aspen Publication, 1999, p. 379 – 385.

② Hepburn, J. R., Griffin, M. L. & Shade, T. V., *The Use of Force in Correctional Institutions*, in Carlson, P. M. & Garrett J. S. eds., Prison and Jail Administration: Practice and Theory, An Aspen Publication, 1999, p. 379 – 385.

③ Hepburn, J. R., Griffin, M. L. & Shade, T. V., *The Use of Force in Correctional Institutions*, in Carlson, P. M. & Garrett J. S. eds., Prison and Jail Administration: Practice and Theory, An Aspen Publication, 1999, p. 379 – 385.

不必要原则，是指能够不使用武力，就不使用，能使用轻的武力，不使用重的武力，不过度使用武力。

比例原则，即矫正官所使用的武力与罪犯的危险相对应。

"武力的使用"第3.7段规定：当罪犯突然出现下列情形，需要紧急医护：突然异常不实施攻击；呼吸困难，或者带有杂音；咳嗽或者口吐白沫；脸色、四肢异常。

第五节　监狱的应急管理

一、监狱应急管理的概念

监狱应急管理是指监狱在出现罪犯骚乱、出现劫持人质、遭受灾害等情况下对罪犯管控的措施与制度。对监狱的应急管理可以从以下几点理解。

第一，监狱应急管理的条件是监狱出现诸如罪犯骚乱、劫持人质、遭受灾害等紧急事宜。

第二，监狱应急管理的目的是应对紧急情况，实现对罪犯的管控，保障监狱的安全。安全是监狱工作目标中的基础目标。有学者在监狱管理的8个指标中将"安全"列入第一位。这8个指标是监狱安全、人身安全、秩序、关心、活力、正义、条件、管理。①

第三，应急管理的内容包括完成应急预案、组织应对紧急情况、落实应急预案等措施与制度。

二、监狱应急管理的理论基础

监狱应急管理的基础是对监狱紧急状态的研究。

由于监狱骚乱所造成的问题严重，所以国外对骚乱这种紧急状态的研究比较重视。这些研究构成监狱应急管理的基础。有关研究主要包括以下几项内容。第一，监狱骚乱事件的研究。在美国，1774年在纽盖特监狱（Newgate Prison in Simsbury）发生了美国监狱史上第一起监狱骚乱案件。1971年在阿提卡监狱发生的监狱骚乱案件是影响深远的案件。第二，监狱骚乱的原因研究。监狱骚乱的原因有罪犯拥挤、监狱资金不足、帮伙活动、种族冲突、文化冲突、管理人员训练不足、设施安

① Logan, C. A., *Criminial Justice Performance Measures for Prisons*, *Performance Measures for the Criminal Justice System*, Bureau of Justice Statistics, 1993, p. 34.

全管理水平低。美国矫正协会将原因分为三类:罪犯原因、监禁条件、管理水平。在罪犯方面原因上,罪犯的帮伙(gang)是骚乱的主要因素。矫正官通过语言、非语言的联系可以判断帮伙的关系、帮伙大小及其冲突可能。① 根据美国国家帮伙信息中心(The National Gang Intelligence Center)2011 年估计全美监狱系统中有 23 万各类帮伙成员,如墨西哥黑社会(Mexican Mafia)、得州辛迪加(Texas Syndicate)。这些人员不仅存在社会上密切的联系,而且在价值观、亚文化上高度认同,具有很强的联结性,甚至组织性,具有很强的攻击性、崇尚暴力。根据美国国家帮伙犯罪研究中心(National Gang Crime Research Center)2012 年的报告,有 25% 的监狱报告帮伙成员攻击过矫正官,有 49% 的监狱报告帮伙成员威胁过矫正官。② 在监禁条件中,食物、卫生条件、罪犯无所事事、人员拥挤等,都可能成为骚乱的原因。管理水平上,罪犯分类、纪律与诉冤机制、矫正官与罪犯的密切联系程度、罪犯管理人员之间分享罪犯信息水平,与罪犯骚乱有密切关系。③ 第三,监狱骚乱事件预防的研究。监狱矫正官与罪犯的全时空接触,是监狱管理的眼睛与耳朵。获得罪犯的信息非常重要,需要不断培养矫正官与罪犯的沟通能力。谣言往往是导致骚乱的导火索,所以,有效管理监狱的谣言,可以起到事半功倍的效果。④

三、监狱应急管理的内容

(一)完成应急预案

应急预案是应对紧急情况的方案。对不同的情况,应急预案有所不同。

---

① Armstrong, J. J. , *Cause of Institutional Unrest*, in Carlson, P. M. & Garrett J. S. eds. , Prison and Jail Administration:Practice and Theory, An Aspen Publication, 1999, p. 361 – 364. Ward, D. A. , *Supermaximum Facilities*, in Carlson, P. M. & Garrett J. S. eds. , Prison and Jail Administration:Practice and Theory, An Aspen Publication, 1999, p. 252 – 259.

② Crank, B. R. & Marcum, C. D. , *Prison Gangs and Security Threat Groups*, in Hilinski – Rosick, C. M. , et al. ,eds. , Issues In Corrections:Research, Policy, and Future Prospects, Lexington Books, 2017, p. 97 – 108.

③ Armstrong, J. J. , *Cause of Institutional Unrest*, in Carlson, P. M. & Garrett J. S. eds. , Prison and Jail Administration:Practice and Theory, An Aspen Publication, 1999, p. 361 – 364. Ward, D. A. , *Supermaximum Facilities*, in Carlson, P. M. & Garrett J. S. eds. , Prison and Jail Administration:Practice and Theory, An Aspen Publication, 1999, p. 252 – 259.

④ Armstrong, J. J. , *Cause of Institutional Unrest*, in Carlson, P. M. & Garrett J. S. eds. , Prison and Jail Administration:Practice and Theory, An Aspen Publication, 1999, p. 361 – 364. Ward, D. A. , *Supermaximum Facilities*, in Carlson, P. M. & Garrett J. S. eds. , Prison and Jail Administration:Practice and Theory, An Aspen Publication, 1999, p. 252 – 259.

在美国,对于狱内骚乱、人质劫持,通常预案如下。①

第一,成立应对小组(Disturbance Control Terms)。应对小组是应对狱内骚乱、人质劫持的基本力量。传统的应对小组使用警棍、电警棍等自卫性非致命武器。武装的应对小组开始使用致命性武器,并不断训练。策略小组(Tactical Teams)是现代的应对小组。策略小组是经过专门训练的具有破障、人质解救等能力的小组。小组不仅使用手枪、长枪,而且培训专门技能,如谈判。策略小组的成员是经过身体、接受教育与心理等方面筛选后加入团队的成员。

第二,实施应急管理。应急管理的第一步是"计划与准备",第二步是"计划执行",第三步是"后果与恢复"。第一步"计划与准备"部分包括机构设置、人员安排、人员训练。训练的重要内容之一是哪些可以做、哪些不可以做,以避免不必要的损害。应急管理的第二步是"计划执行"。计划执行的要点有:在时间允许的情况下要尽可能地开展谈判,动用武器坚持最低武力原则,尽可能使用非致命武器,致命武器使用按照"应对小组"的安排进行。在人员使用上,充分动员有关部门人员参加,并与有关部门人员合作。应急管理的实施要有谈判专家参与。应急管理的计划部分包括:报警、信息送达、控制现场、成立指挥中心、评估形势、紧急力量到位、必要寻求狱外力量支持、方案选择、方案付诸实施。第二步"计划执行"要遵循计划,但是也需要一定策略。在人质劫持的应急场合下,对付劫持人质的罪犯有以下几种方法可以选择:谈判、使用狙击枪、使用化学方法。但是,在具有执行计划中,要将谈判放到第一位。为了更好应对谈判,要成立谈判小组。谈判中要注意以下几点:通过谈判降低罪犯的紧张;允许罪犯表达情绪;努力建立解决问题的氛围;帮助罪犯提高理性。② 第三步"后果与恢复"在执行中要重视法律程序,根据法律处理有关人的责任,以恢复正常法律秩序。

(二)应对紧急情况的特别授权

为应对紧急情况,很多国家都对监狱进行了特别授权。

1996年《俄罗斯联邦刑事执行法典》第85条规定:监狱在发生骚乱的情况下、在发生自然灾害、宣布战争状态下,监狱可以对罪犯实施特别的管束制度。在特别管束情况下可以加强管束、实施特别程序、中止罪犯的某些权利。

---

① David A. Ward, *Supermaximum Facilities*, in Carlson, P. M. & Garrett J. S. eds., Prison and Jail Administration: Practice and Theory, An Aspen Publication 1999, p. 252-259.

② Lafleur, G., Stender, L. & Lyons, J., *Hostage Situation in Correctional Facilities*, p. 373-278. Ward, D. A., *Supermaximum Facilities*, in Carlson, P. M. & Garrett J. S. eds., Prison and Jail Administration: Practice and Theory, An Aspen Publication 1999, p. 252-259.

1986 年《澳大利亚维多利亚州罪犯矫正法》第 112G 条、第 112H 条规定，因为疫情，州长或者部长可以因为健康与安全的原因限制罪犯亲属的探视、可以限制罪犯的社会联系。《罪犯矫正法》第 112M 条规定，在疫情期间，监狱可以在单独监舍对罪犯进行强制性的隔离。

2005 年《日本刑事设施及服刑者处遇法》第 57 条规定：在发生骚乱、劫持人质、对刑务官实施暴力、罪犯脱逃的情形下，刑务官可以使用武器。第 60 条规定：在发生地震、火灾或者其他情形下，应当将罪犯安置到适当场所，如果没有适当场所，可以临时释放罪犯。

四、监狱应急管理的立法

无论在骚乱、劫持人质，还是在地震、火灾、疫情等情况下，常规的管理不再能够保障对罪犯的管控，所以，在紧急情况下需要对罪犯开展应急管理。应急管理需要国家特殊权力的授予，所以，国家需要特别的法律规定。

应急管理的立法既可以设定专门章节也可以伴随罪犯管控章节规定。

第六节 社区矫正中罪犯的管控

一、社区矫正中罪犯管控概述

社区矫正就是非监禁刑的执行方式。罪犯需要在社区服完全部刑罚，或者部分刑罚。[①] 由于罪犯在社区服刑，而不是监禁设施中服刑，因而，保护公众安全就成了社区矫正的基本目标。科伦维尔等认为，社区矫正的目标是保护公众、矫正罪犯、促进罪犯融入社会、促进刑事和解。[②] 汉塞尔（Hanser, R. D.）明确提出：社区矫正的基本目标是保障社区安全。[③] 昌平认为：社区矫正的功能是维护公众安全、管控罪犯、帮助罪犯就业、降低监狱拥挤。[④]

由于保护公众安全是社区矫正的基本目标，所以，社区矫正机构的基本职责是

---

① Cromwell, P. F., Carmen, R. V. del & Alarid, L. F., *Community - based Corrections*, Wadsworth/Thomson Learning, 2002, p. 7.

② Cromwell, P. F., Carmen, R. V. del & Alarid, L. F., *Community - based Corrections*, Wadsworth/Thomson Learning, 2002, p. 9 - 11.

③ Hanser, R. D., *Community Corrections*, SAGE, 2010, p. 50.

④ Champion, D. J., *Corrections in the United States: A Contemporary Perspective*, Pearson Education Ltd., 2005, p. 170.

管控罪犯、保证罪犯遵守规定。采取的措施包括:查访就业情况;查访居住情况;帮助罪犯接受矫正项目;对罪犯进行家访,尿检;与家长、学校管理人员讨论、预防可能的问题。①

如何管控社区矫正中的罪犯?

传统的罪犯管控模式是个案管控模式(casework supervision)与经纪人管控模式(brokerage supervision)。在个案管控模式下,罪犯管控是通过社区矫正工作者一对一查访、家访等管控罪犯。在经纪人管控模式下,罪犯管控是社区矫正工作者通过调用诸如购买的社会资源对罪犯监督控制。② 虽然前者通过个案进行监督,后者通过使用社会资源进行监督,但是两者都关注对抽象的人的监督,而不是具体的人。具体的人有的重新犯罪危险大,有的重新犯罪的危险小。③ 由于个案管控模式与经纪人管控模式没有根据具体的罪犯的危险程度差别管控,所以,虽然投入不小,但是效果不尽如人意。

当代西方国家在社区矫正管控中开始推行罪犯危险管理模式。罪犯危险管理包括两部分:第一,罪犯危险评估;第二,罪犯危险控制。罪犯危险评估的功能是完成罪犯重新犯罪危险程度的评估,而罪犯危险控制的功能主要是实现对罪犯的有效的控制,对危险大的罪犯实施严格控制,对危险小的罪犯实施宽松控制。罪犯危险管理就是有选择地安排管控力量。④

二、社区矫正中的罪犯危险评估

社区矫正中的罪犯危险评估(Risk Assessment),就是对社区矫正中犯罪分子重新违法犯罪可能性及大小进行判断的活动。它是刑事司法犯罪分子危险评估的组成部分,与监狱开展的罪犯危险评估相互促进,共同发展。

与监狱中的罪犯危险评估一样,现代西方探索的社区矫正中的罪犯危险也使用危险评估工具开展罪犯危险评估。由于罪犯危险评估总体在探索中,所以,罪犯危险评估类型很多。在社区矫正领域中,有的罪犯危险评估工具既被监狱使用,也被社区矫正机构使用,有的仅为社区矫正机构使用。前者如“服刑等级评估表—修正版”与“犯罪人危险评估系统”,后者如“威斯康星危险评估工具”(Wisconsin Risk

---

① Abadinsky, H., *Probation and Parole: Corrections in the Community*, Pearson, 2018, p. 225 - 226.

② Latessa, E. J. & Smith, P., *Corrections in the Community*, Anderson, 2007, p. 229 - 231.

③ Latessa, E. J. & Smith, P., *Corrections in the Community*, Anderson, 2007, p. 229 - 231.

④ Latessa, E. J. & Smith, P., *Corrections in the Community*, Anderson, 2007, p. 236.

Assessment)。关于“服刑等级评估表—修正版”与“犯罪人危险评估系统”,我们在第四节中已经介绍,这里我们主要介绍“威斯康星危险评估工具”。

威斯康星危险评估工具是在美国威斯康星州发展起来的危险评估工具。该危险评估曾经被美国国家矫正学院(The National Institute of Corrections)向美国各司法区介绍与推广。威斯康星危险评估工具见表4-9。

表4-9 威斯康星危险评估工具①

题　目	分数
1.在现行犯罪前5年是否被捕过? 没有　0分 有　4分	
2.成人前被监禁的次数 没有　0分 1~2次　3分 3次及以上　6分	
3.以前因为撤销保护观察、假释而被监禁的次数 没有　0分 1次以上　4分	
4.在最近12个月连续就业情况 超过7个月　0分 5~7个月　1分 少于5个月　2分 没有申请　0分	
5.以前被判重罪的情况 没有　0分 1次　2分 2次及以上　4分 如果是未成年人时被判重罪 没有　0分 1次　3分 2次　6分 3次及以上　7分	

① Latessa, E. J. & Smith, P., *Corrections in the Community*, Anderson, 2007, p. 235.

续表

题 目	分数
6. 因第一次犯重罪而被捕的年龄 24 岁以上 0 分 20~23 岁 2 分 19 岁及以下 4 分	
7. 因现行犯罪入狱或者保护观察时的年龄 30 岁及以上 0 分 18~29 岁 3 分 17 岁及以下 6 分	
8. 酒精使用上的问题 没有问题 0 分 偶尔滥用,有时影响生活 2 分 经常滥用,有严重的问题,需要矫正 4 分	
9. 毒品使用上的问题 没有问题 0 分 偶尔滥用,有时影响生活 2 分 经常滥用,有严重的问题,需要矫正 4 分	
10. 交友情况 主要与没有犯罪倾向的人交往 0 分 与不三不四的人交往 5 分	
11. 犯罪的严重情况 轻微罪 2 分 轻罪 4 分 重罪 8 分	
12. 社会态度 没有敌意,有改变的动机 0 分 与司法机关不合作 2 分 有敌意,有犯罪倾向 5 分	
说明: 高度危险 17 分及以上 中度危险 9~16 分 低度危险 8 分及以下	

根据威斯康星危险评估工具,如果罪犯在上述评估中得分 17 分及以上,该罪犯是高度危险的犯罪人;如果罪犯得分为 9 ~ 16 分,该罪犯是中度危险的犯罪人;如果罪犯得分在 8 分及以下,该罪犯是低度危险的犯罪人。

如果说威斯康星危险评估工具的评估结果指向罪犯危险程度,宾夕法尼亚危险评估工具(Pennsylvania's Initial Client Assessment Form)的评估结果直接指向罪犯的管控。

宾夕法尼亚危险评估工具源于美国宾夕法尼亚州社区矫正系统。宾夕法尼亚危险评估工具内容见表 4 – 10。

表 4 – 10 宾夕法尼亚危险评估工具①

题目	分值
1. 第一次定罪年龄 24 岁及以上 0 分 20 ~ 23 岁 2 分 19 岁及以下 4 分	
2. 以前被撤销社区矫正的次数 没有 0 分 1 次及以上 4 分	
3. 以前被判重罪的次数 没有 0 分 1 次 2 分 2 次及以上 4 分	
4. 或者在青少年时被定罪,因为 夜盗、盗窃等罪 2 分 票据或伪造等 3 分	
5. 以前被适用社区矫正次数 没有 0 分 1 次及以上 4 分	
6. 在最近 5 年内因暴力性犯罪而被定罪 是 15 分 否 0 分	

① Cromwell, P. F., Carmen, R. V. del & Alarid, L. F., *Community – based Corrections*, Wadsworth/Thomson Learning, 2002, p. 124.

续表

题　　目	分值
7. 在最近 12 个月内家庭地址变迁次数 没有　0 分 1 次　2 分 2 次或者以上　3 分	
8. 在最近的 12 个月中就业的时间比例 60% 以上　0 分 40% ~50%　1 分 低于 40%　2 分	
9. 酒精使用问题 没有问题　0 分 偶尔滥用，不影响正常生活　2 分 经常滥用，严重影响生活，需要矫正　4 分	
10. 使用毒品情况 没有问题　0 分 偶尔滥用，不影响正常生活　1 分 经常滥用，严重影响生活，需要矫正　2 分	
11. 生活态度 有改造的动机，接受帮助　0 分 不愿意承担责任　3 分 生活消极，没有改造的动机　5 分	
总分： 0 ~5 分降低控制等级 6 ~16 分通常控制等级 17 ~30 分严格的控制等级 31 分及以上强化的控制等级	

根据宾夕法尼亚危险评估工具，如果罪犯在危险评估中得分为 0 ~5 分，该罪犯是低度危险犯罪人，在监管上需要降低控制等级；如果罪犯在危险评估中得分为6 ~16 分，该罪犯是中度危险的犯罪人，在监管上适用通常的控制等级；如果罪犯在危险评估中得分为 17 ~30 分，该罪犯是高度危险犯罪人，在监管上适用严格的控制等级；如果罪犯在危险评估中得分为 31 分及以上，该罪犯属于超高度危险犯罪人，在监管上适用强化的控制等级。

关于罪犯危险评估工具的探索不断深入，相信更准确、更便捷的量表会不断问世。

三、社区矫正中的罪犯危险控制

社区矫正的罪犯危险控制有狭义与广义之分。狭义的危险控制是指通过检查、监控、要求罪犯报告等,使罪犯活动得到监督,从而维护社会安全。广义的危险控制不仅包括控制罪犯危险性的活动,而且包括降低罪犯危险的活动。降低服刑人员危险性的手段主要是使用项目矫正,即社区矫正机构通过对罪犯施以项目矫正,在矫正罪犯的同时,降低罪犯危害公众及社会的危险。项目矫正是一个将矫正要素进行结构性设计形成的矫正课程。实践中的罪犯危险控制是广义的危险控制。为分析方便,我们这里将危险控制限定在狭义范围。狭义的危险控制又分为一般的危险控制与具体的危险控制。一般的危险控制,指根据法官确定的对犯罪分子的约束性规定实施的危险控制。因为这种规定指向于同类犯罪分子,如对假释者都适用同样的规定,这类约束性规定具有一般性,所以,这类危险控制被称为一般的危险控制。具体的危险控制是社区矫正机构根据罪犯的危险程度或者大小而调整的危险控制。一般的危险控制与具体的危险控制的关系是:一般的危险控制是具体的危险控制的基础,具体的危险控制是一般的危险控制的表现;一般的危险控制源于法院的裁决,具体的危险控制源于社区矫正机构的安排。

(一)一般的危险控制

因为犯罪分子进入社区矫正系统的法律渠道不同,所以有关法律具体规定有所不同。但是,通常法律都规定犯罪分子在社区矫正期间不能犯罪、不能违反有关监督规定的要求。例如,在美国,因为判保护观察刑而送到社区进行矫正的犯罪分子需要遵守下列条件:第一,遵守法律及有关规定;第二,遵守与监督人员的约定;第三,接受监督人员的家访;第四,如果迁居在 24 个小时内报告;第五,禁戒毒品,根据规定进行尿检;第六,参加危险评估与矫正需要评估。① 具体到法院判决,有关危险控制的内容则被确定得更清楚。美国学者昌平在他的《美国的矫正:当代视角》(*Corrections in the United States*: *A Contemporary Perspective*)就美国得克萨斯州对一名被判刑 12 个月社区保护观察刑的犯罪分子的社区监督条件予以了记录。② 这里摘录部分内容。第一,不准犯罪。第二,避免有害的习惯,不使用毒品,为每年四次的毒品尿检支付费用,上交酒精或者毒品检验结果并接受随后的治疗方案。第

① 源于 2006 年 3 月 7 日华盛顿特区社区矫正机构(Court Service and Offender Supervision Agency for the District of Columbia)在华盛顿特区举行的"中美刑事司法研讨会"提供的介绍资料。

② Champion, D. J., *Corrections in the United States*: *A Contemporary Perspective*, Pearson Education Ltd., 2005, p. 173 – 180.

三,避免接触名声不好的人,如使用毒品的人、有犯罪记录的人;避免到可能非法拥有毒品、销售毒品、使用毒品的地方。第四,在劳动中要积极遵守规范;如果失业,就尽快向监督工作人员或者法院报告。第五,根据法院裁决,每日、每星期或者每月向法院或者监管人员报告。第六,接受监管人员的家访;同意监管人员无证搜查人身、住宅、车辆,以验证是否遵守监督规范,在发现非法物后可以予以没收,包括武器、毒品、淫秽物品、淫秽工具。第七,非经法院或者监督官员批准不准离开被监督的生活场所。第八,非经法院或者监督官员批准不准离开得克萨斯州。第九,在48个小时内就住宿变化、住址变化、工作变化、被捕状况向监督人员报告。第十,不购买、接收、拥有、运输任何武器,包括枪支、弹药、管制刀具等。第十一,没有有效的执照不驾驶机动车。第十二,不能使用电话、邮件直接或者间接接触或者试图接触特定人或者其家庭成员,偶尔相遇要立即离开,不能威胁、攻击或者言词侮辱;不能使用电话、书信等言辞方式接近、联络被害人;禁止在500英尺内靠近被害人的住宿、就业工作岗位,被害人孩子就学的学校;禁止与帮伙成员接洽,如果偶尔相遇要立即离开,不能威胁、攻击或者言辞侮辱。第十三,在为期18个月内要经常到日报告中心报告,如果积极参加日报告中心的活动,可以免除费用。第十四,每周向监督人员上交尿检报告直至符合规定的条件。第十五,如果你要离开本州、离开美国,需要及时报告,以确定是否被允许离开、如何进行监督。第十六,如果你是因性犯罪而被定罪的人员,你应当向法律执行机构登记与报告,遵守监督规定,如果迁移住址需要法院或者法律执行人员同意;需要参加性罪犯矫正项目,并支付费用;不能拥有淫秽书刊;不能到与性相关的场所,如酒吧,求职与就业;除非法院或者矫正部门同意,不能直接或者间接与被害人及家庭成员联系;向被害人支付医疗、心理恢复产生的费用;支付有关性矫治评估的费用;根据法律规定向得州DNA中心提供血液样本;不能到17岁以下青少年聚集的地方,如学校、公园等场所申请工作、就职或者做志愿者;不能进入、接近被害人或者儿童聚集的地方,如学校、幼儿园等;除非法院批准,不能在接近学校或者幼儿园等未成年生活的场所1000英尺内居住;未经法院批准,不能在未成年人居住的生活设施内居住;不能拥有录像设施,除非监督人员检查后在合理的时间与空间内使用;不允许拥有、接近与观看与性相关的杂志、相册、音像资料、照片、CD等;不允许使用电子邮件、普通邮件、电话、互联网"聊天室"等工具与未满18周岁以下的未成年人联系。你的犯罪记录、个人史与性格将进行公示;你将为公示支付费用;得州警察部门将向你发放特殊的驾驶执照与身份证,同时需要每年更新。第十七,是否需要办理监督调动手续,如果需要,你应当向矫正部门申请,经批准,可以到新的地区生活,并接受监督。根据法律规定如果罪犯在被监督期中违反规定,法院将撤销监督。通过上述内容我们对社区矫正的一般危险控制有了一定了解。

一般的危险控制不涉及不同危险程度犯罪分子的危险控制问题。

(二)具体的危险控制

具体的危险控制是在一般危险控制基础上对罪犯展开的危险控制。

1. 具体的危险控制要素

具体的危险控制要素是指危险控制的基本措施,是危险控制的基本组成部分。

(1)面对面的联系。这种措施是指社区矫正工作人员与罪犯的会面。社区矫正工作人员与服刑人员的会面包含了解服刑人员学习、工作与人交往情况,检查罪犯是否遵守有关规定。

(2)有陪护的联系。这种措施是指社区矫正工作人员在罪犯家庭成员或者雇主陪护下与罪犯的会面。社区矫正工作人员与服刑人员的会面内容包含了解罪犯学习、工作与人交往情况,检查罪犯是否遵守有关规定。

(3)家访。这种措施是指社区矫正工作人员在未通知罪犯情况下访问罪犯家庭或者住宿处的措施,检查罪犯是否遵守有关规定。

(4)报告。这种措施是社区矫正工作人员根据有关规定及裁决,要求罪犯在指定时段或者地点报告有关事项,如迁徙、离开指定区域。

(5)尿检。这种措施是指社区矫正工作人员定期或者不定期抽查罪犯尿样的措施。

(6)电话联系。这种措施是社区矫正工作人员定期或者不定期向罪犯打电话了解有关服刑人员位置、工作、学习等情况的措施。

2. 具体的危险控制要素组合形式

理论上讲,具体的危险控制要素的组合可以由社区矫正机构随机组合,但是,基于维护公众与社会安全的需要,有的具体的危险控制要素的组合形式已经相对固定化,有的具体的危险控制要素的组合形式随机一些。这里根据具体的危险控制要素的组合形式是否相对固定化,分为普通的危险控制要素组合形式与特别的危险控制要素组合形式。

(1)普通的危险控制要素组合形式

普通的危险控制要素组合形式具有随机性,危险控制要素的组合由社区矫正机构围绕维护公众与社会安全的需要安排。

理论上,危险控制要素的组合是随机的、不受限制的,但是,由于危险控制要素资源的有限性,如服刑人员危险的差别、社区矫正工作者数量的限制,危险控制要素的组合除了需要考虑危险控制要素的组合的目的,还要考虑危险控制要素的组合的条件。

①考虑罪犯危险程度差别情况下的危险控制要素的组合

由于罪犯的危险有差别，罪犯的危险存在高度、中度与低度的差别，社区矫正机构所使用的危险控制措施也有区别，对不同危险程度的罪犯相应使用高强度、中等强度、低等强度的监督。在不同强度的监督措施中，危险控制要素加入的数量不同，包括不同种类数量与同种类的数量。概括来说，在高强度的监督中，危险控制要素加入的数量多，而在低等强度的监督中，危险控制要素加入的数量少，在中等强度的监督中，危险控制要素加入的数量适中。

美国学者科伦维尔等在他们的著作中对不同监督强度下的危险控制要素加入情况进行了概括。[①] 我们看到，不仅不同级别的监督内容有区别，高强度的罪犯监督力度高于中等强度的罪犯监督力度，中等强度的罪犯监督力度高于低强度的罪犯监督力度，而且同一级别的监督内容有所不同：同样是高强度的罪犯监督，有的司法区严格一些，有的司法区宽松一些。这种差别在中等强度的罪犯监督与低强度的罪犯监督中也存在。对同一级别的罪犯监督内容的差别性需要正确理解。由于不同司法区的规定不同，所以不同司法区或者国家刑罚结构不同、公众刑罚感受度不同，社区矫正中的监督内容不同，包括同一级别的罪犯监督内容不同，自在情理与逻辑中。

a. 高强度的罪犯监督

a）每月 1 次面对面的联系；每月 1 次有陪护的联系。

b）每月 1 次书面报告；1 次家访；1 次就业情况调查。

c）每月 2 次面对面联系；每月 1 次有陪护的联系；每 45 日 1 次家访。

d）每月 4 次面对面联系；每月 1 次有陪护的联系；30 日 1 次电话调查；每 3 个月调查 1 次居住情况；每年了解罪犯的犯罪记录。

e）每月 2 次面对面联系，1 次必须在劳动现场；每月 2 次有陪护的联系。

b. 中等强度的罪犯监督

a）每月 1 次面对面的联系；每季度有陪护的联系。

b）每季度 1 次家访；每月递交 1 次书面报告；1 次居住情况查验；1 次工作查验；1 次面对面的联系。

c）每月 1 次面对面的联系，1 次有陪护的联系；每 90 日 1 次家访。

d）与未就业的罪犯每月进行 2 次联系；如果被证实是全职就业或者培训联系 1

---

① Cromwell, P. F., Carmen, R. V. del & Alarid, L. F., *Community – based Corrections*, Wadsworth/Thomson Learning, 2002, p. 124.

次;在监督工作重新分工后的30日内要对罪犯进行1次电话访问;在罪犯递交报告2周后要对罪犯进行1次电话访问;在服刑监督1年内要对罪犯犯罪记录进行检查。

e)每月1次面对面的联系;每月1次有陪护的联系;每3月进行1次实地访问。

c. 低强度的罪犯监督

a)半年1次面对面的联系;每个季度1次有陪护的联系。

b)如果需要,进行1次家访;每月1次报告;每季度1次面对面的联系;每季度进行1次工作查验。

c)如果不能每季度递交1份报告,每月1次面对面的联系。

d)每月进行1次面对面的联系,每3个月进行1次居住情况查验。

e)每月通过电邮报告1次服刑情况;每3个月1次面对面的联系;每3个月1次有陪护的联系。

②考虑社区矫正工作人员配备情况下的危险控制要素的组合

在社区矫正实践中,由于存在社区矫正监督者与社区矫正被监督者的紧张关系:在有的时候、有的社区矫正管理区,管理人员相对充实;在有的时候、有的社区矫正管理区,管理人员相对短缺。为保证正常的监督工作运行,又保持社区矫正机构的管理平衡,社区矫正实践工作者探索出根据每个监督人员监督人数安排监督内容的机制。克里尔(Clear, T. R.)与达摩尔(Dammer, H. R.)在他们的著作中①予以了介绍,见表4-11、表4-12。

表4-11 1名社区矫正监督人员监督40名罪犯场合下的工作安排

强化监督②	每周3次面见
	每月1次场所联系
	每周3次有陪护的联系
	每月3次尿检
高强度罪犯监督	每周1次面见
	每月1/2次场所联系
	每周1次有陪护的联系
	每月2次尿检

① Clear, T. R. & Dammer, H. R., *The Offender in the Community*, Wadsworth / Thomson Learning, 2003, p. 115.

② 强化监督是高于高强度罪犯监督的监督形式。

续表

中等强度罪犯监督	每月2次面见
	每月1次场所联系
	每月1次有陪护的联系
	每月1次尿检
低强度罪犯监督	每月1次面见
	每月1次尿检

（直接联系：可以见面交谈，也可以通过电话联系。面见：与罪犯见面。场所联系：可以是服刑人员的家、邻居的家、工厂场所接触。办公室联系：监督人员与罪犯在监督人员办公室联系。有陪护的联系：在罪犯家庭成员或者雇主陪护下联系。）

表4-12 1名社区矫正监督人员监督75名罪犯场合下的工作安排

强化监督	每周1次面见
	每月1/2次场所联系
	每周2次有陪护的联系
	每周1次尿检
高强度罪犯监督	每周2次面见
	每月1次场所联系
	每月2次有陪护的联系
	每月1次尿检
中等强度罪犯监督	每月1次面见
	经常办公室联系
	每月1次有陪护的联系
	每月1次尿检
低强度罪犯监督	每月1次面见
	每季度1次尿检

我们看到，虽然在社区矫正工作者人员配备比偏低时，高强度的罪犯监督、中等强度的罪犯监督与低强度的罪犯监督的资源配置关系仍能够维护，但是在社区矫正工作人员配备比不同情况下，随监督工作量的不同，监督力度有所调整。

③考虑社区矫正对象年龄情况下的危险控制要素的组合

由于社区矫正对象的年龄不同，社区矫正机构需要投入的危险控制要素数量有所差别,对成年犯投入的危险控制要素与对未成年犯投入的危险控制要素在量上有所不同。美国学者贝尔考维兹(Bercovitz, J.)等介绍了美国印第安纳州的实践,见表4-13、表4-14。①

表4-13 对社区中的成年犯的监督

监督措施	高强度罪犯监督	中等强度罪犯监督	低强度罪犯监督
面对面的联系	每月2次	每月1次	每60日1次
住宿探访并验证	每90日1次	每120日查证1次	0
与陪同人员,如罪犯亲属,进行面对面探访	每60日1次	0	0
非面对面的联系	每月1次	每月1次	0
其他非面对面的联系,如参加矫正项目	每月1次	每60日1次	0

表4-14 对社区中的未成年犯的监督

监督措施	高强度罪犯监督	中等强度罪犯监督	低强度罪犯监督
面对面的联系	每月4次	每月2次	每月1次
与罪犯父母或者其他法定监护人的联系	每月1次	每60日1次	每60日1次
家访	每月1次	每60日1次	0
与陪同人员,如罪犯亲属,到工地或者学校,进行探访	每月2次	每月1次	0
非面对面的联系,如打电话、发电子邮件	每月1次	每月1次	每月1次

(2)特别的危险控制要素组合形式

特别的危险控制要素组合形式是为了更好控制特别的罪犯而形成的具有相同固定化的危险控制要素组合形式。特别的危险控制要素组合形式主要表现有:“多机构公众保护制度”、住宿矫正制度与电子监控。

①“多机构公众保护制度”

由于暴力性犯罪与性犯罪的社会危害突出,英国在21世纪前后开始强化对这

① Bercovitz, J., Bemus, B. & Hendricks, W. S., *Probation Case Classification & Workload Measures System for Indiana*, Indiana Judicial Center 1993.

两类犯罪的打击与控制。为落实这一政策,英国于2000年在《刑事司法与法院法》中创制了“多机构公众保护制度”(Multi - Agency Public Protection Arrangements, MAPPA)用以强化控制实施暴力犯罪、性犯罪的在社区服刑的高度危险犯。“多机构公众保护制度”将保护观察机构(社区矫正机构)、监狱、警察等联结起来,使这些合作面对源自社区中罪犯的危险,特别是源于性罪犯与暴力犯的危险。多机构安全社会保护组织的工作内容包括以下几点。

一是确定罪犯身份与进行危险评估。多机构安全社会保护组织将罪犯分为三类:需要登记的性犯罪人、被判12个月以上的监禁刑的暴力犯与性罪犯、其他可能对公众造成危险的犯罪人。对这三类人,“多机构公众保护制度”确定了不同的控制等级,实施危险控制。这三个等级分别是:第一等级,即普通等级的危险控制,不需要其他机构参与的危险控制;第二等级,即地方性的跨机构危险控制,以一个机构为主,其他机构参与;第三等级,多机构参与的危险控制方式。

二是多机构共享罪犯有关的信息,例如,住房机构帮助罪犯找到适合的住房,警察发现服刑人员行为新的信息等。多机构公众保护组织除了保护观察机构、监狱、警察,还有社会保险机构(Social Care)、卫生机构 (Health)、住房与教育机构(Housing and Education Services)等。

三是评估罪犯的危险,实施危险控制。对于危险较大的罪犯,警察也要参与控制,如果犯罪或者违反监督规定要及时收监。“多机构公众保护制度”是特殊的高度危险犯控制措施。

与普通的危险控制要素组合形式相比,多机构公众保护制度加入了警察的元素,增加了危险控制的强制色彩。

②住宿矫正制度

住宿矫正制度(Community Residential Correctional Programs)的载体较多,如“中途之家”(Halfway House)、保护观察旅馆(Probation Hostel)。这里通过“中途之家”介绍住宿矫正制度。

传统上的“中途之家”是由社区矫正机构或者其他机构建立的,旨在帮助监狱服刑罪犯重返社会的设施。这种意义上的“中途之家”的基本功能是使被假释或是释放的人,在重新回到社会上时有个住宿的地方。现代的“中途之家”不仅向从监狱回到社会的人员提供帮助,而且向社区服刑的其他人员提供帮助;不仅向罪犯提供生活帮助,在罪犯学习上、工作上进行支持,而且对所有住宿人员实施严格控制。

在一些著述中,“中途之家”被认为是一种半监禁刑。[①] 一般来说,在“中途之家”的罪犯被要求:接受监管;外出需要经过一定程序,并经允许;接受戒毒治疗;接受精神病医生的帮助;外出劳动;支付住宿费用。[②] 虽然“中途之家”不是监狱,但是,为了保证社区与公众安全,“中途之家”往往规定有对住宿者的控制措施,包括:制定“中途之家”住宿监督管理规定;宵禁;对住宿者活动进行登记,并查证。[③]

与普通的危险控制要素组合形式相比,住宿矫正制度增加了住宿监管的元素。这样,社区矫正机构工作管理人员与罪犯相处时间增加,所处空间距离明显拉近。由于罪犯与社区矫正机构空间的接近,罪犯的活动、交往,都受到监控。[④]

③电子监控

电子监控(electronic monitoring)是根据电子技术掌握社区中加戴电子镣铐罪犯方位的监控方式。电子监控不是一种刑罚,但是,在社区刑或者说社区性刑罚执行中,电子监控已成为刑罚的有机组成部分,是强化监督的重要方法。

电子镣铐的基本功能是显示加戴电子镣铐罪犯的方向与位置。由于电子镣铐这一基本功能,社区矫正机构便可以利用电子镣铐追踪、确定罪犯的位置,以实现对社区中罪犯的监控。

电子监控的出现,增加了对社区中罪犯监控的要素,其不仅可以独立地使用以监控社区中的罪犯,而且可以与其他监控要素结合,用于判断罪犯报告的真实性,进而判断罪犯的危险性,从而提高了对社区中罪犯监控的力度。

3. 对性犯罪者、暴力犯的控制

由于社区性刑罚的使用,一些性犯罪分子、因暴力行为而犯罪的人,也出现在社区中。于是,公众期望最大程度降低源于性犯罪者、暴力犯带给社会的危险。[⑤]

如何控制性犯罪者、暴力犯?[⑥]

措施一是要求被判社区性刑罚或者假释的性罪犯与暴力型罪犯,到警察局进

---

① Latessa, E. J. & Smith, P. , *Corrections in the Community*, Anderson, 2007, p. 289 – 293.

② Matt, D. & Conis, P. J. , *American Corrections: Theory, Research, Policy and Practice*, Jones and Bartlett Publishers, 2010, p. 243.

③ McCarthy, B. R. & McCarthy, Jr. B. J. , Community – Based Corrections, Brooks/Cole Publishing Company, 1991, p. 223.

④ McCarthy, B. R. & McCarthy, Jr. B. J. , Community – Based Corrections, Brooks/Cole Publishing Company, 1991, p. 210.

⑤ Home office, *Rebalancing the Criminal Justice System in Favour of the Law – Abiding Majority: Cutting Crime, Reducing Reoffending and Protecting the Public*, Home Office, 2006, p. 1.

⑥ Kemshall, H. , *Dangerous Offenders: Release and Resettlement*, in Hucklesby, A. & Hagley – Dickinson, L. eds. , Prisoner Resettlement Policy and Practice, Willan Publishing, 2007, p. 270 – 287.

行登记，包括地址登记及住宿搬迁后的登记。警察要进行不定期的家访。

措施二是在社区中采取不同的危险控制措施。

(1)根据法律规定进行监督；进行宵禁；划定上述危险犯的活动专属区；实行住宿限制，如居住在指定的场所。

(2)对上述犯罪人实行行为限制，如性犯罪者所从事的职业不能接近儿童，包括出租车驾驶；性罪犯不能居住在距离学校、公园与公共娱乐场所近的地方；限制消遣活动范围等。

(3)限制与被害人或者潜在的被害人来往。

(4)使用“多机构公众保护制度”。

由于性犯罪的特殊性，对性罪犯通常采取下面的“一揽子”危险控制方案：①电子监控；住宿监控；不允许接近学校与学生；确定一对一的工作，关注矫正态度等；使用警察监督；开展同情被害人教育。

研究与思考

1. 简述罪犯管控与狱政管理的关系。
2. 仅依靠激励管理是否可以完成对罪犯的管控？
3. 罪犯分类的难度在哪里？
4. 罪犯行为规范的界限在哪里？
5. 罪犯激励管理是否必要？
6. 罪犯危险管理的风险在哪里？
7. 如何看待罪犯危险评估的跨学科理论？
8. 如何看待武力使用？
9. 监狱戒备分级的难度在哪里？
10. 如何处理紧急情况的授权的法律问题？
11. 社区矫正中的罪犯管理为何不考虑激励管理？
12. 社区矫正是否应当使用武力？

---

① Kemshall, H., et al., *Strengthening the Multi－Agency Public Protection Arrangements*, in Home Office ed., Development and Pratice Report No. 45, Home Office, 2005, p. 18.

第五章　罪犯矫正的措施

重点提示

1. 矫正的概念、矫正的主要措施。

2. 罪犯参与矫正的机制。

3. 罪犯矫正项目的概念、种类与发展趋势。

4. 罪犯文化教育的价值、定位、组织模式、教育形式。

5. 历史上的罪犯劳动；组织罪犯劳动面临的挑战；罪犯劳动组织的新动态。

6. 刑事和解的实质；罪犯悔罪的表现形式；罪犯悔罪的促进措施。

7. 帮助罪犯矫正的其他措施，包括构建逐步接近社会的监禁刑执行系统、外出学习、外出劳动、请假制度。

本章就罪犯矫正概述、罪犯矫正项目、罪犯的文化教育、罪犯的劳动与职业技术培训、刑事和解等内容进行介绍。

第一节　罪犯矫正概述

一、罪犯矫正的内涵

在英语中，罪犯矫正的表达词语主要有 reform、treatment、rehabilitation、corrections，其含义都是改变罪犯。关于这些词语含义，不仅需要看词典的意思，看其使用的语境，更要看其历史的含义。

Reform 意为“罪犯改造”，是罪犯矫正领域最先出现的表达改变罪犯意义的词语。其基本内涵是使用劳动、宗教教诲等方式，使罪犯由“罪人”“恶人”改变为“善人”。如前文所述，按照英国法社会学家哥兰德的解释，改造主要指道德上的忏悔，即通过道德上的劝导,或者宗教精神的导入,改变自己,而不是指行为上的改正。① Treatment 意为“罪犯矫治”,其是20世纪二三十年代出现在罪犯矫正领域并成功抢占“罪犯改造”话语主导地位的词语,其含义是将被视为“病人”的罪犯矫治为“健康人”。Treatment 是随着罪犯矫治模式发展起来的词语。Rehabilitation 意为“罪犯矫正”,是随着犯罪外因论被重视而发展的概念,也是当代国际社会表达“使罪犯改变”之意所使用最多的词语。该词语不仅包含“改造罪犯”“矫治罪犯”之意,而且包含通过帮助罪犯提高劳动技能、帮助罪犯就业等使罪犯重返社会之意,包含通过控制导致罪犯重新犯罪的外在因素使罪犯不再犯罪之意。② 美国学者司马勒格与斯莫凯认为,矫正指通过矫治、教育、职业培训等将罪犯的犯罪生活方式改变为守法的生活方式。③ 如果说 rehabilitation 主要从方法上表达“罪犯矫正”之意,corrctions 主要从制度上、法律上表达“罪犯矫正”。关于“罪犯矫正”的内涵,我们可以认为,罪犯矫正不仅包含“罪犯改造”“罪犯矫治”,而且包含“帮助罪犯融入社会”,即包含 reintegration、resettlement、reentry。司马勒格与斯莫凯将 reentry 定义为罪犯从监狱到社会的过渡过程。④ 还有学者认为,reentry 的意思就是 reintegration,⑤内涵都是融入社会。从语义角度看,“罪犯矫正”内涵具有综合性;从历史角度看,“罪犯矫正”继承扬弃了罪犯矫正发展的不同阶段,反映了罪犯矫正的最新发展。

二、罪犯矫正的主要措施

21世纪前后罪犯矫正项目迅速发展,项目矫正的表现形式是矫正项目。随着矫正项目的发展,不仅出现罪犯矫正的新方法,如理性化矫正项目,而且一些传统的方法也被纳入其中,如罪犯文化教育。

为更好把握罪犯矫正的内容,本章首先讨论罪犯矫正项目。考虑罪犯文化教育、劳动与技术教育的特殊性,我们将专门讨论这两个问题,然后讨论刑事和解,最后讨论帮助罪犯融入社会。

---

① Garland, D., *Punishment and Welfare: A History of Penal Strategies*, Gower, 1985, p.127.

② Worrall, A., Hoy, C., *Punishment in the Community – Managing Offenders, Making Choices*, Willian Publishing, 2005, p.10 – 11.

③ Schmalleger, F. & Smykal, J. O., *Corrections in the 21st Century*, McGraw – Hill, 2007, p.79.

④ Schmalleger, F. & Smykal, J. O., *Corrections in the 21st Century*, McGraw – Hill, 2007, p.327.

⑤ Maruna, S., Immarigeon, R. & Lebel, T. P., *Exoffender Reintegration: Theory and Practice*, in Maruna, S. & Immarigeon, R. (Eds.), After Crime and Punishment, Willam Publishing, 2004, p.5.

三、罪犯参与矫正的机制

罪犯矫正不仅可以改造罪犯、矫治罪犯、帮助罪犯重返社会并融入社会,而且可以降低罪犯重新犯罪的危险,降低狱内实施暴力、脱逃、自杀的危险,促进有效管控,维护监管安全。

如何矫正罪犯?

措施便是促进罪犯参与矫正。

根据英国的“激励方针框架”(Incentives Policy Framework)①罪犯矫正机构对于接受矫正项目,积极完成服刑计划的罪犯要予以奖励。也就是说,奖励的客体不仅包括遵守监规纪律,而且包括积极参加矫正项目。

在美国,根据纽约州《罪犯矫正法》的规定,罪犯参加矫正项目,如完成高中学业、参加戒毒项目、获得职业资格证书,根据罪犯所判刑罚长短,可以减刑 1/3、1/6 或者 1/7。完成 2 年制的大专学习,获得副学术学位,完成大学课程获得学士学位、硕士学位、博士学位的罪犯,也可以根据刑罚获得减刑 1/3、1/6 或者 1/7 不等的减刑奖励。②

第二节　罪犯矫正项目

一、罪犯矫正项目的产生

长期以来,西方国家一直将罪犯矫正作为监狱工作的基本目标。但是 20 世纪 70 年代由于发现传统的罪犯矫正工作没有达到期望的效果,特别是罪犯矫治,因此,矫正的价值受到怀疑,甚至否定。这样,刑罚执行政策走向了新的方向,即推行刑罚惩罚公正政策。随着刑罚惩罚正义思想的被接受与刑罚惩罚公正政策的推行,体现刑罚惩罚公正的政策不断出台,如“强制最低刑量刑”政策、“报应”模式政策、量刑准则政策、真实服刑政策,20 世纪 70 年代前的问题得到有力纠正,对犯罪打击的严厉程度显著提高。

然而,随着推行刑罚惩罚公正政策的推行,虽然刑罚公正得到了保障,但是,刑

---

① HM Prison and Probation Service, *Policy Framework Name*: *Incentives Policy Framework*, HM Prison and Probation Service, 2020, Annex A.

② New York Correction Law § 803 – § 805.

罚执行甚至整个刑事司法系统却出现了新问题,即罪犯数量快速增长。1970—2000年,美国的监禁率翻了5倍,而欧洲与澳大利亚的监禁率也有显著上涨。[①] 不仅监狱中罪犯数量大涨,而且社区中罪犯数量也显著增加。以美国为例,1980年时,全国被保护观察的服刑人员是1,118,000人,被假释的人员是220,000人;但是到2000年,全国被保护观察的服刑人员上升至3,840,000人,被假释的人员上升至726,000人。[②] 由于罪犯数量的上升,国家在罪犯监管上的费用也随之上升。

在这种背景下,重新认识矫正的呼声响起。美国学者库伦吉伯特在他们的《重新肯定矫正》一书明确指出:拒绝矫正具有放弃一种非常有价值的思想的危险。拒绝矫正而视定期刑为万能恐怕不是找到了"仙草",而是打开了潘多拉的盒子。第一,不考虑罪犯的具体情况与需要而一味地实施强制是存在问题的;第二,以犯罪率上升判定矫治失败,按此逻辑,接下来考虑的问题是:如果实施刑罚惩罚公正政策后犯罪率仍上升,刑罚惩罚公正政策是否也失败了?国家是应加重刑罚,还是不加重刑罚?[③] 矫正不仅包含人类百年的经验,而且寄托人们改恶为善的希望。从情感角度说,人们不愿意放弃矫正。但是,是否坚持矫正,归根结底取决于矫正是否有效,矫正能否降低罪犯的重新犯罪率。很多研究表明,矫正是有效的。

但是,肯定矫正并非回到过去。传统的罪犯矫正方法不尽如人意是不能回避的。坚持矫正,需要创新降低重新犯罪危险的范式。

于是矫正项目这种方式问世。

矫正项目是推动罪犯矫正的新形式,其继承了传统的罪犯矫正方法的优势,又回避了传统罪犯矫正方法的不足,使罪犯矫正以新的面貌回到刑罚执行领域。

二、罪犯矫正项目的概念

所谓"矫正项目",就是具有矫正内容、矫正量与矫正程序的矫正模块。如"理性化矫治项目"(the reasoning and rehabilitation programme)、"强化思维技能项目"(enhanced thinking skills program)、"社会交往训练项目"(social skills training program)等。矫正内容,指对服刑人员矫正的实体性方法,如"理性化矫治项目"是帮助服刑人员提高理性地控制情绪、寻求解决问题的方法等。矫正量,指矫正服刑人

---

① Hinds, L, *Crime Control in Western Countries* 1970 - 2000, in Pratt, J., et al., The New Punitiveness: Trends, Theories, Perspectives, Willan Publishing, 2005, p. 47 - 88.

② Bureau of Justice Statistics, *Correction Populations in the United States*, Government Printing Office, 2000, p. 2.

③ Cullen, F. T. & Gilbert, K. E, *Reaffirming Rehabilitation*, Anderson Publishing Co., 1982, p. 19.

员所设定的项目课程时间与次数,如36次、每次2小时。矫正程序,指矫正项目开展后矫正内容所展开的先后顺序。

矫正项目具有以下几个特点。

第一,模块化。矫正项目是矫正的内容、矫正量与矫正程序的完整的复合体。在一个矫正项目下,矫正的任何内容都是该矫正项目的有机的、不可分割的组成部分,矫正项目下的各部分有机结合形成整体的矫正项目。由各部分组成的矫正项目在服刑人员矫正中具有相对的独立性:具有独立的功能;具有独立的操作要求。每一个矫正项目既可以独立使用,也可以与其他矫正项目结合使用。

第二,程式性。与传统的非结构的服刑人员矫正方法相比,如劝说方法,矫正项目具有结构性。矫正项目的运作需要根据设计者的程式展开。矫正项目是建立在社区矫正工作者经验之上,运用有关社会工作、心理学知识设计的矫正服刑人员的"套路",矫正工作者开展矫正工作,需要按照"套路"展开。按照科学、按照服刑人员的矫正变化,循序渐进地开展矫正,否则被视为"乱为"。由于每个矫正项目都是经过循证、认证后实施的,经过循证、认证后的矫正项目都具有较好的矫正结果,随心所欲开展的矫正很难保证矫正的效益,所以,随心所欲开展的矫正,被视为"乱为"。

第三,可操作性。由于矫正项目具有程式性,所以具有一定可操作性。这样,任何一个矫正项目都可以被接受一定培训的人运用于服刑人员矫正。与传统的非结构的服刑人员矫正方法相比,如劝说,矫正项目的设计与使用,大大降低了服刑人员矫正方法的人身依赖性。传统的非结构的服刑人员矫正方法具有很强的人身依赖性,不同的人,即使使用同一种矫正方法,如劝说,因为经验、能力、情感、性格、个人魅力等的不同,矫正效果不同。从一定意义上说,传统的非结构的服刑人员矫正方法不具有学习性,或者说不容易学习,而矫正项目则具有较强的可学习性。

第四,循证性。所有的矫正项目不仅源于理论构建,而且必须有"矫正项目使用有效"的证据支持。所谓"循证矫正",是指遵循证据支持的规则开展矫正活动。循证的主要方法是作比对研究:选择一组接受该矫正项目的服刑人员与没有接受矫正项目的服刑人员;确定刑满后的一定观察期,如3年,然后看刑满后的重新犯罪率。如果接受项目矫正的刑释人员的重新犯罪率低,证明该矫正项目有效;如果接受项目矫正的刑释人员重新犯罪率显著低于没有接受项目矫正的刑释人员的重新犯罪率,证明该矫正项目矫正效果显著;如果接受项目矫正的刑释人员重新犯罪率与没有接受项目矫正的刑释人员的重新犯罪率接近,证明该矫正项目低效或者无效。

矫正项目之所以要接受循证,其重要原因是矫正项目并非当然有效,并非当然地可以有效矫正服刑人员。有的矫正项目从设计看,应当具有矫正效果,但是,实际没有矫正服刑人员的效果,即使有效果,效果也不理想。美国学者莱特萨等认为下列矫正方法是低效或者无效的做法:[①]戒毒教育方法、传统的心理分析疗法、非直接或者以患者为中心的疗法、心理动力方法或者弗洛伊德的方法、提高罪犯群体凝聚力的方法、与罪犯培养友好关系的方法、通过自我剖析使罪犯认清现实、医学方法、咨询方法、焦虑降低方法、宣泄愤怒方法、改变饮食、改善生活条件等。加拿大学者博塔等认为下列情况矫正无效:[②]其一,使用不能预测犯罪行为的因素,如控制焦虑、减轻压抑、提高自尊等,对罪犯进行矫治;其二,使用传统的弗洛伊德的动力理论,即使用精神分析的方法对罪犯进行矫治。

为提高矫正项目的有效性,将有效的矫正项目筛选出来,所以,矫正项目需要进行循证。

根据循证原则,所有的矫正项目都需要进行循证,而运用于矫正实践的矫正项目,必须经过循证,证明经过循证的项目具有好的矫正效果。

第五,剂量化。经过百年的矫正实践,矫正机关对服刑人员的矫正并非投入越大,矫正效果越好。正如父母对孩子的爱护,并非帮孩子做得越多越好。循证矫正的实践也证明这点。所以,项目矫正在设计中包含一定的矫正工作量,对罪犯而言就是矫正剂量。对特定矫正项目而言,经过循证,只有适当的剂量,矫正效果才能最佳。对罪犯的矫正,剂量不足,矫正效果弱,而剂量太太,矫正效果也不好,过犹不及。矫正剂量是矫正项目设计、循证中的基本组成部分。矫正项目的认证也需要充分考虑矫正的剂量。

第六,个别化。由于矫正项目的价值是矫正具体的罪犯,所以,矫正项目具有方向性,指向具体的、个别的犯罪分子。由于不同的罪犯,犯罪的原因不同,因而“矫正需要”不同。服刑人员矫正需要的不同,矫正项目就应当有所不同。矫正项目是刑罚个别化思想、矫正个别化观念的新发展。这样,矫正项目适用必须考虑罪犯的矫正需要。矫正需要评估是矫正项目的前提。如果将矫正项目比作“药”,矫正需要评估,便是医生的诊断。

何谓“矫正需要”?“矫正需要”就是罪犯需要矫正的地方,如社会交往、心理障

---

① Latessa, E. J., Listwan, S. J. & Koetzle, D., *What Works and Doesn't in Reducing Recidivism*, Elsevier, 2014, p. 85 – 87.

② Bonta, J., Wallace – Capretta, S. & Rooney, J., *A Quasi – Experimental Evaluation of an Intensive Rehabilitation Supervision Program*, 27 Criminal Justice and Behavior 312 (2000).

碍等。矫正项目的设计者们使用 criminogenic needs 这一概念表述“矫正需要”。如果直译 criminogenic needs,其中文是“犯因性需要”①。criminogenic needs 这一概念不仅包含“矫正需要”的内容,而且包含罪犯“犯罪原因”方面的内容。criminogenic needs 意为对犯罪分子需要矫正的地方应当是导致服刑人员犯罪的原因。美国学者沃偌斯(Voorhis, P. V.)等认为,服刑人员的 criminogenic needs 包括:反社会交往、反社会态度、反社会行为史、解决问题技能存在缺陷,等等。② 反社会交往、反社会态度、反社会行为史、解决问题技能存在缺陷等,既是需要罪犯矫正的地方,也是罪犯犯罪的重要原因所在。criminogenic needs 这一概念是一个语义容量非常大的概念,这一概念将罪犯的“矫正需要”与罪犯犯罪的原因都包含在里面。criminogenic needs 这一概念承继了刑罚个别化、矫正个别化的传统,抽取了近年矫正研究的最新成果,融犯罪分子的犯罪原因与矫正机构的“矫正罪犯需要”、罪犯自身的“矫正需要”于一体,浓缩了现代罪犯矫正基本原理的精华,为项目矫正奠定了理论基石与实践的基础。由于在汉语中很难找到一个与 criminogenic needs 匹配的词,而使用“犯因性需要”一词在汉语语法上很难说通,而使用“矫正需要”能够表达清楚 criminogenic needs 所包含的语义,③所以这里使用“矫正需要”表述 criminogenic needs。

第七,对象性。矫正项目的对象性,指每个矫正项目都针对具体类型犯,如理性化矫正项目使用于暴力犯等。没有明确矫正对象的矫正项目不能使用。

三、罪犯矫正项目的种类

根据矫正需要的不同,矫正项目通常被分为以下类型:文化教育类矫正项目、劳动技能培训类矫正项目、认知行为类矫正项目、社会交往技能类矫正项目、情绪控制类矫正项目、家庭关系矫正项目、生活能力帮助类矫正项目、戒毒类矫正项目、暴力类罪犯矫正项目、性犯罪罪犯矫正项目。

由于文化教育类矫正项目、劳动技能培训类矫正项目具有相对独立性,具有特殊价值,我们在后面专门介绍。在这里我们介绍其他类型的矫正项目。

---

① 吴宗宪:《罪犯改造论——罪犯改造的犯因性差异理论初探》,中国人民公安大学出版社 2007 年版,第 63 页。

② Van Voorhis, P., Braswell, M. & Lester, D., *Correctional Counseling & Rehabilitation*, Anderson Publishing, 2000, p. 84.

③ 也可以在恰当的语境中使用“犯罪性需要”用以揭示 criminogenic needs 的内涵。可以考虑使用“犯罪性需要”与“矫正需要”两个词表述 criminogenic needs。前者侧重反映罪犯的犯罪原因,后者侧重矫正方法选择。

(一)认知行为类矫正项目

认知行为矫正项目是从心理学中的认知行为疗法(Cognitive - Behavior Therapy)发展而来。心理学家威尔逊等认为,一个人如果具有社会反向功能的思维往往容易重新犯罪。犯罪分子存在错误思维方式,如认知扭曲、态度颠倒、价值观出问题、信念缺失、认知技能水平低、决定能力差、问题解决能力弱等问题。认知行为矫正可以通过改变罪犯的反社会思维模式,建立新的模式。① 从理论上分析,认知行为矫正分为以下几点:第一,社会技能矫正。社会技能包括使用非语言技能,如目光接触,姿势;言语技能,如发起与维持谈话、协商的技能、与异性交往的技能。社会技能指改善这种能力的矫正。第二,自我控制能力。训练治疗对象管理自己的行为。方法可以使用自我训练法。这种方法源于俄罗斯学者的"自我谈话",即通过"自我谈话"控制自己外部行为。自我谈话利于消极思想的自我监控、对积极陈述的复述以及发展应付技能的自我强化。第三,认知重建。具体又包括合理情绪疗法、贝克的认知疗法等。合理情绪疗法指不合理的信念产生不合理的需要,当这种需要未满足时人就产生消极的情绪状态,认知重建是通过质疑、争论找出不合理的信念,然后通过对质、指定家庭作业等方法改变不合理的信念。贝克的认知疗法突出对功能阻碍思维的个人发现,依靠较少对抗性的苏格拉底式对话,远离中心,拉开距离,重新归因。第四,人际问题解决处理。这种方法通过问题识别、选择思维方式、选择观点、选择因果性思维、考虑结果等,学习、解决人际问题处理。

这里介绍三个具体的认知行为类矫正项目。

1. 道德认知矫正项目(Moral Reconation Therapy, MRT)。道德认知矫正项目是针对滥用毒品罪犯的矫正方法。这一矫正项目是通过关注罪犯的积极行为与自尊,提高服刑人员的道德与行为自觉性,降低自私性,实现矫正。这一项目早在1979—1983 年莱特博士于美国联邦孟菲斯监狱(the Federal Correctional Institute in Memphis)开始试验。1987 年在地方精神健康中心工作的鲁滨逊博士因为同时服务于监狱内的精神健康设施,所以帮助莱特开展试验,并最后完成纸质文本的矫正项目。这个项目完成后同时对社区中受矫正的曾经使用过毒品的人员使用。俄克拉荷马州是美国全境第一个在矫正系统使用道德认知矫治项目的州。继俄克拉荷马州使用道德认知矫正项目后,华盛顿州、特拉华州、路易斯安那州等陆续开展使用道德认知矫正项目。道德认知矫正项目的矫正事项有:直面与评估自我;强化积极

① Wilson, D. B., Bouffard L. A. & Mackenzie, D. L., *Quantitative Review of Structured, Group - Oriented, Cognitive - Behavioral Programs for Offenders*? 32 Criminal Justice and Behavior 172(2005).

的行为与习惯，提高罪犯的道德责任感；帮助罪犯给自己一个积极的定位；帮助罪犯降低追求快乐的享乐观念；强化个人的角色意识；提供道德推理，培养为他人服务的意识与为社会的意识。工作方法是通过挫折与道德推理，通过提高罪犯的道德推理，改善行为。项目设计的最终目的是，促进罪犯决定行为的理性化水平。道德认知矫正项目有以下工作步骤。第一步与第二步，分别是信任与诚实培养。这两步指向罪犯的"不忠诚"。处于"不忠诚"阶段的人认为世界没有诚实、没有真实。第三步，接受。这一步骤针对被矫正者与社会对立的态度而设计。被矫正者的想法与社会现实距离远，对社会不公平现象不能接受，因而产生敌视社会秩序的态度。第四步，了解。行为人因为不知道怎么办，所以可能实施欺骗、盗窃行为。第五步，治愈被损害的关系。这个步骤是针对罪犯存在"受伤害"问题。第六步，引导行为人帮助其他人。第七步，帮助行为人确立短期目标，并促进行为的持久性。这一步针对有的罪犯不知道自己与外界的关系，行为很少有目的，对自己的行为缺乏责任感而设计的。第八步，帮助行为人确立长远目标与理性。这一步针对罪犯认为什么都不存在、什么都没有意义的生活态度而安排的。第九步，改变行动方法。第十步，巩固积极的转变。第十一步，保持自己的道德承诺。当罪犯确立生活目标后，个人对追求成功具有了急迫感。行为人此时的目标比较宽泛，需要帮助他们渡过这一阶段。第十二步，选择道德目标。在这个阶段，行为人很关心社会与他人的利益，与他人接触注意诚实待人。第十三步至第十五步，评估与他人的关系，学习自我评价。帮助矫正对象走向"优秀"是这一项目的终极目标，但是"优秀"是很少人达到的境界。在这个境界的人对社会与他人充满热心，个人价值观放在人道、正义、人的尊严与人的自由上。①

2."理性化矫正项目"。理性化矫正项目是可以促进罪犯转变结构认知行为方法。这种方法关注服刑人员的思维技巧，旨在使用行为前思考替代已有的认知模式。使他们有更多的反思，而不是行为反射，对潜在的行为有更多的期望与计划，行为更具有灵活性，心胸更开阔，思维更有理性与目的性。研究表明：思维次序影响人的社会意识与人际交往。许多罪犯有行动快于思维的倾向，行为者往往在行动前缺乏对环境与其他人的感情的考虑。② 理性化矫正项目的主要目标是：提高罪犯自我控制能力，行动前先思考；培养问题解决技能，如及早认识到问题，寻找替代方法，

---

① Management & Training Corporation Institute, *Data Spotlight: Recidivism*, Management & Training Corporation Institute, 2003, p. 3.

② Ross, R. R. & Fabiano, E. A., *Time to Think: A Cognitive Model of Delinquency Prevention and Offender Rehabilitation*, Institute of Social Sciences and Arts, 1985, p. 38 – 72.

估计后果,做出合适的反应。理性化矫正项目的矫正方法是:帮助罪犯认识到问题;提出不同解决问题的策略;作出决定;采取行动;维持新的行为;预防复发。在理性化矫正项目实施中,指导者向罪犯传导的接收技术有:角色互换、玩尴尬的游戏、认知练习。练习与重复是学习的重要因素。①

"理性化矫正项目"的加拿大版本叫"认知技能训练项目"(the cognitive skills training program)。② 在加拿大,"认知技能训练项目"包括30次每次2小时的小组矫正。"认知技能训练项目"在加拿大始于1990年,适用范围包括监狱与社区。认知技能训练项目所关注的罪犯错误思维模式包括生活中冲动性决定、狭隘的思维、缺乏目标的行为、糟糕的人际交往技能。认知技能训练项目的核心内容是生活技能(living skills programs)同时辅以融入社会内容。认知技能训练项目的目的是:学会批判性思维,学会解决问题,学会决策。具体内容如下:第一,认识问题,分析问题,考虑使用非犯罪替代方法;第二,将挫折看成一个需要解决的问题,而不是使用个人威胁;第三,如何设计与构造计划;第四,计算行为后果;第五,学会有逻辑地思维。

3. 信念培育矫正项目(the faith - based programs)。该矫正项目从传统的"罪犯改造"发展而来。信念培育矫正项目课程设置有:圣经学习、一起劳动、相互讨论、接受辅导。经过比对研究,参加者重新犯罪率远低于没有参加者。③

(二)社会交往技能类项目

社会交往技能类项目有很多,这里介绍两个社会交往技能类项目。

1. 伙伴交往项目(peer group therapy)。④ 伙伴交往项目的旨在引导社会青年与反社会人士交往,以最终改变反社会成员的交往人群。伙伴交往项目包括两部分内容:第一,相互帮助;第二,会议讨论。会议讨论下列问题。问题一,群体文化上的问题,在群体中是否容易愤怒、是否容易攻击他人、是否想挑战权威、是否撒谎等。问题二,认知扭曲问题。具体包括以下几点:第一,是否以自己为中心,以自己的观

---

① Robinson, D. & Porporino, F., *Programming in Cognitive Skills: The Reasoning and Rehabilitation Programme*, in Hollin, C. R. ed., Handbook of Offender Assessment and Treatment, John Wiley & Sons. Ltd., 2001, p. 179 - 193.

② Robinson, D., *The Impact of Cognitive Skills Training on Post - Release Recidivism among Canadian Federal Offenders*, Correctional Service Canada, 1995, p. 10 - 101.

③ Johnson, B. R., *The Faith - based Prison*, in Cullen, F. T., Jonson, C. L. & Stohr, M. K., The American Prison: Imagining a Different Future, SAGE, 2014, p. 35 - 60.

④ Wuthnow, R., *Sharing the Journey: Support Groups and America's New Quest for Community*, The Free Press, 1994, p. 5 - 25.

点、期望、需要、权利、当时的感受去评价要求别人,很少考虑或者不考虑别人的事宜。第二,认识错误,将反社会行为错误认为是社会接受的行为、社会赞许的行为,向他人贴侮辱性的、不文明的标签。第三,将敌意归因于他人,认为社会黑暗无前途,认为改进自己的行为是不可能的。第四,责备他人,将错误归因他人。如别人因大意把钱包丢失,他认为丢钱包是活该;他撒谎,却认为是别人逼的;自己因控制能力差而发脾气,认为别人逼迫使自己疯狂;攻击别人,认为别人不与自己合作,别人受伤害不是自己的错误所致。

2. 社会交往训练①。社会交往训练的目标是帮助罪犯提高社会能力使他们在社会上生存发展。社区交往训练的内容是:第一,帮助罪犯表达自己的主张;第二,帮助罪犯与别人开展良性交往;第三,帮助罪犯解决与别人的冲突问题;第四,帮助罪犯提高找工作的能力。

(三)情绪控制类矫正项目

关于情绪控制类矫正项目,我们主要介绍愤怒控制矫正项目。② 这个矫正项目的目的是帮助罪犯控制愤怒情绪,通常包括三个层次。第一个层次是对愤怒者的一般性临床关心。矫正人员有可能采取心理咨询方法、心理动力疗法、认知与行为疗法、心理药物疗法。第二个层次是愤怒管理。愤怒管理通过引导人们关注愤怒,帮助罪犯提高自我控制能力。第三个层次是愤怒矫治。愤怒矫治中包括下列因素的运用:愤怒的频率、强度、环境诱导的自我警戒;根据自我警戒建立自我愤怒刺激层次控制;通过注意转移、修正评价、使用自我指导重建认知;通过肌肉放松、呼吸放松与头脑印象指引降低对刺激的反应;通过建立模型角色互换培养处理、交往与表现自己主张的形式;通过想象、角色互换,逐步提高刺激强度,提高愤怒控制技术水平。

(四)家庭关系矫正项目

家庭关系矫正项目是通过改善罪犯家庭关系促进罪犯与家庭的融入,进而促进与社会融合的一类矫正项目。我们在这里介绍的是家庭沟通矫正项目与家庭行为与社会学习矫正项目。

很多罪犯存在家庭沟通问题,家庭沟通不畅,导致罪犯家庭冲突与家庭关系冷

① Hollin, C. R. & Palmer, E. J, *Skills Training*. in Hollin, C. R. ed., Handbook of Offender Assessment and Treatment, John Wiley & Sons. Ltd., 2001, p. 269 – 280.

② Raymond, W. R., et al., *Anger Treatment with Offenders*, in Hollin, C. R. ed., Handbook of Offender Assessment and Treatment, John Wiley & Sons. Ltd., 2001, p. 281 – 296.

漠。家庭沟通矫正项目[①]旨在促进罪犯家庭关系、增加理解、促进亲密家庭关系。家庭关系矫正项目包括下面内容:让罪犯明确哪些行为与语言会破坏家庭关系;不积极沟通所带来的问题;学习积极倾听;确定良好的家庭沟通规则。[②] 罪犯家庭往往存在下列问题:家庭成员沟通问题、父母教育能力不足问题、冲突解决能力不足问题、家庭管理能力不足问题。家庭行为与社会学习矫正项目针对罪犯家庭上述问题开展工作:如何促进家庭成员沟通;如何培育父母教育能力,放弃暴力惩罚;学习解决冲突;家庭成员要承担自己的责任。在家庭行为与社会学习矫正项目有一种主张,即功能型家庭治疗模式(functional family therapy)。在这种模式下,家庭被看成根据一些原则运行的、由相互影响的群体组成的一个系统,罪犯矫正不仅面向罪犯,也可以面向其家庭成员。

(五)生活能力帮助类矫正项目

生活能力帮助矫正项目是帮助罪犯融入社会的矫正项目。

这里介绍两个矫正项目。第一,社区融合项目(community integration program)。该矫正项目适用于低度危险的罪犯。该项目的目标是帮助服刑人员重返社会。该项目涉及下列事宜:寻找工作并安定下来、学习理财、寻找生活住所、与家人在一起、在商店购物、安排与完成厨房中的工作、保持健康与营养、健康的性关系。第二,养育子女技能训练项目(parenting skills training program)。养育子女技能训练项目也是一个面对低度危险罪犯的项目。这个项目的目标是帮助项目参加者获得知识,提高技能,促进与孩子的融洽关系。这个项目也帮助参加者学习管理自己在监禁期与释放后的紧张、压抑。这一项目关注下列因素:家庭中父母的角色、为人父母的责任、父母作为或者不作为的结果、儿童发展与儿童发展的道路、帮助参与者提高解决父母与子女之间问题的技能、与社区中提供家庭服务的人接触。

(六)戒毒类矫正项目

国外戒毒矫正项目很多。这里主要介绍“矫正社区项目”(therapeutic communities)。

“矫正社区项目”在一个独立的监区展开。“矫正社区项目”的目标是培养每个矫正对象的责任感,通过责任心的提高促进罪犯戒毒。“矫正社区项目”矫正要素有:民主化,每个成员都可以就“社区如何管理”发表自己的看法;宽容,每个人都会

---

① Voorhis, P. V. & Salisbury, E. J., *Correctional Counseling and Rehabilitation*, Elesevier, 2014, p. 221 – 224.

② Voorhis, P. V. & Salisbury, E. J., *Correctional Counseling and Rehabilitation*, Elesevier, 2014, p. 228 – 230.

犯错误,要容忍他人的错误;社区主义,鼓励每个具有承担集体责任感的人与行为;面对现实,直接、坦诚,而不是扭曲、否定看待每个人的行为;社区伙伴,改变监狱中的"老大"文化价值观,而代之以人与人互相帮助的角色关系。矫正社区关注下列事项:解脱心理与精神压力;发展与妇女、儿童之间的关系;建立社区内人与人的相互关系;被害人意识、悔恨、让罪犯想象未来犯罪的后果及被害人的情况。研究发现,矫正社区项目很有效。研究者在12个月跟踪研究后就下面五类人进行了比对:没有接受过任何"矫正社区项目"的矫正者、"矫正社区项目"的放弃者、完成监狱的"矫正社区项目"者、完成监狱的"矫正社区项目"后接受了出狱后的部分关照项目的人、完成监狱的"矫正社区项目"后接受了出狱后的完整项目的人。结果发现:完成"矫正社区项目"与释放后的关照(aftercare)的罪犯释放后12个月重新被监禁的是8.2%;从监狱"矫正社区项目"退出的人释放后12个月重新被监禁的是44.9%;完成"矫正社区项目"与没有接受释放后的关照的罪犯释放后12个月重新被监禁的是40.2%。①

(七)暴力类罪犯矫正项目

暴力类罪犯矫正项目是对实施暴力犯罪的罪犯而设计的矫正项目。暴力类罪犯矫正项目以犯罪原因为基础提高罪犯交流能力,同时提高罪犯解决问题的能力。考虑暴力犯普遍存在"行动快于思考"的问题,引导罪犯学习行为控制。此外,该项目考虑降低罪犯的焦虑。暴力类罪犯矫正项目除一般矫正项目,还有强化的矫正项目。强化的矫正项目除了上述内容,还安排有攻击替代内容、认知改变内容、情绪调整、预防复发内容。②

(八)性犯罪罪犯矫正项目

性犯罪罪犯矫正项目是针对与性犯罪相关的罪犯而设计的矫正项目。有的性犯罪罪犯矫正项目包括:对过去犯罪结果的认识、如何与异性相处、如何应对不健康的想法、从被害人角度看到对被害人所造成的伤害、如何预防未来的犯罪、学习避免重新犯罪技巧。③ 有的性犯罪罪犯矫正项目内容是:犯罪的后果、思维错误、亲

---

① Wexler, H. K., et al., *The Amity Prison TC Evaluation: Reincarceration Outcomes*, 26 Criminal Justice and Behavior 147(1999).

② Polaschek, D. L. L., *Violent Offender Programs*, in Keyley, K. R. ed., The Encyclopedia of Corrections, Wiley Blackwell, 2017, p. 1050 – 1054.

③ Runell, L. L., *Sex Offender Programs*, in Keyley, K. R., ed., The Encyclopedia of Corrections, Wiley Blackwell, 2017, p. 914 – 916.

密的技术、社会交往、被害人同情、性教育、焦虑管理、冲动控制、愤怒管理。[①] 性犯罪罪犯矫正项目的实施需要诚实、开放的讨论。[②]

四、罪犯矫正项目的价值与发展走势

(一)罪犯矫正项目的价值

从罪犯矫正地位看,罪犯矫正项目的出现,使罪犯矫正复苏,在罪犯刑罚执行中又获得尊荣。从罪犯矫正方法看,矫正项目的出现改变了罪犯矫正传统的框架。传统的罪犯矫正方法是非结构性的矫正方法,随机性很强,而矫正项目是具有矫正内容、矫正量与矫正程序的矫正模块,是具有结构性的矫正方法。由于矫正项目具有结构性,是一种矫正模块,所以,矫正项目的出现,促成了项目矫正这一新的罪犯矫正形式立足。由于项目矫正所使用的矫正方式是矫正项目,所以,矫正项目是体现矫正效益的矫正方式,是具有很强操作性的矫正工具。因为矫正项目具体操作性,所以,罪犯矫正具有罪犯矫正工作者的学习价值。罪犯矫正工作者成为罪犯矫正的真正主体。

(二)罪犯矫正项目的发展走势

罪犯矫正项目是罪犯矫正的新探索,在各国发展得很快。在澳大利亚的卡苏日娜(Casuarina)监狱推行有戒毒矫正项目、暴力犯矫正项目、认知行为矫正项目。[③] 在美国,普遍推行的矫正项目有文化教育矫正项目、劳动与职业技能矫正项目、信念培育矫正项目、戒毒矫正项目、性犯罪罪犯矫正项目、认知行为矫正项目。[④]

新的矫正项目也在不断探索中,如冥想矫正项目,最流行的是超然冥想(transcendental meditation)。罪犯每天花 20 分钟进行吸纳,平静内心,消除烦恼。[⑤] 业余

---

① Delisi, M. & Conis, P. J., *American Corrections: Theory, Research, Policy, and Practice*, Jones and Bartlett Publishers, 2010, p. 359.

② Runell, L. L., *Sex Offender Programs*, in Keyley, K. R., ed., The Encyclopedia of Corrections, Wiley Blackwell, 2017, p. 914 – 916.

③ Office of the Inspector of Custodial Services, 2016 *Inspection of Casuarina Prison*, Office of the Inspector of Custodial Services, 2017, p. 44.

④ Delisi, M. & Conis, P. J., *American Corrections: Theory, Research, Policy, and Practice*, Jones and Bartlett Publishers, 2010, p. 351 – 359. Robinson, G. & Crow, L., *Offender Rehabilitation: Theory, Research and Practice*, SAGE, 2009, p. 108. Johnson, B. R., *The Faith – based Prison*, in Cullen, F. T., Jonson, C. L. & Stohr, M. K., The American Prison: Imagining a Different Future, SAGE, 2014, p. 35 – 60.

⑤ Kerrison, E. M., *Meditation Programs*, in Keyley, K. R. ed., The Encyclopedia of Corrections, Wiley Blackwell, 2017, p. 603 – 606.

时间安排矫正项目(recreation program),这种项目通过开发室外活动、室内活动,引导罪犯合理安排业余时间。①

为了不断提高矫正项目的质量,一些国家成立了认证机构,推出了矫正项目认证制度,对经过认证的矫正项目推荐使用,反之,则不推荐使用。

英国是一个项目矫正发展比较快的国家。英国不仅成立由独立于罪犯管理局的认证小组"罪犯矫正认证与咨询小组"(the Correctional Services Accreditation and Advice Panel,CSAAP),而且不断推出在监狱与社区矫正机构适用的矫正项目。②截至2020年5月,认证小组认证的适合被监禁的罪犯的矫正项目有26个,包括"成为新的我"(Becoming New Me)、"选择、行动、关系与情感矫正项目"(Choices, Actions, Relationships, Emotions)、"健康的异性交往培养项目"(Healthy Sex Programme)、"金桥项目"(The Bridge Programme)。认证小组认证的适合社区矫正中的罪犯的矫正项目有17个。

在美国,美国矫正协会1994年后推出了罪犯矫正的"认证"(accreditation)制度。该制度是从"成效标准"(performance - based standard)发展而来,其是志愿程序,用于评价某项工作是否达到专业标准。现在矫正项目也纳入认证范围,③从而使罪犯矫正项目的质量也有了评价机构。

第三节 罪犯的文化教育

一、罪犯文化教育的过去与现在

罪犯文化教育开展的历史可以追溯到现代监狱形成时代。早在16世纪,英国的布莱德威尔劳动所就有了对罪犯开展文化教育的实践。④

1736年挪威通过《确信法》(The Confirmation Act)将教育引入监狱,对罪犯进

---

① Norwood, M., *Recreation Programs*, in Keyley, K. R. ed., The Encyclopedia of Corrections, Wiley Blackwell, 2017, p. 825 - 827.

② Correctional Services Accreditation and Advice Panel, *Currently Accredited Programmes*, Ministry of Justice, 2020, p. 1 - 6.

③ Carlson, N. A., Hess, K. M. & Orthmann, C. M. H., *Corrections in the 21st Century: A Practical Approach*, Wadsworth Publishing Company, 1999, p. 416 - 422.

④ Blackburn, A. G., Fowler, S. K. & Pollock, J. M., eds., *Prisons Today and Tomorrow*, Jones and Bartlett Learning, 2014, p. 165 - 200.

行宗教教育。1875 年挪威所有监狱开办了宗教学校。[①]

在美国,最早的罪犯教育机构是由波士顿监狱纪律社团开办的,名称是"安息日学校 ",对罪犯所开展的课程内容主要是道德课与圣经学习课。[②] 美国早期的罪犯文化教育主要是宗教教育,通过宗教教育,洗涤罪恶的灵魂,帮助罪犯从罪恶中走出。进入改造时期后罪犯文化教育开始关注交流技术与读写,监狱管理当局逐步将读写达到6 年级水平作为文化教育的主要要求。[③] 1826 年,奥本监狱开始向罪犯提供提高阅读、写作与数学的课程。1829 年,美国肯塔基州通过法律,要求监狱每周日向罪犯开展文化教育 4 个小时。1847 年,纽约州要求每个监狱配备一名专职教师[④]。

1823 年,英国《议会监狱法》(Parliament Gaol Act)规定监狱应当对罪犯开展阅读与写作课程。教师由地方教育机构配置。[⑤]

1876 年,监狱学家布伦克威尔(Brockway, Z.)认为文化教育对罪犯非常重要。他就任美国埃尔米拉改造营监狱长后,试图将监狱变成学校。他将医生、木匠、教师等都作为改造营教师,对罪犯进行社会教育、职业学习与个别教育(认为早晨罪犯的接受性强)。1897 年,优菲姆(Upham, A. E.)提出:监狱内的教育不同于社会上的公共教育,他首创了"改造教育"(reformatory education)这一概念。早期的说法是:对这些成年人,使用幼儿园的教学方法,使用对未成年人的教学内容。1901—1929 年监狱图书馆有了发展。1930 年麦考米克(MaCormick, A.)写了《成人罪犯的教育》(*Education of Adult Prisoners*)。这本书对美国监狱所实施的罪犯教育情况进行了全面的调查:由于教师不足,监狱在相当程度上成了单纯监禁的场所。麦考米克于 1930 年创建了"美国矫正教育协会"。"美国矫正教育协会"1945 年成为独立的机构。1937 年《矫正教育杂志》(*The Journal of Correction Education*)创刊。麦考米克的矫正教育专业化思想不仅对当时的美国,而且对后来的美国都有一定的

---

① Langelid, T. , *The Development of Education in Norwegian Prisons*, in Smith, P. S. &Ugeivik T. , eds. , Scandinavian Penal History, Culture and Prison Practice, Palgrave Macmillan, 2017, p. 225 – 247.

② Gehring, T. , *The History of Correctional Education*, http://www. ceanational. org/history. htm.

③ Martin, S. , *Educational and Vocational Programs*, in Kerley, K. R. ed. , The Encyclopedia of Corrections, Wiley Blackwell, 2017, p. 263 – 270.

④ Blackburn, A. G. , Fowler, S. K. &Pollock, J. M. eds. , Prisons Today and Tomorrow, Jones and Bartlett Learning, 2014, p. 165 – 200.

⑤ MacGuinness, P. , *Dealing with Time: Factors that Influence Prisoners to Participate in the Education Programmes*, in Reuss, D. W. A. ed. , Prison Education, Waerside Press, 2000, p. 84 – 105.

影响。[①]

"一战"后罪犯心理矫治模式逐步兴起,罪犯文化教育发展受到影响,"二战"后认知行为疗法一度替代了罪犯文化教育,[②]但是,当人们发现罪犯重新犯罪与文化教育水平低有较大的相关关系,罪犯文化教育日益被人重视。

1965年,美国"国家犯罪与青少年委员会"根据"总统执法与司法行政委员会"(The President's Commission on Law Enforcement and Administration of Justice)要求对罪犯进行调查,结果发现,很多矫正机构没有考虑罪犯回归社会问题,很多罪犯存在文化教育残缺问题,不乏罪犯犯罪前中途退学的情况。[③] 1965年后,大范围的罪犯文化教育在美国推开,45个州开始在监狱中安排基础教育课程。进入1970年,罪犯教育被认为进入了"黄金时代"。在这个阶段,文化教育被认为是罪犯矫正最成功的工具。成人基础教育课程、普通教育水平(General Education Development, GED)课程理所当然被认为是罪犯应当接受的教育。高等函授教育也被认为应当提供给罪犯。20世纪80年代后,美国联邦监狱局要求所有监狱推行成人基础教育课程。1983年要求美国联邦监狱局所有的罪犯矫正机构要有自己的文化教育指导官员。[④] 1986年时美国联邦监狱系统对未达到8年级文化水平的罪犯要求接受强制教育以达到8年级文化水平,而一些州要求未达到高中或者普通教育水平的罪犯达到高中或者普通教育水平。[⑤] 1965年通过的《高等教育法》(The Higher Education Act) 规定:所有有资格的学生,包括被监禁的人,都可以申请佩尔奖学金(Pell College Tuition Grants)以接受高等教育。1982年,全美监狱系统开设了350个高等教育项目,有27,000名罪犯入学。到了1990年1300个监狱的罪犯开始接受高等教育,监狱系统开设的高等教育项目超过770个。但是,1994年《暴力控制与执行法》[The Violent Crime Control and Law Enforcement Act of 1994 (Pub. L. 103 – 332)]不

---

① Eggleston, C. R., *Correctional Education Professional Development*, 42 Journal of Correction Education 16(1991). Gehring, T., *the History of Correcitonal Education*, http:// adulted. about. com/gi/dynamic/offsite. htm? zi = 1/XJ. Gehing, T. & Puffer, M., *Integral Correction Education: Three Explanatory Essays*, www. csusb. edu/coe /cg/csce/index. htm.

② MacGuinness, P., *Dealing with Time: Factors that Influence Prisoners to Participate in the Education Programmes*, in Reuss D. W. A., ed., Prison Education, Waerside Press 2000, p. 84 – 105.

③ Chlup, D. T., *Chronology of Corrections Education*, 7 Focusing on Basics: Connecting Research and Practice 21(2005).

④ Ryan, T. A. & McCabe, K. A., *Mandatory vs. Voluntary Prison Education and Academic Achievement*, 74 The Prison Journal 450(1994).

⑤ Steurer, S. J., et al., *The Top – Nine Reasons to Increase Correctional Education Programs*, 72 Corrections Today 40(2010).

再允许罪犯申请佩尔奖学金。罪犯接受高等教育的人数开始下滑。由于奖学金的取消,监狱中的入学人数在第二年就下降了44%。[①] 1991年时监狱系统有14%的罪犯参加大专以上的教育,到了2004年只有4%的罪犯参加了大专以上的教育。[②] 2015年,美国前总统奥巴马要求教育系统允许一定数量的囚犯获得佩尔助学金,同时47个州的200多所大学表示愿意为囚犯开办教育项目,以帮助囚犯在监狱里获得普通或高级学位,帮助他们在出狱后找到谋生的方法,并减少再犯率。2015年美国教育部宣布:第二次佩尔奖学金计划(The Second Chance Pell Pilot Program)可以面向罪犯实施。随后有12,000名罪犯向教育部申请了接受高等教育资助。2016年有25个高等院校开始接收来源于监狱内的学生。《2018年第一步法案》[③]规定,所有联邦监狱都要开展罪犯文化教育。根据该法,罪犯参加文化教育可以获得减刑的分数。2018年2月,夏威夷州的参议员施马尔茨(Schmaltz, B.)推动了《恢复罪犯教育法》(the Restoring Education and Learning Act)。根据规定,所有罪犯都可以申请佩尔奖学金。

21世纪前后,越来越多的国家日益重视罪犯文化教育。在西班牙,国立远程大学(the Universidad Nacional de Educacion a Distancia, UNED)承担监狱的高等教育工作已经超过了30年。[④] 在非洲,尼日利亚国家开放大学(The National Open University of Nigeria)通过远程学习途径,在尼日利亚监狱系统建立了6个学习中心,罪犯可以在很多学科、专业领域申请学位。为了增加罪犯接受教育的机会,同时为了促进罪犯就业,南非大学(The University of South Africa)成立了罪犯矫正教育集团,名为"大墙内外"(Inside - out Outside - in),向罪犯提供高等教育机会、释放后帮助、家庭帮助。[⑤]

---

① Wilson, M., Alamuddin, R. & Cooper, D., *Unbarring Access A Landscape Review of Postsecondary Education in Prison and Its Pedagogical Supports*, Ithaka S + R, 2019, p. 19.

② Oakford, P., et al., *Investing in Futures: Economic and Fiscal Benefits of Postsecondary Education in Prison*, Georgetown Center on Poverty and Inequality and Vera Institute of Justice, 2019, p. 3.

③ 即美国众议院2018年通过的《帮助每个被监禁的罪犯安全回到社会法》(the Formerly Incarcerated Reenter Society Transformed Safely Transitioning Every Person Act, U. S. House of Representatives, 2018)。

④ Vazquez - Cano, E., Holgueras - González, A. I. & Fombona - Cadavieco, J., *Studying for a University Degree in Penitentiary Centers in Spain: Challenges and Difficulties From the Internee's Perspective*, 99 The Prison Journal 593(2019).

⑤ Wagdy Sawahel, *University in Prisons: the' Best Rehabilitation Tool*, https://www.universityworldnews.com/post.php? story = 20170927104116664.

二、罪犯文化教育的价值与定位

(一)罪犯文化教育的价值

关于开展罪犯文化教育的价值主要有以下几种主张与实践。

1. 帮助罪犯净化灵魂

早期的罪犯文化教育主要是宗教教育。开展罪犯教育的价值是,通过宗教教育,帮助罪犯认识罪恶,促进罪犯洗涤罪恶的灵魂,从罪恶的深渊中走出。①

2. 提高罪犯的文化水平

根据有关调查,罪犯存在比较突出的文化水平低的问题,对罪犯开展文化教育可以帮助罪犯提高文化水平。

在美国,1996 年"国家教育统计中心"(the National Center for Education Statistics)发现:3 个罪犯中就有 1 个存在读写问题,存在读写问题的罪犯读报纸、写求职信都很难。② 根据 2004 年的统计,美国各州罪犯中具有高中学历的人占比 16.5%,而公众中具有高中学历的人占比是 26%。罪犯中接受高等教育的人占比 14.4%,在公众中接受高等教育的人占比是 51%。③ 联邦与各州监狱罪犯中没有达到相当于高中的普通教育水平的人占 37%,而公众中没有达到普通教育水平的人占 19%。④

在英国,"提高教育水平基金会"(The Further Education Trust for Leadership)调查发现,高达 54% 的成年罪犯的阅读与书写水平与接受正常教育的 11 岁的未成年人的阅读与书写水平相当,而算术能力更低。大约 2/5 的罪犯文化教育水平是初中水平[以通过中学教育证书(General Certificate of Secondary Education)考试为标准]⑤。

在新西兰,60% 的罪犯在语文能力与算术能力上仅仅达到新西兰国家教育一级

---

① Martin, S., *Educational and Vocational Programs*, in Kerley, K. R. ed., The Encyclopedia of Corrections, Wiley Blackwell,2017, p. 263 – 270.

② Whitehed, J. T., Pllock, J. M. & Braswell, M. C., *Exploring Corrections in America*, Anderson Publishing 2003, p. 504 – 506.

③ Davis, L. M., et al., *How Effective Is Correctional Education, and Where Do We Go from Here? The Results of a Comprehensive Evaluation*, The RAND Corporation, 2014, p. 1.

④ Schmalleger, F. & Smykla, J. O., *Corrections in the 21st Century*, McGrow Hill Education 2015, p. 238 – 241.

⑤ FETL, *Leadership in Prison Education: Meeting the Challenges of the New System*, The Further Education Trust for Leadership, 2020, p. 18.

水平。这意味着多数罪犯每天在语言表达、阅读、计算上面临着挑战。①

3. 提高罪犯的就业能力

根据曹(Cho, R. M.)与泰勒(Tyler, J. H.)对13,137名刑释人员的研究,在美国佛罗里达监狱参加了成人基础教育(adult basic education)的刑释人员就业情况明显高于没有参加成人基础教育的罪犯,也就是说,罪犯文化教育可以显著提高罪犯就业水平。②

提高罪犯就业水平,也是很多罪犯接受文化教育的动因。根据调查,超过58%的被调查者表示,期望通过获得学位在离开监狱后找到工作。61%的被调查对象期望获得学位使家人高兴。③

4. 降低罪犯重新犯罪的可能程度

罪犯个体存在导致其重新犯罪不同的原因。例如,研究人员发现,在澳大利亚,65%的青少年罪犯有过被学校开除的经历,41%的青少年罪犯存在日常生活的认知问题。④ 文化教育可以在不同程度上影响导致罪犯重新犯罪的因素。通过元分析,研究人员发现,被纳入分析的研究成果都表明,参加文化教育的罪犯重新犯罪率低于没有接受教育的罪犯,数值大约是36%,此外,参加文化教育还提高了罪犯的就业水平,数值大约是13%。⑤

很多研究表明,罪犯参加文化教育可以降低其重新犯罪的可能性。这里介绍几个重要的研究成果。

成果一,戴维斯(Davis, Lois M.)等的研究。经过对714名青少年罪犯的研究发现,参加5级文化教育的罪犯刑释后一年就业率提高了8%。另外,对759名青少

---

① Nigel Banks Principal Adviser of Department of Corrections, *Investing in Prison Education: New Approaches to Improving Educational Outcomes and Reducing Re-offending*, https://www.corrections.govt.nz/resources/newsletters_and_brochures/journal/volume_5_issue_1_july_2017/investing_in_prison_education_new_approaches_to improving_educational_outcomes_and_reducing_re-offending.

② Cho, R. M. & Tyler, J. H., *Does Prison-based Adult Basic Education Improve Postrelease Outcomes for Male Prisoners in Florida?* 59 Crime & Delinquency 975(2010).

③ Vazquez-Cano, E., Holgueras-González, A. I. & Fombona-Cadavieco, J., *Studying for a University Degree in Penitentiary Centers in Spain: Challenges and Difficulties From the Internee's Perspective*, 99 The Prison Journal 593(2019).

④ White, J., et al., *Improving Educational Connection for Young People in Custody(Final Report)*, Victoria University, University of Tasmania and Deakin University, 2019, p. 17.

⑤ Davis, L. M., et al., *How Effective Is Correctional Education and Where Do We Go from Here? The Results of a Comprehensive Evaluation*, The RAND Corporation, 2014, p. 14.

年罪犯的研究表明,参加了2级文化教育半年后的罪犯重新犯罪率下降29%。①

成果二,兰德公司的研究。兰德公司的研究人员对58个罪犯文化教育研究成果进行分析,这些研究成果的研究对象是1980年1月1日至2011年12月31日出狱的人员。研究表明,参加罪犯文化教育的罪犯比没有参加罪犯文化教育的罪犯重新犯罪率低43%。罪犯文化教育在降低重新犯罪上是有效果的。② 该公司2013年的一个研究成果是:从释后3年情况看,参加文化教育的罪犯重新犯罪返回监狱的比没有参加文化教育的罪犯少了43%。③

成果三,美国加州立法机构的研究成果。美国加州立法机构发现,每在罪犯教育上花费1美元,在降低监狱费用上可以达到2美元。研究估计,如果有50%具有申请高等教育资格的罪犯接受高等教育,每年将在犯罪控制上为加州节约6600万美元的支出。接受高等教育的人更容易就业、更容易提高收入水平,更可能有自己的家庭、为国家建设缴纳税金。④

成果四,"美国矫正教育委员会"(Correctional Education Association)的成果。在"美国矫正教育委员会"主持下,研究人员跟踪了3200名在1997年夏天到1998年初冬从马里兰州、明尼苏达州与俄亥俄州监狱释放的罪犯。初步结论是:在监禁期参加文化学习的,可以降低重新犯罪率。⑤

成果五,杜威(Duwe, G.)等的研究。杜威与克拉克(Clark, V.)对2007年1月到2008年12月从明尼苏达州罪犯矫正系统释放的9394名刑释人员进行了调查,结果如下:在9394名罪犯中,38%(3582名)的罪犯入监时没有高中毕业证,而在这些罪犯中,1212名(33%)在监狱读完了高中。在9394名罪犯中,62%(5812名)的罪犯入监时完成了高中教育。在5812名具有高中文凭的罪犯中,545名罪犯在监狱内完成大学教育。另外,148名罪犯不仅在监狱完成中学教育,而且在回归社会前完成了大学教育。截至2010年12月31日对上述人员的调查发现,接受更

---

① Davis, L. M., et al., *How Effective Is Correctional Education and Where Do We Go from Here? The Results of a Comprehensive Evaluation*, The RAND Corporation, 2014, p. 41.

② Davis, L. M., et al., *How Effective Is Correctional Education and Where Do We Go from Here? The Results of a Comprehensive Evaluation*, The RAND Corporation, 2014, p. 18.

③ Schmalleger, F. & Smykla, J. O., *Corrections in the 21st Century*, McGrow Hill Education, 2015, p. 238 - 241.

④ The Campaign for College Opportunity, *The Possibility Report from Prison to College Degrees in California*, The Campaign for College Opportunity, 2021, p. 4.

⑤ Bucklen, K. B., *Correctional Education Association's Three State Recidivism Study*, Research in Review, 2001, 4, p. 2 - 4.

高教育的罪犯,重新犯罪率低于接受教育低的罪犯。具体情况见表5-1。①

表5-1　接受教育水平与重新犯罪的关系

结果		高中	大学
重新犯罪	重新被捕	58.5%	54.1%
	重新定罪	41.3%	37.8%
	撤销假释、缓刑	41.5%	34.3%
	重新入狱	17.3%	14.6%
就业情况	就业比	59.5%	71.0%
	年收入(美元)	10,533	16,380
	小时收入(美元)	11.91	12.05
人数(人)		910	693

成果六,艾利松(Ellison, M.)等的研究。在英国,所有监狱都向罪犯提供文化教育。研究人员发现,在英国,参加文化教育可以降低重新犯罪可能性1/3,而增加就业可能性24%。② 另一项研究发现,接受罪犯文化教育的罪犯释放后一年的重新犯罪率是34%,而没有接受罪犯文化教育的罪犯释放后一年的重新犯罪率是43%。③ 参加矫正文化教育的罪犯重新犯罪率比没有参加矫正文化教育的罪犯重新犯罪率低43%。④

(二)罪犯文化教育的定位

关于罪犯文化教育的定位,主要有以下主张。

1.降低重新犯罪的手段

这种主张认为,罪犯文化教育与职业技能教育、就业、家庭关系、个人债务问题一样,是影响罪犯重新犯罪的重要因素,罪犯文化教育是降低重新犯罪优先考虑的

① Duwe, G. & Clark, V., The Effects of Prison - Based Educational Programming on Recidivism and Employment, 94 The Prison Journal 454(2014).

② Ellison, M., et al., *A Rapid Evidence Assessment of the Effectiveness of Prison Education in Reducing Recidivism and Increasing Employment*, 64 Probation Journal 108(2017).

③ FETL, *Leadership in Prison Education: Meeting the Challenges of the New System*, The Further Education Trust for Leadership, 2020, p.18.

④ Davis, L. M., et al., *How Effective Is Correctional Education, and Where Do We Go from Here? The Results of a Comprehensive Evaluation*, The RAND Corporation, 2014, p. xv.

因素①。1990 年 5 月 24 日联合国经社理事会(Economic and Social Council of the United Nations)通过的决议(Resolution 1990/20)便持有这一立场。该决议指出:②应当提供对预防犯罪、重新犯罪和减少累犯有显著作用的各类教育。

这份决议中提出了下列原则:在监狱的教育中应当考虑罪犯的社会、经济和文化背景以促进个人的全面发展;所有罪犯都应当接受教育,包括参加扫盲教育、基础教育、职业培训、娱乐、宗教、文化、体育、社会教育以及使用图书馆;应当鼓励罪犯参加各方面的教育;教育应当成为监狱管理制度中的基本内容,应当避免使用有碍罪犯参加教育的措施;职业教育应当促进个人的发展,但是也应当考虑市场的需要;应当重视娱乐与文化活动,因为它们在促进罪犯发展中有重要的作用;应当尽可能地让罪犯参加监狱外面的教育;在监狱组织的教育活动中外面的社区应当积极参与;为了能够使罪犯参加适当的教育,应当为罪犯提供必要的资金、设备与教师。

2. 罪犯的权利

这种主张认为,接受文化教育是罪犯的权利。在挪威,早于 1967 年在监狱局与教育部的会议上,教育部部长就提出不能因为服刑而剥夺罪犯接受教育的权利。2005 年挪威的白皮书明确提出:接受教育是罪犯的权利。实际上,进入 21 世纪后,北欧国家都将罪犯教育认定为罪犯权利。在瑞典,罪犯教育被认为是福利国家的组成部分。③

3. 国家的职责

这种主张认为,国家应当向罪犯提供文化教育的课程。一些国际组织持有这一立场。

2015 年联合国通过的“纳尔逊・曼德拉规则”第 104 条规定:在可能的情况下应当规定所有罪犯都接受进一步的教育。对罪犯的教育应当融入整个国家教育系统中,使得罪犯出狱后能够没有困难地继续接受教育。

欧洲委员会(Council of Europe)部长理事会 1989 年 10 月 13 日通过的第 R[89]12 号建议:④所有罪犯都应当接受教育,包括课堂教育、职业教育、娱乐和文化

---

① Wakelin, R., *Reducing Reoffending: The Role Education Plays in the Netherlands and Norway*, Winston Churchill Memorial Trust, 2017, p. 25.

② UNESCO Institute for Education, *Basic Education in Prison*, UNESCO Institute for Education, 1995.

③ Langelid, T., *The Development of Education in Norwegian Prisons*, in Smith, P. S. & Ugeivik T. eds., Scandinavian Penal History, Culture and Prison Practice, Palgrave Macmillan, 2017, p. 225 – 247.

④ Council of Europe, *Education in Prison*, 1990.

教育、体育、社会教育、使用图书馆;对罪犯的教育应当类似社会上对同年龄段的人提供的教育,而且要尽可能地增加教育机会;监狱系统中的所有管理人员都应当支持对罪犯开展的教育;在监狱管理制度中,罪犯教育的地位应当不低于组织罪犯参加劳动,参加教育的罪犯不应当承受经济上或者其他方面的损失;应当通过各种努力,鼓励罪犯参加各方面的教育;应当提供教育发展计划,以保证监狱工作者采取适当的教育方法;应当注意有学习困难的罪犯,特别是那些有阅读与写作问题的罪犯;应当采取措施帮助罪犯在释放后继续接受教育;应当为罪犯接受教育提供必要的资金、设备与教师。

有的国家在罪犯文化教育上作了要求。2009 年,英国将威尔士罪犯文化教育工作由英国教育与技能部(Department for Education and Skills)交给威尔士政府。此前,威尔士监狱的罪犯文化教育由英国司法部、英国前教育与技能部与前“儿童、学校与家庭部”负责。威尔士政府的责任是将罪犯的文化教育纳入主流教育渠道。接手后就下面指标提出工作要求:参加课程学习的比例、留级的比例、完成课程的比例、完成学业拿到证书的比例。①

三、罪犯文化教育的组织

(一)关于组织机构与机制

1. 关于组织者

如何在监狱中组织罪犯参加文化学习?

(1)模式一:教育行政机构主导模式

教育行政机构主导模式的特点是监狱对罪犯开展的教育活动由国家教育行政机构主导。在国外,很多国家的罪犯文化教育是纳入国家教育发展范畴的。

在挪威,1967 年教育部门开始在监狱系统对罪犯开展文化教育,兴办监狱学校。教师由教育系统聘请,而不是监狱操作。20 世纪 70 年代后强调监狱学校也要遵守教育法。1977 年司法部与教育部任命的一个关于罪犯教育的专家委员会成立。这个委员会由 10 人组成,包括教学、体育、文化、健康、监狱管理、社区矫正等机构成员。教育部强化了对监狱学校的责任。除了挪威推行教育行政机构主导模式,冰岛也推行这一模式。②

---

① Hanson, D. , *Reforming Outcomes: A Review of Offender Education in Wales*, Welsh Government, 2019, p. 4 – 6.

② Langelid, T. , *The Development of Education in Norwegian Prisons*, in Smith, P. S. & Ugeivik, T. eds. , Scandinavian Penal History, Culture and Prison Practice, Palgrave Macmillan, 2017, p. 225 – 247.

(2)模式二:司法部主导的模式

在这一模式下,司法部是罪犯文化教育推进的主导机构。英格兰的罪犯文化教育是这种模式的适例。在英国,1823 年《议会监狱法》规定监狱应当对罪犯开展阅读与写作课程。教师由地方教育机构配置。① 此后,罪犯文化教育由教育机构负责。但是,2016 年英格兰在罪犯教育制度上作了一个大的改革,将罪犯教育的主导工作由教育部转给司法部。②

司法部主导模式的特点是,司法部从政策层面明确罪犯文化教育地位、基本关系,具体实施主体则是社会教育机构。具体来说,司法部设置合同经理系统,这个系统包括高级合同经理(senior contract managers)、地区经理。高级合同经理进行预算管理、成果检查。地区经理负责不同监狱经费投入、罪犯与监狱需求分析、课程安排框架、促进教学技能提高的政策、与上级合同经理的关系、与监狱长的关系。在监狱中,罪犯教育由监狱长、降低重新犯罪总管(head of reducing reoffending)、罪犯教育科科长(learning and skills managers)负责。监狱长负责全面工作。降低重新犯罪总管负责与社会上的教育机构建立合同关系。教育科科长向监狱长报告罪犯教育合同落实情况,负责在矫正官员与提供罪犯教育的团队之间建立联系,协同教育项目经理安排好课程,满足罪犯的学习需要。完成具体化的合同条款、管理监狱图书馆。罪犯教育经理(education manager)是由罪犯教育的提供者雇用的人员,其职能是与监狱合作、与课程提供者合作,安排具体课程,满足罪犯的需要。他们负责对开展罪犯教育的工作人员的管理,包括课程经理、教师、辅导员、教学行政人员管理等。③ 在英格兰,一些比较有活力的社会教育机构,如"能动采购系统"(a dynamic purchasing system, DPS),都向监狱提供教育服务。④

(3)模式三:矫正机构主导的模式

在这种模式下,矫正机构,包括监狱,是罪犯文化教育的主导者。美国基本上就属于这种模式。

在美国,教育部设立有专门的"矫正教育办公室",其隶属于"成人教育与文化

---

① MacGuinness, P., *Dealing with Time: Factors that Influence Prisoners to Participate in the Education Programmes*, in Reuss, D. W. A., ed., Prison Education, Waerside Press, 2000, p. 84 – 105.

② FETL, *Leadership in Prison Education: Meeting the Challenges of the New System*, The Further Education Trust for Leadership 2020, p. 23.

③ FETL, *Leadership in Prison Education: Meeting the Challenges of the New System*, The Further Education Trust for Leadership 2020, p. 25 – 27, 34 – 35.

④ FETL, *Leadership in Prison Education: Meeting the Challenges of the New System*, The Further Education Trust for Leadership 2020, p. 19.

司”(Adult Education and Literacy),但是,其功能主要是协调,而不是行政管理。①如果从州层面看罪犯文化教育,可以更好地认识美国罪犯文化教育的特点。

根据1992年的调查,美国各州的罪犯文化教育直接管理部门不尽相同。有的是矫正部管理(Departments of Corrections),有的是矫正学区(Correctional School Districts)管理,有的是教育部管理。② 但是,大部分州将罪犯文化教育纳入矫正部管理,如美国加州。在美国加州矫正部中设置了矫正教育办公室(the Office of Correctional Education)的机构,矫正教育办公室向罪犯提供学习机会。该机构通过与“加州社区学院总监办公室”(California Community College Chancellor's Office)合作,管理对罪犯开展的高等教育,同时,矫正教育办公室还管理罪犯基础教育、图书馆,③为罪犯基础教育开展,安排课程,聘请老师。④ 在美国,绝大多数州设立有矫正教育长(Correctional Education Director)管理罪犯教育,管理罪犯的高等教育、中等教育(secondary education, GED preparation)、其他教育项目。有的矫正教育长也管理宗教服务、戒毒矫正项目。

在丹麦,罪犯文化教育是监狱直接组织,监狱通过聘请教师与组织教学开展罪犯文化教育。⑤

2. 关于实施者

罪犯文化教育的实施,有的国家是社会上的教育机构完成的,有的国家是学校完成的。

在英格兰,罪犯文化教育是社会上的教育机构实施的。在美国加州,罪犯文化教育是由学校实施的。实际上多数国家是通过学校推进罪犯文化教育。在瑞典,虽然课程教师是由监狱系统聘用,但是教学活动由地方教育机构组织。⑥ 在荷兰、挪

---

① US Department of Education, *Correctional Education*, https://www2.ed.gov/about/offices/list/ovae/pi/AdultEd/correctionaleducation.html.

② Kirshstein R. & Best, C., *Survey of State Correctional Education Systems: Analysis of Data from 1992 Field Test*, https://eric.ed.gov/? id = ED459210.

③ California Department of Corrections & Rehabilitation, *Office of Correctional Education – Division of Rehabilitative Programs*, https://www.cdcr.ca.gov/rehabilitation/OCE.html, 2019.

④ Dick, A. J., Rich, W., Waters, T., *Prison Vocational Education and Policy in the United States*, Palgrave Macmillan, 2016, p.71.

⑤ Langelid, T., *The Development of Education in Norwegian Prisons*, in Smith, P. S. & Ugeivik, T., eds., Scandinavian Penal History, Culture and Prison Practice, Palgrave Macmillan, 2017, p.225 – 247.

⑥ Langelid, T., *The Development of Education in Norwegian Prisons*, in Smith, P. S. & Ugeivik, T., eds., Scandinavian Penal History, Culture and Prison Practice, Palgrave Macmillan, 2017, p.225 – 247.

威，罪犯的文化教育是通过地方上的学校展开的。[①] 在荷兰、挪威，监狱给罪犯提供接受教育的网络平台，[②]教学由老师开展。在荷兰、挪威，在监狱执教的老师，需要既有社会普通学校教学的经验，也要有在监狱学校教学的经验，以保证监狱学校培养出来的学生被主流社会接受。课程需要满足罪犯个体的需要。教学时间的安全与教学方法需要经常进行评估。

如何在不同的教育机构与监狱罪犯之间建立教育与被教育关系？典型的做法是先在罪犯矫正机构与学校的上位机构建立联系，然后以此为桥梁，促进监狱与学校建立教育关系。例如，美国田纳西州矫正部通过监狱与"田纳西高等教育促进会"（Tennessee Higher Education Initiative）共同完成。监狱提供学生学习需要，"田纳西高等教育促进会"负责学校关系搭建、入学资格考察、课程监督、学分监督。此外，对于未完成学业、即将重返社会的刑释人员，"田纳西高等教育促进会"帮助他们从监区进入社区。[③] 在苏格兰，监狱局与一个名称为"法艺夫学院与拉纳克新学院"（Fife College and New College Lanarkshire）的机构合作，推进罪犯文化教育。[④]

3. 关于教育机构与监狱的关系

教育机构如何与监狱建立教育关系？如何向罪犯提供课程？"路径"（Pathways）项目是一个适例。"路径"项目是帮助罪犯接受高等教育的项目。其面向密歇根州、新泽西州、北卡罗来纳州，2013 年度每州各获得 200 万美元资助，以促进上述州对监狱中的罪犯开展罪犯文化教育与回归社会的帮助。在北卡罗来纳州，该项目由北卡罗来纳州公安部（North Carolina Department of Public Safety，NCDPS）的"重返社会办公室"（Office of Reentry Programs and Services）、北卡罗来纳州公安部社区矫正、北卡罗来纳州的大学联合机构（North Carolina Community College System, NCCCS）共同完成。参加项目的狱内学生可以参加有学分的课程、有毕业证的课程、有应用科学学位的课程。学校提供数学、英语课程，提供课程的学习辅导，而监狱提供教室、学习小组管理、个案管理人员、电脑培训、网络设备。[⑤]

---

① Wakelin, R., *Reducing Reoffending: The Role Education Plays in the Netherlands and Norway*, Winston Churchill Memorial Trust, 2017, p. 25.

② Wakelin, R., *Reducing Reoffending: The Role Education Plays in the Netherlands and Norway*, Winston Churchill Memorial Trust, 2017, p. 39.

③ THEI, *About THEI*, https://www.theinitiativetn.org/about_us, 2019.

④ Scottish Prison Service Learning and Skills, *Learning and Skills Strategy*, Scottish Prison Service, 2016, p. 6.

⑤ Davis, L. M. & Tolbert, M. C., *Evaluation of North Carolina's Pathways from Prison to Postsecondary Education Program*, RAND Corporation, 2019, p. Xi – Xiii.

4. 关于经费

罪犯文化教育推进的动力源于经费支持,没有经费支持,罪犯文化教育很难大规模展开。

在美国,2015 年前总统奥巴马创建了一个试点项目,允许一定数量的囚犯获得佩尔助学金。随后,47 个州的 200 多所大学表示愿意为罪犯开办教育项目,以帮助囚犯在监狱里获得学位,帮助他们在出狱后找到谋生的方法,并减少再犯率。纽约大学也是项目的参与者之一。他们拿到了一批州政府拨款,寻找愿意去监狱教书的老师。同年,美国教育部宣布:佩尔奖学金适用于罪犯,当年有 12,000 名罪犯提出了资助申请。2016 年有 25 个高等院校开始接受狱内的学生。到 2017 年秋天,有 5053 名罪犯被接收入学。各学校录取专业与学生数量不尽相同。例如,2018 年,纽约的北村社区学院接收了 129 名学生,层次是大专,专业为人文、社会科学、企业管理,同年有 32 名学生毕业。得克萨斯州的维利学院(Wiley College)2016 年在监狱招收了 300 名学生。上述学校的课程都是通过网络完成的。①

(二)关于组织方法

虽然罪犯文化教育的组织可以是志愿,但是不乏国家采取强制方式,如瑞典。根据瑞典法律,罪犯基本教育被纳入强制教育范畴。② 在美国,1981 年美国联邦监狱系统强制罪犯接受 6 年义务教育。1990 年联邦监狱系统强制教育到 8 年级,即普通教育水平。虽然有的州通过采取激励措施,如日津贴、减刑,激励罪犯接受文化教育,但是不乏跟进的州,要求罪犯接受强制的文化的教育。③

(三)关于教学层次与课程

在西方国家,罪犯文化的教学可以覆盖中学、大学,甚至研究生教育。

在美国,中学教育是罪犯文化教育的主体。1992 年根据路易斯安那州调查,基于大多数罪犯文化水平是 5 ~ 6 年级,教育机构开展的教育有成人基本教育课程,成人基本教育包括算术、阅读与写作,如果需要,英语可以作为第二语言开设。监狱大学教育在 2015 年发展得很快。④ 在 2009—2010 学年大概有 9900 名被押罪犯获得

---

① Wilson, M., Alamuddin, R. & Cooper, D., *Unbarring Access A Landscape Review of Postsecondary Education in Prison and Its Pedagogical Supports*, Ithaka S + R, 2019, p. 8.

② Pettit M. D. & Kroth, M., *Educational Services in Swedish Prisons: Successful Programs of Academic and Vocational Teaching*, 24 Criminal Justice Studies 215(2011).

③ Martin, S., *Educational and Vocational Programs*, in Kerley, K. R., ed., The Encyclopedia of Corrections, Wiley Blackwell, 2017, p. 263 – 270.

④ Blackburn, A. G., Fowler, S. K. & Pollock, J. M. eds., *Prisons Today and Tomorrow*, Jones and Bartlett Learning, 2014, p. 165 – 200.

各类教育证书，2200 人获得副学士证书，400 人获得学士学位证书[①]。2016 年由于罪犯可以申请佩尔奖学金，27 个州有 67 个高校面向罪犯招生。[②] 虽然接受研究生教育的罪犯少，但是，美国一直有学校面向罪犯开设研究生课程。根据 1993 年的统计有 6 个州向罪犯开设研究生课程。[③]

在瑞典，面向罪犯开设的教育项目有基础成人教育、中学教育、大学教育、其他教育。[④]

从课程安排看，罪犯文化教育中学课程等同于普通中学课程，大学教育的课程安排偏向实用。如前述“路径”项目下北卡罗来纳州向罪犯开设的课程专业有：工商管理、电脑设备、企业管理。[⑤]

（四）关于教学形式

早期的罪犯文化教学形式是函授，早在 20 世纪 30 年代美国就有监狱向罪犯开展函授高等教育，但是，进入 60 年代有监狱向罪犯推出面授教育，如俄勒冈州立监狱的新门工程（Project NewGate），新门工程不仅有辅导员，而且有大学学生支持。新门工程曾经是很多州监狱的罪犯教育楷模。[⑥]

由于面授教育投入大，而且存在与监狱安全管理冲突问题，所以，函授教育、电化远程教育是罪犯文化教育的主要教育形式。截至 2020 年 6 月，美国加州监狱系统有 11,472 人参加了函授教育。[⑦] 由于远程电化教育教学更充分，所以这些年很多国家大力发展远程电化教育。如美国肯塔基教育电视台向监狱播放普通教育水

---

① Davis, L. M. & Tolbert, M. C., *Evaluation of North Carolina's Pathways from Prison to Postsecondary Education Program*, RAND Corporation, 2019, p. 2.

② Davis, L. M. & Tolbert, M. C., *Evaluation of North Carolina's Pathways from Prison to Postsecondary Education Program*, RAND Corporation, 2019, p. 3.

③ Blackburn, A. G., Fowler, S. K. & Pollock, J. M. eds., *Prisons Today and Tomorrow*, Jones and Bartlett Learning, 2014, p. 165 – 200.

④ Pettit M. D. & Kroth, M., *Educational Services in Swedish Prisons: Successful Programs of Academic and Vocational Teaching*, 24 Criminal Justice Studies 215 (2011).

⑤ Davis, L. M. & Tolbert, M. C., *Evaluation of North Carolina's Pathways from Prison to Postsecondary Education Program*, RAND Corporation, 2019, p. Xi – Xiii.

⑥ Oakford, P., et al., *Investing in Futures: Economic and Fiscal Benefits of Postsecondary Education in Prison*, Georgetown Center on Poverty and Inequality and Vera Institute of Justice, 2019, p. 3.

⑦ The Campaign for College Opportunity, *The Possibility Report from Prison to College Degrees in California*, The Campaign for College Opportunity, 2021, p. 4.

平课程的节目。[①] 在西班牙,国立远程大学负责监狱的高等教育已经超过了30年。[②]

第四节　罪犯的劳动与职业技术培训

一、历史上的罪犯劳动

在国外,规模化组织罪犯改造的实践始于英国"布莱德威尔劳动所"。按照荷兰刑事法历史学家斯皮伦伯格(Pieter Spierenburg)的说法,"布莱德威尔劳动所"开启了刑罚改革之路。从16世纪开始,法院使用劳动工厂或者强迫罪犯在其他劳动场所劳动的刑罚形式替代鞭刑、绞刑等,使监禁刑开始登上历史舞台。[③]

劳动在基督教的新教教义中占有很重要的地位。清教徒认为,艰苦劳动与自律是一种宗教义务。[④] 德国社会学家韦伯在《新教伦理与资本主义精神》[⑤]一书中认为,勤奋,包括积极参加劳动,是基督教(新教)的伦理。由于劳动被认为是"天职"的行为,是成为"上帝选民"的行为,因而要求罪犯参加劳动,既是逻辑的要求,也是情感的要求,更是拯救罪犯的要求。于是,罪犯劳动工作在监狱中顺理成章地展开。

罪犯劳动工作受到各种力量的推动,罪犯劳动工作飞速发展,而且很快成为监狱工作的中心。让我们看一下1880年的比利时监狱的罪犯生活作息表。罪犯早5时起床,早餐半小时,然后去劳动现场,劳动时间从早6时到晚5时30分,其中午餐半小时,晚餐半小时。晚餐后继续劳动,劳动时间从晚6时到晚8时45分。回监舍

---

① Jenkins, H. D., *Education and Vocational Training*, in Carlson, P. M. & Garrett, J. S. eds. Prison and Jail Administration, An Aspen Publication 1999, p. 87 - 93.

② Vazquez - Cano, E., Holgueras - González, A. I. & Fombona - Cadavieco, J., *Studying for a University Degree in Penitentiary Centers in Spain: Challenges and Difficulties from the Internee's Perspective*, 99 The Prison Journal 593(2019).

③ Schmalleger, F. & Syykla, J. O., *Corrections in the 21st Century*, McGraw - Hill 2007, p. 52.

④ Miethe T. D. & Lu, H., *Punishment: A Comparative Historical Perspective*, Cambridge University, 2005, p. 86.

⑤ [德]马克斯·韦伯:《新教伦理与资本主义精神》,于晓等译,生活·读书·新知三联书店1987年版,第35 - 120页。

祈祷15分钟,晚9时睡觉。在奥地利,罪犯需要完成10~11个小时的劳动。①

罪犯劳动工作不仅发展速度快,而且规模大。在有的西方国家,罪犯劳动规模曾经达到过全员劳动的水平,罪犯劳动力与资本的结合形式也多种多样。以美国为例,在美国的罪犯劳动时代(Industrial Era, 1893—1935),罪犯劳动出现了诸如合同制不同的组织形式。

二、罪犯劳动组织所面临的挑战

虽然组织罪犯劳动的重要目的是改造罪犯,但是由于罪犯劳动力可以创造财富,所以,罪犯劳动组织所产生的社会影响是多方面的,包括同行竞争、罪犯劳动成果分配,最终出现对罪犯劳动的异议,影响了罪犯劳动的组织。

(一)不正当竞争论

认为组织罪犯劳动构成不正当竞争的观点早在英国刚创设"矫正工厂"(House of Correction)时代就已产生,到20世纪30年代这种主张甚嚣尘上,甚至影响了法律。②

20世纪初美国监狱生产发展的规模很大。在合同制下,私营企业提供设备与原材料,监狱提供空间与监管,调动了两方的优势,经济效益很可观。但是,随着监狱经济发展,社会对立反应逐步加剧。小企业与工会极力反对监狱发展生产,认为这是不正当竞争。美国联邦政府先后通过了1929年的两个法案,即霍乌斯—库珀法案(Hawes - Cooper Act)与1935年的萨姆讷—阿萨斯特法案(Sumners - Ashurst Act),这两部法律不准监狱产品在自由市场内销售。没有市场的监狱产品犹如缺少空气的生活,很快萎缩了。在1997年1月1日时全美国只有6.6%的监狱押犯参加劳动。③

(二)奴役罪犯论

在有的人看来,组织罪犯劳动不仅可以营利,而且可以救赎罪犯。在有的人看

---

① Brien, P. O, *The Prison on the Continent: Europe*, 1865 - 1965, in Morris, N. & Rothman, D. eds., The Oxford History of the Prison: the Practice of Punishment in Western Society, Oxford University Press, 1995, p. 178 - 201.

② Carlson, N. A., Hess, K. M. & Orthmann, C. M. H., *Corrections in the 21st Century: A Practical Approach*, Wadsworth Publishing Company, 1999, p. 246.

③ Camp, G. M. & Camp, C. G., *The Corrections Yearbook* 1997, The Criminal Justice Institute, 1997, p. 81.

来,监狱劳动就是剥夺罪犯的劳动果实。① 英国法社会学家哥兰德认为,这些劳动所只是将不良住房、工厂与刑罚设施联结在一起。其主要目标是使用严格的纪律与秩序将不愿意劳动的人的劳动力调动起来。罪犯有时也接受职业训练,以帮助他们在被释放时进入劳动市场。②

国际组织没有接受取消罪犯劳动主张,但是,提高了罪犯劳动组织的条件。鉴于历史上的罪犯劳动组织基本是强迫的、没有报酬的,1930 年国际劳工组织(International Labour Organisation)通过的《强迫劳动公约》(C29 Forced Labour Convention, 1930)第 10 条要求公约参加国逐步取消公共部门的强迫劳动。所谓"强迫劳动"指劳动者非志愿的、而是在惩罚威胁下被迫参加的劳动。《强迫劳动公约》第 14 条规定:如果公共部门的强制劳动尚未取消,应当给予被强制劳动人以不低于同地区同工种的最低工资的补贴。1957 年国际劳工组织《取消强迫劳动公约》(C105 Abolition of Forced Labour Convention, 1957)要求公约参加国取消强迫劳动。

如今,国际劳工组织的这两个公约成为评判罪犯劳动组织活动的重要根据。《强迫劳动公约》的内容已被《欧洲人权法》(European Convention of Human Right)规定,强迫劳动是违反人权的,因而,强迫罪犯劳动不仅违反《强迫劳动公约》,而且违反《欧洲人权法》。

日本强迫罪犯参加为私营企业生产产品的行为因违反国际劳工组织《强迫劳动公约》,而受到美国、英国的批评。1994 年 6 月美国众议院外交事务委员会亚太组曾经对日本的罪犯劳动进行过专门的听证。一名美国人证明他在府中(Fuchu)监狱服刑时被强迫为 SAGE 公司生产货物。在劳动时既不能说话,也不能去厕所。劳动报酬是每小时 3 美分。律师证实:在美国,如果罪犯参加为私营企业的劳动需要经过罪犯的同意,而且劳动报酬不低于劳动市场最低报酬。最后认定日本的组织罪犯劳动实践违反了国际劳工组织的不准强迫劳动国际公约。英国《独立报》1995 年 5 月 28 日报道了一名曾在日本监狱服刑的人指称日本强迫罪犯为私人企业生产,而给最低工资,违反国际劳工组织的不准强迫劳动国际公约之第 29 条。日本矫正局局长在 1995 年 5 月 30 日的《泰晤士报》上回应道:日本监狱的罪犯劳动源于刑法的规定,与为私营企业强迫他人劳动性质不同。《强迫劳动公约》第 29 条规定:"任何批准加入公约的成员国应当在最短的时间内控制强迫性劳动。""所谓强

---

① 序。Smit, D. v. Z. & Dunkel, F., *Prison Labour: Salvation or Slavery? International Perspective*, Ashgate, 1999.

② Garland, D., *Punishment and Modern Society—A Study in Social Theory*, Clarendon Press, 1990, p. 101.

迫性劳动,指在惩罚的威胁下榨取他人的劳动,而且不考虑他人是否愿意。”根据公约,下面的劳动不认为是强迫劳动:由公共机构监督与控制的,而劳动者并未被私人或者私人企业、机构雇用、使用的,根据国家法律判处有罪的人需要参加的劳动。[①]

三、当代罪犯劳动的组织

(一)关于组织罪犯劳动价值的重新认识

从观念上说,劳动具有改造人的功能,组织罪犯劳动价值在于罪犯矫正,使罪犯学习就业技能。[②] 但是,由于缺乏实证研究,关于劳动价值还是受到质疑。“二战”后有关罪犯劳动功能的实证研究大大增强了罪犯劳动价值的说服力。

美国联邦监狱局于1996年的一项调查指出:罪犯劳动可以降低其重新犯罪率。这项研究对7000名罪犯刑满释放后进行了长达12年的跟踪调查,根据调查,在监禁期间参加“联邦监狱工业”(Federal Prison Industries)组织的劳动的罪犯在释放后有20%的人获得了比较稳定的职业,并且有较高的收入,没有实施任何犯罪,大大高于没有参加劳动的罪犯。[③]

匈牙利学者的实证研究表明:罪犯在监狱中的无所事事导致罪犯一是无事生非,二是消沉,三是攻击性增加。组织罪犯参加劳动是降低监禁负面危害而帮助罪犯提高重新融入社会的措施。[④]

(二)罪犯劳动的组织

早在1918年瑞士联邦委员会关于《刑法典》的说明中指出:“劳动是将罪犯带到人生正确道路的主要教育手段。在我们的主要监狱,这些措施已经建立并且在实施中……我们希望通过劳动教育罪犯的措施与在其他方面的道德影响可以改善罪犯。”刑罚学家汉福纳与泽策尔(Hafner and Zurcher)于1925年指出:尽管个别罪犯认为劳动是惩罚,但事实上今天监狱的劳动不再是惩罚。劳动与运动使罪犯身体与心理更加强健。劳动可以使罪犯对纪律的感受变得愉悦起来,使罪犯释放后

---

① Yuichi Kaido & Katsushiko Iguchi, *Japan*, in Smit, D. v. Z. & Dunkel, F. eds., Prison Labour: Salvation or Slavery? International Perspective, Ashgate, 1999, p. 145 - 152.

② Shea, E., Why Work? *A study of prison labour in England, France and Germany*, Duncker & Humblot, 2007, p. 6.

③ Schwalb, S., *Prison Industries: The History and the Debate*, in Carlson, P. M. & Garrett, J. S. eds., Prison and Jail Administration: Practice and Theory, Aspen Publishers, Inc., 1999, p. 302.

④ Nagy, F., *Hungary*, in Smit, D. v. Z. & Dunkel, F. eds., Prison Labour: Salvation or Slavery? International Perspective, Ashgate, 1999, p. 105 - 114.

有更多的机会。它的最高目标是将作为刑罚内容的艰苦劳动转化为罪犯的一种需要与生活能力提高方式——一种对幸福的追求,同时为美好的社会作出贡献。① 由于劳动具有较大的罪犯矫正价值,所以,组织罪犯劳动是共识。这也是各国法律规定罪犯劳动的原因。2005 年通过的日本《刑事设施及服刑者处遇法》第 71 条要求罪犯参加劳动作业。1996 年《俄罗斯联邦刑事执行法典》第 103 条规定:被判处剥夺自由的罪犯都应当参加劳动。但是,反对利用劳动惩罚罪犯、反对将劳动作为牟利手段被很多国家确定为罪犯劳动组织的原则。②

限于上述原则,各国都在探索当代罪犯劳动组织的方式。

在美国,联邦系统探索出"监狱企业证书项目"(The Prison Industry Enhancement Certification Program)的罪犯劳动组织方式。这种罪犯劳动组织方式被 1979 年《刑事司法系统促进法》(The Justice System Improvement Act)予以规定,开始运作。根据萨姆讷—阿萨斯特法案,监狱产品禁止在自由市场买卖,但是 1979 年开始的"监狱企业证书项目"使罪犯得到参加私营企业劳动的机会。在下列三种情况下监狱产品允许州际运输:③在私营监狱工业企业中参加劳动的罪犯按照当地类似企业的工作标准获得劳动报酬;在开始一个项目前与当地工会进行协商;雇佣罪犯没有导致社会就业工人的失业,也没有造成当地劳动力流失,没有影响现有的服务合同关系。魏德彦(Robert J. Verdeyen)指出:④让合格的罪犯矫正机构实现组织劳动的发展的关键内容是通过准许监狱机构向州际商业机构销售监狱产品与向联邦政府销售监狱产品,摆脱 1940 年的瓦斯—黑力(Walsh - Healy)法案(该项法律禁止生产单位在涉及联邦政府的合同执行中使用罪犯)与 1940 年通过的萨姆讷—阿萨斯特法案对监狱企业发展的束缚。"监狱企业证书项目"强制性地要求监狱企业向罪犯支付不低于联邦最低标准的工资。由于罪犯可以获得工资,罪犯可以对社会作出应有的贡献。根据这项制度,监狱可以从罪犯工资中扣除住宿费、伙食费、联邦与州的法律规定的税收、家庭抚养费用、按照不低于 5% 的标准但不超过工资总额

---

① Baechtold, A., *Switzerland*, in Smit, D. v. Z. & Dunkel, F. eds., Prison Labour: Salvation or Slavery? International Perspective, Ashgate, 1999, p. 259 – 268.

② Shea, E., *Why Work? A study of prison labour in England, France and Germany*, Duncker & Humblot, 2007, p. 18 – 19.

③ U. S. Department of Justice Office of Justice Program &National Institute of Justice, *Work in American Prison: Joint Ventures with the Private Sector*, U. S. Department of Justice Office of Justice Program, 1995, p. 3.

④ Verdeyen, R. J., *Correctional Industries: Making Inmate Work Productive*, 57 Corrections Today 108(1995).

的20%的比率向州犯罪被害人计划支付费用。

由于“监狱企业证书项目”的通过,监狱组织的罪犯劳动可以扩大规模。《2018年第一步法案》通过美国联邦监狱工业公司进一步扩大罪犯参加劳动的机会。

在西班牙,1978年《西班牙宪法》第25条第2项规定:“刑罚应当促进罪犯的再教育与再社会化。对罪犯不应当使用强迫劳动的手段,而应当向他们提供参加劳动的条件,保障他们的劳动收入权与相应的社会福利。”刑法与监狱对此都予以了具体化。1979年参议院通过的《监狱法》第26条规定:劳动既是罪犯权利,又是罪犯的义务。罪犯劳动应做到:不能导致折磨;不能损害罪犯的尊严;应当具有教育性;应当与社会企业的劳动条件相当;在组织罪犯劳动中应当考虑罪犯劳动的技能与资格;劳动应当由监狱机构安排;应当为参加劳动的罪犯缴纳社会保险费;不能单纯考虑监狱的经济利益。1989年西班牙成立了“矫正促进中心”(Centre for Rehabilitation Initiatives)。这是一个由司法部管理的公司。其职能为:组织与管理罪犯劳动、支付罪犯的劳动报酬、购买必要的原材料与机器、安排与监狱劳动相关的生产与商业活动。“矫正促进中心”包括商业部,负责发现潜在的顾客;生产部,向每个监狱车间派员,负责监督监狱车间的生产及返回信息;管理部负责支付相关经费。“矫正促进中心”设置下面劳动与训练场所,负责一般服务、图画制作、木工、花类培育、裁缝、面食焙烤、电子产品生产、丝制品打印、硬纸箱制作、焊工、洁具制作等。① 1989年以前,波兰超过90%的罪犯参加劳动,其中40%在监狱外劳动。20世纪90年代只有12% ~16%的罪犯被外面的雇主雇用。尽管财政免除监狱企业的税收,但是监狱企业的经营情况仍然不好。监狱押犯有6万人,有2万人有劳动能力但没有劳动岗位。整个监狱系统受到失业的影响。据估计监狱系统需要30,000 ~40,000个劳动场所,而今监狱系统只有49个。在罪犯劳动安排中,需要养家的、需要向被害人赔付钱财的优先考虑。但是,根据1996年的统计,在需要养家而申请劳动的11,936名罪犯中只有6357人得到劳动岗位。1998年1月《监狱劳动法》出台,并于1998年9月生效。法律允许监狱劳动者直接或者间接参加市场竞争;监狱企业免税;雇用罪犯的社会企业也可以部分免税。罪犯至少应当占到监狱企业人数的20%;罪犯占到企业人数的50%,企业会得到罪犯的税收减免优惠。②

---

① Gimenez - Salinas, E., *Spain*, in Smit, D. v. Z. & Dunkel, F. eds. Prison Labour: Salvation or Slavery? International Perspective, Ashgate, 1999, p. 241 - 258.

② Holda, Z., *Poland*, in Smit, D. v. Z. & Dunkel, F. eds., Prison Labour: Salvation or Slavery? International Perspective, Ashgate, 1999, p. 197 - 210.

四、罪犯的职业技术培训

传统上罪犯职业技术培训是依附于罪犯劳动项目的开展而开展的。但是，由于罪犯劳动开展需要考虑罪犯不能强迫劳动的要求、需要考虑不能不正当竞争问题，所以，罪犯劳动总体推进疲软。帮助罪犯回归社会获得就业技能又非常重要，罪犯回归社会获得就业技能能够帮助他们不再犯罪。在这种背景下，罪犯职业技术培训发展起来。

理论界认为，职业技术培训的目的是矫正罪犯，同时帮助罪犯利用服刑。① 政界认为，促进罪犯接受职业技术培训可以促进罪犯刑释后融入社会。在美国，由乔治·布什总统于2008年签署的《2007年第二次机会法》要求加大对罪犯的职业技能培训。

如何开展罪犯职业技术培训？美国加利福尼亚州的做法是加大投入，具体做法有以下两点：第一，明确目标。加利福尼亚州2007年通过了AB900（Assembly Bill 900, Public Safety and Offender Rehabilitation Services Act of 2007）法案，对监狱进行改革，目标是帮助罪犯回到社会，融入社会，成为普通的公民。第二，在美国加利福尼亚州罪犯矫正部中设置矫正教育办公室（the Office of Correctional Education）的机构，罪犯矫正教育办公室向罪犯提供职业技术教育。具体做法就是向社会购买职业技术教育课程，聘请教师，按照国家认证标准开展职业技能培训。②

第五节　刑事和解

一、刑事和解的含义

所谓刑事和解（restorative justice），就是在国家有关机构、社会参与下，促使犯罪分子向被害人悔罪，而被害人接受的活动。如果从国家或者社会的立场看，刑事和解就是为恢复被犯罪人破坏的社会秩序而采取的对抗犯罪的措施。如果从刑事和解的参与者角度看，刑事和解则是促进罪犯悔罪、从而不再犯罪的矫正形式。

刑事和解是20世纪70年代中期加拿大基于控制犯罪探索而发展起来的方法：

---

① Dick, A. J., Rich, W. & Waters, T., *Prison Vocational Education and Policy in the United States*, Palgrave Macmillan, 2016, p. 69.

② Dick, A. J., Rich, W. & Waters, T., *Prison Vocational Education and Policy in the United States*, Palgrave Macmillan, 2016, p. 71.

由被害人与犯罪分子对话,然后将结果交给法官,由法官作为量刑参考。这种做法被认为犯罪分子可以从了解被害人的需要方面受益,从而降低重新犯罪的可能性,同时促进犯罪分子回归社会,被害人也从这种方法中受益的处理犯罪的方法。这种处理犯罪的方法各方满意度都高于传统的刑事司法。① 正因如此,刑事和解已经成为世界上重要的司法文化运动,各国在不同程度上受到这种运动的影响。以新西兰为例,新西兰出台的很多刑事法律规定有刑事和解的内容。2002 年《量刑法》(Sentencing Act 2002)第 7 条规定:要使犯罪人认识到被害人的伤害,罪犯要对自己所造成的伤害负责。第 10 条规定,法院量刑要考虑下面内容:罪犯向被害人所提出的金钱或者劳动赔偿的内容;罪犯与被害人之间达成的关于补偿、损失或者损害的协议,及保证不再发生的条款;犯罪人或者犯罪人家庭对犯罪行为的反应;犯罪人或者犯罪人家庭所提出的对被害人提出的道歉及赔偿内容;犯罪人所提出的关于犯罪情境的补救性意见,如果犯罪人提出建议,或者犯罪人与被害人达成协议,法院需要延迟审判,直到赔偿付出。法院具有为双方当事人达成协议或者执行协议延迟审判的权力。

刑事和解不仅适用于刑事审判领域,而且适用于刑事执行领域。

澳大利亚学者布雷斯怀特(Braithwaite, J.)指出:丧失廉耻,是一个人越轨、犯罪的重要原因。恢复罪犯的耻辱感对于社会控制是非常必要的。罪犯具有了羞耻感,罪犯才能真正融入社会。如何恢复罪犯的羞耻感?布雷斯怀特认为:刑事和解能够帮助罪犯恢复羞耻感,刑事和解能够帮助罪犯重返社会,成为合格的公民。②由于刑事和解具有“恢复罪犯廉耻感”的功能,可以帮助罪犯重返社会,所以,刑事和解也是一种罪犯的矫正形式。有学者认为,通过恢复罪犯廉耻感而矫正罪犯,是刑罚的重要进步。③

二、刑事和解的实质

刑事和解的实质是促进罪犯向被害人悔罪。

美国学者杜夫(Duff, R. A.)曾经就刑罚惩罚性质提出下面的观点:惩罚对行为人无非一个“劝告”,一个“责难”,前者面向未来,后者面向过去。④ 现代刑罚不

---

① Zehr, H., *Changing Lenses:A New Focus for Crime and Justice*, Herald Press, 1990, p. 158 – 174.

② Hanser, B. D., *Community Corrections*, SAGE Publishing, 2010, p. 242.

③ Miethe, T. D. &Lu, H., *Punishment:A Comparative Historical perspective*, Cambridge University Press, 2005, p. 7.

④ Duff, R. A., *Punishment*, *Communication and Community*, Oxford University Press, 2001, p. 27 – 35.

仅关注法律对犯罪人的责难、法律对犯罪的报应，而且追求促进犯罪人的悔过。

英国学者瑞可斯（Rex, S.）就罪犯悔罪问题，分别向法官、职员、罪犯与被害人进行抽样调查。调查结果显示：超过半数的人认为道德的刑罚应当促使罪犯悔罪。道德的刑罚应当能够劝导罪犯悔过自新。[①] 具体调查情况见表5－2。

表5－2　刑罚的道德目标[②]　　单位：%

	法官（N＝382）	职员（N＝132）	罪犯（N＝142）	被害人（N＝105）
不同意（社会不喜欢他们的所为）	81	69	59	76
被害人被伤害	66	78	61	77
劝导（使他们明白，为什么他们做错了）	73	82	70	85
报应（使他们明白，犯罪要付出代价）	59	49	40	59
悔罪（使他们为伤害他人感到内疚）	51	58	54	65

关于"罪犯如何面对刑罚"问题，绝大多数参与调查的法官、职员、罪犯与被害人认为，罪犯应当"悔改"、"对自己的行为负责"、应当"有悔恨表现"、应当"承认自己伤害了被害人"、应当"感到羞愧"。[③] 具体调查情况见表5－3。

表5－3　罪犯应当怎样面对刑罚　　单位：%

	法官（N＝375）	职员（N＝128）	罪犯（N＝139）	被害人（N＝108）
悔改（避免再犯罪）	97	95	84	98
准备改邪归正（改变行为）	88	82	77	94
避免再被惩罚	89	80	86	86
对自己的行为负责（接受自己的罪行）	95	88	74	89

---

① Rex, S., *Punishment as Communication*, in Bottoms, A., Rex, S. & Robinson, G. eds., Alternatives to Prison: Option for an Insecure Society, Willan Publishing, 2004, p. 113－134.

② Rex, S., *Punishment as Communication*, in Bottoms, A., Rex, S. & Robinson, G. eds., Alternatives to Prison: Option for an Insecure Society, Willan Publishing, 2004, p. 113－134.

③ Rex, S., *Punishment as Communication*, in Bottoms, A., Rex, S. & Robinson, G. eds., Alternatives to Prison: Option for an Insecure Society, Willan Publishing, 2004, p. 113－134.

续表

	法官(N=375)	职员(N=128)	罪犯(N=139)	被害人(N=108)
有悔恨表现	76	65	71	76
承认自己伤害了被害人	94	87	58	93
承认自己的行为有害于社会	86	78	48	77
感到羞愧	67	45	52	73
认罪服法	83	72	65	77

由于在现代刑罚中促进罪犯悔罪具有很大的价值,从国家与社会角度看,只有犯罪分子悔罪,犯罪分子才有可能改恶从善,才有可能重新返回社会;从被害人角度说,只有犯罪分子悔罪,才有可能保证犯罪分子不再侵害他人。所以,很多国家都将"促进罪犯悔罪"这一体现刑事和解精神的内容规定在罪犯矫正的工作目标中。

在捷克,法律于1996年规定了"社区劳动刑",1998年规定了"有监督的缓刑"、"有条件撤销的监督刑"(The Conditional Waiver of Punishment with Supervision)。随着社区性刑罚的引入,国家开始建立保护观察体系,设置官员岗位。2000年捷克建立了培训机构。起初,捷克的保护观察(社区矫正)机构被纳入法院体系内,但随保护观察(社区矫正)事业的发展,2002年捷克成立了独立的社区矫正管理机构,命名为"保护观察与刑事和解局"(Probation and Meditation Service),归司法部管理。在捷克,"和解"(mediation)被定义为解决罪犯与被害人冲突的手段,而且"和解"需要得到罪犯与被害人的同意。促进罪犯悔罪,从而实现被害人与罪犯的"和解"被规定为社区矫正机构的基本任务。捷克国家社区矫正管理机构之所以被命名为"保护观察与刑事和解局",就在于突出社区矫正机构促进罪犯悔罪并与被害人和解的职能。①

在保加利亚,社区矫正的核心工作规定为:通过调查给法院提供判刑前的信息,包括犯罪嫌疑人的危险评估信息;完善社区监督的具体措施;向社区中的罪犯提供具体的、经济的、社会的、心理的帮助;尽可能地帮助检察机关适用"分流"措施——能够不起诉的,不再起诉;促进罪犯责任感的培养;促进罪犯自律心的培养;

① Von Kalmthout, A. M. & Vinding, S., *A Palette of Probation systems in European Accession Countries*, in A. M. Von, Roberts, J. & Vinding, S. eds., Probation and Probation Service in the EU Accession Countries, Wolf Legal Publishers, 2003, p. 3 – 34.

促进罪犯改变生活方式；促进罪犯融入社会；帮助罪犯做释放前的准备；对社区中的罪犯予以帮助；通过帮助罪犯的家庭进而促进罪犯重返社会；促进罪犯悔罪，促进罪犯与被害人的和解；监督保释者。[①] 促进罪犯悔罪，是保加利亚社区矫正工作的核心之一。

在苏格兰，解决罪犯承担刑事责任的方式之一就是，通过第三者的调解，罪犯向被害人道歉。[②]

在美国，很多州都规定或者要求罪犯向被害人表达悔过之心。例如，在佛蒙特州，"佛蒙特恢复性保护观察方案"（Vermont's Reparative Probation Program）中要求罪犯应当承认自己的罪行，向被害人表达悔过之意。保护观察（社区矫正）人员应当促进罪犯与被害人达成和解。[③]

三、罪犯悔罪的表现形式

罪犯悔罪的形式主要有以下几种。

（一）通过书信表达悔过

罪犯可以通过向被害人书写道歉信，向被害人表达悔过之意，争取被害人的谅解。在日本，矫正系统推行一种罪犯向被害人书写道歉信，以求被害人原谅的实践。罪犯向被害人表达悔过之意，而且作出赔偿，被害人接受了罪犯的悔过信，意味着被害人开始原谅犯罪分子。[④] 美国宾夕法尼亚州监狱也推动罪犯写信向被害人道歉的实践。[⑤]

（二）通过"会议"形式见面表达悔过

罪犯可以通过见面的形式向被害人真诚地表达悔过。

在苏格兰，罪犯通过见面的形式，向被害人表达悔过的行为，被认为是检验罪犯悔罪"成色"的途径。所以，在苏格兰，刑事和解被定义为，将被害人、犯罪分子与

---

① Von Kalmthout, A. M. & Vinding, S., *A Palette of Probation systems in European Accession Countries*, in A. M. Von, Roberts, J. & Vinding, S. eds., Probation and Probation Service in the EU Accession Countries, Wolf Legal Publishers, 2003, p. 3 – 34.

② McNil, F. & Whyte, B., *Reducing Reoffending: Social Work and Community Justice in Scotland*, Willan Publishing, 2007, p. 99 – 100.

③ Cromwell, P. F., Carmen, R. V. del & Alarid, L. F., *Community – based Corrections*, Wadsworth/Thomson Learning, 2002, p. 13.

④ Miethe, T. D. & Lu, H., Punishment: A Comparative Historical Perspective, Cambridge University Press, 2005, p. 24.

⑤ Presser, L., *The Restorative Prison*, in Cullen, F. T., Jonson, C. L. & Stohr, M. K. eds., The American Prison Imagining a Different Future, SAGE 2014, p. 19 – 29.

其他社区成员安排坐在一起围绕犯罪给被害人造成的伤害进行充分表达的过程。① 为此,苏格兰各级保护观察(社区矫正)机构设置名为"被害人联系(科)处"(Victim Contact Units,VCUs)的机构。该机构负责在罪犯与被害人之间联系,促进罪犯与被害人的见面,促成罪犯向被害人当面道歉并悔罪。

由于被害人是被犯罪侵害过的人,所以,在安排罪犯与被害人见面的活动中,首先要考虑被害人的意见。这是安排罪犯与被害人见面活动的基本原则。

在美国的新罕布什尔州,新罕布什尔州矫正局(The New Hampshire Department of Corrections)的"被害人处"(Victim Service)负责安排罪犯与被害人见面的活动。"被害人处"的重要工作目标就是降低被害人的创伤。如果被害人愿意参加罪犯的假释听证,"被害人处"予以支持与帮助;如果被害人愿意与犯罪人进行对话,"被害人处"组织罪犯与被害人对话、交流。②

在英国泰晤士瓦力保护观察(Thames Valley Probation)区,保护观察(社区矫正)局"被害人联络处"(The Victim Liaison Service)负责安排罪犯与被害人见面的活动。如果"被害人联络处"为被判决社区刑的暴力犯安排罪犯与被害人见面的活动,应当遵循下列步骤:第一步,对罪犯的适应性进行评估,看是否适合与被害人见面;第二步,征求被害人意见;第三步,向愿意参加见面会的被害人发出邀请。见面会可以在警察局、保护观察(社区矫正)局或者其他公共场所。③

(三)混合形式

所谓"混合"形式,指罪犯可以通过各种形式,包括书写信件、会议见面形式,向被害人道歉、悔罪。混合形式是刑事和解的比较可取的形式。

在英格兰与威尔士,很多保护观察区都推行促进罪犯悔罪的混合形式。例如,在西米德兰兹郡保护观察(社区矫正)区(West Midlands Probation),该保护观察(社区矫正)区从1985年在原内政部现司法部资助下开始推行刑事和解。西米德兰兹郡在各级保护观察(社区矫正)机构设置了"被害人联系(科)处"的机构,赋予"被害人联系(科)处"承担刑事和解的职责。根据要求,"被害人联系(科)处"所有的工作人员都要接受培训。"被害人联系(科)处"的基本工作内容是与被害人、罪犯联系,促进罪犯向被害人写信道歉;通过与被害人、罪犯的联系,安排被害人与罪

---

① Office for Criminal Justice Reform, *Restorative Justice: Helping to Meet Local Needs*, Office for Criminal Justice Reform, 2005, p.4.

② http://www.nh.gov/nhdoc/divisions/victim/index.html.

③ Office for Criminal Justice Reform, *Restorative Justice: Helping to Meet Local Needs*, Office for Criminal Justice Reform, 2005, p.27.

犯见面,为罪犯提供了解被害人遭到犯罪侵害后所承担的痛苦的机会,为犯罪人提供忏悔自己罪行的机会。①

(四)罪犯向被害人赔偿

犯罪分子对被害人的侵害,往往造成被害人物质上、精神上的严重伤害。国外的一项调查表明,因犯罪,被害人将出现11个方面的问题。具体情况见表5-4。②

表5-4 犯罪使被害人面临的问题

被害人被害后造成的问题	被害人面临的问题		被害人面临的比较严重的问题	
	数量	比率(%)	数量	比率(%)
身体上的伤害	470	27	240	51
财产损失	768	45	432	56
财产损害	657	39	355	54
浪费时间	835	49	389	47
收入损失	446	26	278	62
丢掉工作	39	2	35	90
社会保险被取消	13	1	9	69
精神损害	1001	57	489	49
名誉损害	251	12	110	44
家庭问题	358	25	182	51
朋友问题	215	12	83	39

我们看到,被害人面临的"身体上的伤害""财产损失""财产损害""浪费时间""精神损害"等问题比较突出。

由于"犯罪分子赔偿被害人"具有道义上的正当性,所以,一些国家和地区在立法上将"赔偿被害人"作为法律目标。例如,2003年英格兰与威尔士《刑事司法法》规定量刑的目的是:惩罚、降低犯罪(包括威慑)、改造与矫正罪犯、保护社会、赔偿被害人。赔偿被害人被列入量刑的目的。

罪犯赔偿被害人的形式有以下四种。

---

① Office for Criminal Justice Reform, *Restorative Justice: Helping to Meet Local Needs*, Office for Criminal Justice Reform, 2005, p. 26.

② McCarthy, B. R. & McCarthy Jr., B. J., *Community-based Corrections*, Brooks/Cole Publishing Company, 1991, p. 144.

1. 直接赔偿[①]

直接赔偿,就是罪犯根据法院判决或者被害人与罪犯达成的协议,直接将应当赔偿被害人的费用支付给被害人。

2. 间接赔偿[②]

间接赔偿,就是罪犯根据法院判决或者被害人与罪犯达成的协议,将应当赔偿被害人的费用上缴州或者联邦的赔偿基金,然后由州或者联邦的赔偿基金将费用赔偿给被害人。

3. 在特定设施内工作赔偿[③]

在美国,有的州建立"被害人赔偿中心"或者"矫正中心",对于因为经济能力不能履行赔偿被害人判决的罪犯,这些州通过帮助罪犯在"被害人赔偿中心"或者"矫正中心"获得就业机会,使罪犯将通过劳动获得的报酬,用于赔偿被害人。

4. 随时收取

在美国的新罕布什尔州,新罕布什尔州矫正局的"被害人处"负责的工作任务之一就是向罪犯收取被害人赔偿。[④]

四、罪犯悔罪的促进

(一)帮助罪犯了解自己的犯罪行为对被害人所造成的伤害

辨别、"翻译"人与人之间的信息非常重要。一个辨别、"翻译"人与人之间的信息比较准确的人,容易理解他人及其感受;反之,不容易理解他人。美国学者麦库闻(McCown, W.)等发现,一些犯罪人对于高兴、生气与恐惧的面部表情辨别很敏锐,但是对于悲伤、吃惊与讨厌的辨别弱于一般人。[⑤] 一些犯罪分子的这一特点决定其可能很难理解犯罪对被害人的伤害。所以,帮助罪犯了解自己的犯罪行为对被害人所造成的伤害,对于促进他们悔罪很重要。

帮助罪犯了解自己的犯罪行为对被害人所造成的伤害的做法有很多,美国的

---

① Cromwell, P. F., Carmen, R. V. del & Alarid, L. F., *Community - based Corrections*, Wadsworth/Thomson Learning, 2002, p. 15.

② Cromwell, P. F., Carmen, R. V. del & Alarid, L. F., *Community - based Corrections*, Wadsworth/Thomson Learning, 2002, p. 15.

③ Cromwell, P. F., Carmen, R. V. del & Alarid, L. F., *Community - based Corrections*, Wadsworth/Thomson Learning, 2002, p. 15.

④ http://www.nh.gov/nhdoc/divisions/victim/index.html.

⑤ McCown, W., Johnson, J. & Austin, S., *Inability of Delinquents to Recognize Facial Affects*, 1 Journal of Social Behavior and Personality 489(1986).

OASIS 的实践是其中的代表。OASIS 的全称是“犯罪人责任承担双向促进协同会”(Offender Accountability Synergistic Interactive Service)。OASIS 是一个非营利性组织。这个组织同时向犯罪人与被害人提供刑事和解的帮助,为犯罪分子提供向被害人忏悔的机会。OASIS 工作的核心是帮助犯罪分子了解自己的行为对被害人所造成的伤害。OASIS 的具体做法有以下内容。第一,与罪犯交流,组织罪犯学习,帮助罪犯了解犯罪行为对被害人的伤害。通过学习,多数人认识到自己的犯罪行为对被害人所造成的伤害。调查显示,多数学习的参加者愿意真诚悔罪:91% 的参加人认为组织有关被害人的学习活动好;83% 的人通过学习认识到他们对被害人负有罪责;87% 的人同意将他们的信息在网上公布,接受被害人与社会的责罚。第二,帮助罪犯学习表达感情、写忏悔信、学习解决冲突的技巧。①

(二)通过公众参与,帮助罪犯了解公众对犯罪的态度,促进罪犯悔罪

虽然公众对犯罪都持否定态度,但是,罪犯未必有切身感受。为帮助罪犯了解公众对犯罪的态度,各国都通过公众参与刑事和解,促进罪犯悔罪。美国学者梅德(Miethe, T. D.)等认为,社区调解群体、邻居委员会、地方支持群体、被害人与犯罪人委员会都可以在刑事和解中发挥重要作用。②

在美国的佛蒙特州,根据“佛蒙特恢复性保护观察方案”,为促进罪犯悔罪,佛蒙特州设置“社区恢复司法委员会”(Community Reparative Board)。“社区恢复司法委员会”的成员不仅有保护观察(社区矫正)机构的成员,而且包括市民。“社区恢复司法委员会”的职责是向罪犯展示犯罪行为对被害人产生的后果,帮助罪犯了解修补危害后果的渠道;帮助罪犯设计不再重新犯罪的规划。③

在苏格兰,志愿者参与刑事和解工作受到保护观察(社区矫正)机构的普遍欢迎。国家鼓励地方政府充分发挥志愿者的作用。对志愿者的培训,虽然各地方做法不同,但是很多地方都开展了培训。培训内容包括:谈话技术,咨询技术,倾听技术、接收信息,处理重复,处理侵犯等。志愿者可以在工作中得到一定补偿。在苏格兰,志愿者的重要工作之一就是促进罪犯与被害人的和解,帮助罪犯了解公众对其犯罪的看法。④

---

① Jones, J., *OASIS: A Restorative Justice Programme*, 45 Prison Service Journal 30(2003).

② Miethe, T. D. & Lu, H., Punishment: A Comparative Historical Perspective, Cambridge University Press, 2005, p. 24.

③ Cromwell, P. F., Carmen, R. V. del & Alarid, L. F., *Community - based Corrections*, Wadsworth/Thomson Learning, 2002, p. 13.

④ Koichi Hamai & Renaud Ville, *Volunteer Probation Personnel*, in Koichi Hamai et al. eds., Probation Round the World: A Comparative Study, Routledge, 1995, p. 174 - 190.

(三)帮助罪犯认识赔偿被害人的性质

从刑事和解的适用政策角度看,罪犯赔偿被害人,并非为了"以罚抵刑",而是证明其有实质性的悔罪表现。正因如此,有的国家将赔偿与社区性刑罚的适用结合在一起。

在美国,赔偿被害人主要以"赔偿令"的形式进行。[①] "赔偿令"被定义为犯罪分子向被害人赔偿的因犯罪所造成的金钱或者财产的损失。"赔偿令"与罚金、社区服务刑不同。"赔偿令"是赔偿被害人的,而罚金、社区服务刑是赔偿给社会的。"赔偿令"适用通常与保护观察刑结合使用,但是有时也与强化的保护观察刑与社区服务刑结合。[②] 根据20世纪90年代初对全美32个县被判罪犯的调查,法官所判赔偿被害人的平均数是2172美元。[③] 赔偿令与社区性刑罚的适用结合,意义在于突出赔偿被害人的悔罪性质。

第六节 罪犯矫正的其他措施

罪犯矫正项目、罪犯文化教育、罪犯职业培训、刑事和解都是实现罪犯矫正的重要措施,但是,有些措施,包括适用社区刑刑罚、构建逐步宽松化的监禁刑执行系统,尽管具有自身主要的制度上的价值,也具有罪犯矫正的重要价值。如假释,虽然是罪犯管控的措施,具有激励罪犯的价值,但是,假释更有帮助罪犯融入社会的价值。在现代西方国家,假释通常被认为是帮助罪犯融入社会的核心概念。又如开放监狱,其虽然是罪犯管控的措施,同样也是帮助罪犯融入社会的重要措施。这些措施都是围绕帮助罪犯融入社会展开的。这里我们以帮助罪犯融入社会为核心,讨论一下这些措施。

一、适用社区性刑罚

社区性刑罚包括社区刑与半监禁刑。被判社区刑的罪犯在社区服完全部刑罚,被判服半监禁刑的罪犯需要在监管设施服一部分刑罚,其余在社区服刑。无论

---

① McCarthy, B. R. & McCarthy Jr., B. J., *Community - based Corrections*, Brooks/Cole Publishing Company, 1991, p. 138.

② Cromwell, P. F., Carmen, R. V. del & Alarid, L. F., *Community - based Corrections*, Wadsworth/Thomson Learning, 2002, p. 15, 287 - 289.

③ Mays, G. L. & Winfree. Jr. L. T., *Essentials of Corrections*, Thomson Wadsworth, 2005, p. 233.

社区刑,还是半监禁刑,其价值都是在实现刑罚惩罚价值的同时,促进罪犯习得劳动技能,在社会安身立命,保持与发展家庭联系,接受社会规范,融入社会。

在英国,现在规定的社区刑直接称“社区刑(Community Orders)”。根据法律规定,法官对可以适用社区刑者都可以适用社区刑,然后附不同的禁止性或者命令条件,要求服刑人员遵守,以促进服刑人员尽快融入社会。社区刑的种类有很多,社区劳动刑是其中的一种重要刑罚。在社区刑的发展中,社区劳动刑是发展突出的社区刑,被很多国家接受并立法。根据1996年修订的《荷兰刑法典》第9条的规定,社区劳动刑被荷兰接受,并被纳入主刑。荷兰刑法规定的主刑有监禁(imprisonment)、拘禁(detention)、社区劳动刑、罚金。《俄罗斯联邦刑法典》于1996年由国家杜马通过。1996年《俄罗斯联邦刑法典》规定了强制工作刑、劳动改造刑两种刑罚。根据法律规定,强制工作刑是在工作或者学习之余完成无报酬的社会有益工作。强制工作的时间为60~240个小时。劳动改造刑是罪犯在工作地点接受的刑罚,根据《俄罗斯联邦刑法典》第50条的规定,国家需要从被判刑人的工资扣除5%~20%的收入。2002年挪威规定了社区劳动刑。①

当然,其他社区刑也在发展中。1996年《俄罗斯联邦刑法典》除了强制工作刑、劳动改造刑,还规定了限制自由刑。在俄罗斯,限制自由刑是将法院判决之前未满18周岁的人安置在专门机构监督,但是不隔离于社会的刑罚。法国于1997年规定了电子监控刑。②

二、构建逐步接近社会的监禁刑执行系统

危险管理是管控罪犯的重要管理方式。通过危险管理罪犯矫正机构可以有效管控罪犯,对高度危险罪犯实施严格管控,对低度危险罪犯实施宽松管控。然而,危险管理不仅是有效管控罪犯的措施,而且是帮助罪犯融入社会的措施,通过对罪犯实施宽松的管理,使罪犯保持与发展社会支持,学习社会生存与发展能力。英国1999年《监狱规则》第9条规定:在符合条件情况下,如重新犯罪危险低,罪犯可以离开监狱到社会企业就业;可以出狱参加培训;参加志愿者活动;可以与家庭联系;可以做释放前的准备;符合规定可以被临时释放。危险管理的机制是罪犯危险越小,管控越宽松。危险管理中,下列措施更好地体现了帮助罪犯融入社会的目的。

---

① Gerhard Ploeg & Jan-Eeik Sandlie, *Mapping Probation Future: Norway*, 58 Probation Journal 386 (2011).

② Martine Herzog-evans, *Probation in France: Some Things Old, Some things New, Some things Borrows, and Often Blue*, 58 Probation Journal 345(2011).

1. 设置低度戒备监狱或者开放监狱

低度戒备监狱或者开放监狱是现代监狱中一类管理宽松的监狱。在这类监狱中，罪犯生活基本接近“正常化”的生活，①在美国，一些最低戒备的监狱有时作为被假释的过渡住宿。②

低度戒备监狱或者开放监狱的基本功能是帮助被监禁的罪犯适应社会，并走向社会。就此而言，低度戒备监狱或者开放监狱是帮助罪犯回到社会的桥梁。

在美国，低度戒备监狱允许罪犯外出工作/劳动与外出学习。监狱允许罪犯接触式探视。③ 在英国，罪犯可以离开监狱到社会企业就业，可以出狱参加培训，等等。

2. 不断探索的适用

假释制度源于爱尔兰监狱局局长克伦福顿（Crofton, Walter）的累进处遇制度设计。1854 年克伦福顿在“分数制”基础上发展出累进处遇制度。克伦福顿的累进处遇制分为四个阶段：第一阶段，当罪犯刚进改造所时，要被关押在独居设施内 8 ~ 10 个月。这是为了让罪犯感受无聊的痛苦与劳动的快乐，罪犯进监狱的前 3 个月不让其劳动。第二阶段是“分数制”，这个阶段是所谓将罪犯命运交给罪犯。罪犯勤劳可以获得分数，如果有破坏行为或者挑衅态度则被扣分。第三阶段是克伦福顿命名的“中间监狱”，在这个阶段，警卫不带武器，没有纪律强迫罪犯。如果罪犯有不当行为，则会被降级。第四阶段是有条件释放，罪犯要到警察局登记，如果罪犯不适应社会，如失业、与坏人交往、犯罪等，将会被送回监狱。美国于 1837 年引入假释。纽约的爱尔米拉改造所开始推行假释。到 1889 年 12 个州推行了假释，1944 年 48 个州推行了假释。1931 年有美国总统胡佛（Hoover, Herbert）任命了一个有关执法的委员会，由该委员会提出假释标准化。该委员会提出好的假释的要素有：不定期刑，当其适于返回社会，有条件释放；释放前有准备；被假释官熟悉；有足够的假释官监督。④ 其他国家陆续引入假释制度。假释受到监狱长的支持。他们认为：假释

---

① Fransen, P., *The Rise of Open Prisons and the Breakthrough of the Principle of Normalisation from the 1930s Until Today*, in Smith, P. S. & Ugelvik, T. eds., Scandinavian Penal History, Culture and Prison Pracitce, Palgrave Macmillan, 2017, p. 81 - 100.

② Champion, D. J., *Corrections in the United States: A Contemporary Perspective*, Pearson Education, 2005. p. 296.

③ Ortiz, J. M., *Security Levels*, in Kerley, K. R. ed., The Encyclopedia of Corrections Volume 2, Wiley Blackwell, 2017, p. 905 - 908.

④ Schmalleger, F. & Smykla, J. O., *Corrections in the 21th Century*, McGraw Hill Education, 2015, p. 260 - 261.

可以激励罪犯,假释可以缓解监狱拥挤压力。假释也得到了立法者的支持,认为假释可以降低刑事执行成本。①

但是20世纪70年代由于“马丁逊炸弹”②的影响,美国掀起反对矫正、反对假释的浪潮。反对者认为假释被滥用。受此影响,一些州开始取消任意裁量的假释,而推动强制假释。2000年有16个州取消了任意裁量的假释,美国联邦同年取消了任意裁量的假释。这样,假释便形成了酌定的假释与强制的假释。③ 所谓强制的假释,指符合条件的罪犯在监狱内服刑一个阶段后便移转到社区服刑的制度。酌定的假释适用需要假释委员会裁决,而强制的假释不需要假释委员会裁决。美国威斯康星州的假释制度是强制假释的适例。根据1997年的威斯康星法283(Wisconsin Act 283)、2002年的威斯康星法109(Wisconsin Act 109),对符合条件的罪犯:第一,实行两阶段刑罚,即全部刑罚期 = 监禁期 + 监督期;第二,监禁不能少于一年;第三,监督期不能低于监禁刑期的25%,对犯重罪的罪犯,保护观察刑期不能少于一年,对犯轻罪的罪犯,在社区中的保护观察刑期不能少于6个月,如果罪犯的保护观察被撤销,罪犯需要在监狱内服相应期限的刑期;第四,两阶段刑期不能超过最长刑期;第五,最长监禁期不能超过两阶段刑期的75%。④

强制假释的出现,客观上使假释在监禁刑中的地位进一步提升,使假释成为更多被判监禁刑的罪犯回归社会的重要服刑阶段。

3. 推行外出学习、外出劳动、请假制度

外出学习、外出劳动、请假制度这三种制度是对被监禁的罪犯适用的制度。这三种制度的价值都是帮助罪犯融入社会。

外出学习是罪犯到监狱外参加文化教育或者技能培训。外出劳动是罪犯到监狱外寻找工作并就业。接受外出学习的罪犯可以提高其职业技能,而参加外出劳动的罪犯可以获得一定收入,有助于解决其回到社会遇到的问题,更重要的是帮助他获得稳定的职业。允许外出学习、外出劳动的罪犯是危险性小的罪犯。也就是说,外出学习、外出劳动制度是低度戒备监狱或者开放监狱推行的制度。参加外出

---

① Schmalleger, F. & Smykla, J. O., *Corrections in the 21th Century*, McGraw Hill Education, 2015, p. 262.

② 美国社会学家马丁逊通过研究发现传统的罪犯矫治虽然有投入,但无效果。由于这项研究结果引起各界震动,所以,该成果被比喻为“马丁逊炸弹”。

③ Schmalleger, F. & Smykla, J. O., *Corrections in the 21th Century*, McGraw Hill Education, 2015, p. 273.

④ Wis. Stat. § § 939. 62(2m)(c) and 973. 014(2) (2001 - 2002).

学习、外出劳动的罪犯,白天在外学习与劳动,晚上返回监禁场所。①

在美国,罪犯因为下列原因可以请假:为假释准备可以准许;寻找就业机会;参观社区居住中心(Community Residential Center)。请假假期通常很短,但是,联邦监狱局对释放前的罪犯放到社区居住中心的假期可以达到120天。②

在德国,罪犯每年可以回家21天,每次可以回家与家人或者朋友相聚1~2日。只要罪犯具有优惠待遇,无论刑期有多长,都可以获得假期。如果罪犯被判无期徒刑,罪犯在服刑10~12年以后有资格:狱内表现积极;没有严重的违纪报告,特别是涉及暴力与毒品的案件。在罪犯回家后需要社工、社区矫正官陪伴。③

三、推进帮助罪犯融入社会的矫正项目

帮助罪犯融入社会的矫正项目,如社会技能提高矫正项目、人际交往技能提高矫正项目,是罪犯矫正的重要组成部分。实际上罪犯文化教育、罪犯职业技能培训也是帮助罪犯融入社会的重要矫正项目。晚近,帮助罪犯融入的矫正项目越来越被重视。

美国2018年通过了《2018年第一步法案》。该法案要求推进矫正项目实施,其立法主旨是促进罪犯融入社会,而促进罪犯融入社会,帮助罪犯融入的矫正项目大有作为。

研究与思考

1. 如何从历史发展看罪犯矫正措施类别?
2. 如何看待罪犯参与矫正机制?
3. 如何看待罪犯矫正项目的意义及其专业要求?
4. 简述罪犯矫正需要评估的意义。
5. 罪犯矫正项目为何受到越来越高的关注?
6. 如何看待罪犯文化教育的价值?
7. 罪犯的文化教育是否应当被纳入国家教育系统?
8. 如何看待强迫罪犯劳动问题?

---

① Powell, Z. A., *Work Release Programs*, in Kerley, K. R. ed., The Encyclopedia of Corrections Volume 2, Wiley Blackwell, 2017, p. 1081 – 1084.

② Clear, T. R. & Dammer, H. R., *The Offender in the Community*, Thomson & Wadsworth, 2003, p. 355.

③ Dammer, H. R., *The Practice of Rehabilitation in German Prisons*, 24 Journal of Offender Rehabilitation 1, 6 (1996).

9. 如何看待罪犯劳动的重要性?
10. 刑事和解的合理性在哪里?
11. 如何看待罪犯外出劳动、外出学习制度?

第六章　罪犯矫正中人身与权利保障

重点提示

1. 罪犯人身与权利保障问题的提出。
2. 罪犯人身与权利保障的主要内容。
3. 了解《纳尔逊·曼德拉规则》。
4. 罪犯矫正系统对罪犯人身与权利的救济内容。
5. 法院对罪犯人身与权利的救济内容。

本章讨论罪犯的人身与基本权利保障问题的由来、主要内容、人身与基本权利救济等问题。

第一节　罪犯的人身与基本权利保障的主要内容

一、保障罪犯人身与基本权利提出的原因

罪犯人身与基本权利保障的主张是在监禁刑推进过程中因罪犯人身与权利得不到保障,甚至基本权利得不到保障的背景下而提出的。

18 世纪英国罪犯监管场所内部环境恶化到被人称为“化粪池”的程度。考德威尔对当时的英国的监管场所描述道:在这里,人们“没有隐私与规矩,人体的臭味、排泄物与恶心的酸味混在空气中,一些最肮脏的想法与行为在这里滋生。罪犯们在这里制定自己的规则,弱者与无辜者被强壮的、凶恶的人凌辱”。[①] 即使到 20 世纪中期,罪犯人身与权利,仍然得不到充分的保障。美国阿肯色州的法官 1967 年在审理杰克逊(W. K. Jackson)案件[Jackson v. Bishop(1967)]中调查到很多罪犯遭受

① Caldwell, R. G., *Criminology*, Roland Press, 1965, p. 494.

过殴打、鞭笞。

由于罪犯人身与权利不能得到保障,所以,罪犯人身与权利保障问题便被提出。

最早提出罪犯人身与权利保障的人是英国人约翰·霍华德。约翰·霍华德也因此成为世界上监狱领域的第一位人道主义者,人道主义思想的传播者与推动者。霍华德曾经考察英格兰与威尔士的监狱、欧洲的监狱,发现在监狱中罪犯生活状况非常凄惨。于是,他为改变监狱的状况奔走呼吁,提出改善罪犯的生活条件、向罪犯提供健康饮水、关注与改善罪犯的卫生、建立独立的监狱督查机构等。霍华德死后80年,"霍华德协会"在英国成立,该协会的目标就是"有效地促进罪犯的处遇改善"。1921年该组织与英国"刑罚改革协会"合并,成立了"霍华德刑罚改革协会"。加拿大后来也成立有"霍华德协会",组织目标也是促进罪犯管理人道化。

约翰·霍华德身后,越来越多的人关注罪犯人身与权利保障,如弗莱女士。1813年,美国的贵格会教徒到位于伦敦的纽盖特监狱访问。他们描述道:女犯生活在不堪入目的肮脏环境中,饮用水的卫生都得不到保障。受此刺激,弗莱女士访问了纽盖特监狱。弗莱女士看到的情形正如美国同道所描述的。弗莱女士注意到,女犯们晚上只能睡在地上。弗莱女士开始投入监狱改良运动。她不仅给女犯们送去食物、衣服,而且于1816年在监狱中为女犯的孩子们建立了学校。同时要求女犯们参加缝纫劳动,并研读《圣经》。她创办了"英国促进女犯改造妇女协会"(The British Ladies Society for the Reformation of Female Prisoners),意图通过引导公众关注罪犯生活待遇,促进改善监狱条件,给罪犯以道德的待遇。1837—1938年弗莱女士到法国,看到法国的女监由男看守看管,女犯受到男看守的骚扰或者凌辱。弗莱女士便开始谋求国际性的合作,①以从国际范围内促进刑罚人道主义,促进罪犯人权保障。

"二战"后,保障罪犯人身与权利成为国际共识。1955年在多数国家支持下联合国发起并推动了第一届联合国预防犯罪和罪犯待遇大会。这个大会根据《联合国宪章》序言和《世界人权宣言》通过了《囚犯待遇最低限度标准规则》。这一规则不仅汇聚了罪犯人身与权利保障的主张,使罪犯人身与权利保障占据了罪犯管理的道义与法律高地,而且确立了推进罪犯人身与权利保障的基本根据。

---

① Zedner, L., *Wayward Sisters: The Prison for Women*, in Morris, N. & Rothman, D. J. eds., The Oxford History of the Prison: the Practice of Punishment in Western Society, Oxford University Press, 1995, p. 329 - 360.

二、罪犯的人身与基本权利保障的主要内容

进入20世纪,由于罪犯人身与基本权利保障思想有新发展。1955年以来有关囚犯待遇的国际法逐步发展,包括《公民权利和政治权利国际公约》《经济、社会及文化权利国际公约》《禁止酷刑和其他残忍、不人道或有辱人格的待遇或处罚公约》《任择议定书》,1955年以来通过的与囚犯待遇和非监禁措施有关的联合国预防犯罪和刑事司法标准和规范,特别是切实执行《囚犯待遇最低限度标准规则》的程序、《保护所有遭受任何形式拘留或监禁的人的原则》、《囚犯待遇基本原则》、《联合国非拘禁措施最低限度标准规则》(《东京规则》)以及关于在刑事事项中采用恢复性司法方案的基本原则等,2015年联合国大会通过了新的《囚犯待遇最低限度标准规则》,即《纳尔逊·曼德拉规则》。根据《纳尔逊·曼德拉规则》,罪犯的人身与基本权利保障的主要内容如下。

1. 免受酷刑和其他残忍、不人道或有辱人格的待遇或处罚的权利。根据《纳尔逊·曼德拉规则》的规则1,"对待所有囚犯,均应尊重其作为人所固有的尊严和价值。任何囚犯均不应遭受——且所有囚犯均应得到保护以免遭受——酷刑和其他残忍、不人道或有辱人格的待遇或处罚,对此,不得援引任何情形为例外理由。任何时候都应确保囚犯、工作人员、服务提供者和探访者的安全"。根据规则43.1,"限制或纪律惩罚在任何情况下都不可发展成酷刑或其他残忍、不人道或有辱人格的待遇或处罚。以下做法特别应当禁止:(a)无限期的单独监禁;(b)长期单独监禁;(c)将囚犯关在黑暗或持续明亮的囚室中;(d)体罚或减少囚犯饮食和饮水;(e)集体处罚"。

2. 不受歧视的权利。根据《纳尔逊·曼德拉规则》的规则2.1,"本套规则应予公正执行。不应基于种族、肤色、性别、语言、宗教、政见或其他主张、国籍或社会出身、财产、出生或任何其他身份而加以歧视。应当尊重囚犯的宗教信仰和道德标准"。

3. 健康权。根据《纳尔逊·曼德拉规则》的规则12~规则35,监狱在住宿、卫生、衣服被褥、饮食、锻炼、医疗卫生等要充分考虑罪犯的人道需要。根据规则15,监狱的"卫生设备应当充足,能随时满足每一名囚犯大小便的需要,并应维持清洁和体面"。根据规则22,"监狱管理部门应当于惯常时刻,供给所有囚犯足以维持健康和体力的有营养价值的饮食,饮食应滋养丰富、烹调可口和供应及时。所有囚犯口渴时都应有饮用水可喝"。根据规则24,"为囚犯提供医疗保健是国家的责任。囚犯应享有的医疗保健标准应与在社区中能够享有的相同,并应能够免费获得必

要的医疗保健服务,不因其法律地位而受到歧视。应与普通公共卫生管理部门紧密合作安排医疗保健服务,确保持续治疗和护理,包括对艾滋病、肺结核和其他传染病以及毒瘾的持续治疗和护理”。

4. 惩罚的救济权。根据《纳尔逊·曼德拉规则》的规则41,“对囚犯违纪行为的任何指控均应立即报告主管机关,主管机关应对此进行调查,不得无故拖延。应当毫不迟延地以囚犯所懂的语言告知囚犯其所受控告的性质,并给予囚犯充分的时间和便利准备其辩护。若司法权益有要求,应准许囚犯亲自或通过法律援助为自己辩护,特别是在涉及严重纪律指控的情况下。如果囚犯不懂或不讲纪律听证会所用语言,应免费得到合格口译员的协助。囚犯应有机会寻求对自己所受的纪律惩罚进行司法审查。如果违纪行为被作为犯罪起诉,囚犯应当有权享有适用于刑事诉讼的所有正当程序保障,包括不受阻碍地获得法律顾问服务”。

5. 知情权。根据《纳尔逊·曼德拉规则》的规则54,“囚犯入狱时应立即发给书面资料,载述以下信息:(a)监狱法和适用的监狱规章;(b)囚犯的权利,包括允许以何种方式寻求资料、获得法律咨询,包括借助法律援助计划,以及提出请求或申诉的程序;(c)囚犯的义务,包括适用的纪律惩罚;(d)使囚犯能够适应监狱生活的所有其他必要事项”。

6. 与外界接触的权利。根据《纳尔逊·曼德拉规则》的规则58,“囚犯应准许在必要监督之下,通过以下方式经常同亲属和朋友联络:(a)书面通信,以及使用电信、电子、数字和其他方式的通信(如有的话);(b)接受探监。如果允许配偶探访,则应无歧视地适用这一权利,而且女囚犯应能与男囚犯平等行使这一权利。应规定程序和提供场所,以确保公正而平等地提供机会,同时适当注意安全和尊严”。

7. 宗教信仰权。根据《纳尔逊·曼德拉规则》的规则66,“在可行范围之内,囚犯应准参加监狱举行的仪式并准持有所属教派宗教戒律和教义的书籍,以满足其宗教生活的需要”。

8. 财产权。根据《纳尔逊·曼德拉规则》的规则67,“凡囚犯私有的金钱、贵重物品、衣服和其他物件按监狱规定不得自行保管时,应于入狱时由监狱妥为保管。囚犯应在清单上签名。应采取步骤保持物品完好。囚犯出狱时,这类物品、钱财应照数归还,但囚犯曾奉准使用金钱或将此财产送出监狱之外,或根据卫生理由必须销毁衣物等情形不在此限,囚犯应签收所发还的物品钱财”。

9. 不受奴役的权利。根据《纳尔逊·曼德拉规则》的规则96~规则97,“服刑囚犯应有机会工作和(或)积极参与恢复正常生活,但以医生或其他合格医疗保健专业人员断定其身心健康为限。在正常工作日,应交给足够的有用工作,使囚犯积极去做”。“监狱劳动不得具有折磨性质。不应将囚犯当作奴隶或劳役对待。不应要求囚犯为任何监狱工作人员的个人或私人利益工作。”

除了《囚犯待遇最低限度标准规则》外,国际上还有其他关于罪犯人身与权利保护的公约,如《美洲保护被剥夺自由者原则和最佳做法》《欧洲监狱规则》《关于非洲监狱条件的坎帕拉宣言》《关于良好的监狱管理方法的阿鲁沙宣言》《非洲公平审判和法律援助权的原则和指导方针》。这些公约的要求与联合国的《囚犯待遇最低限度标准规则》的要求是一致的。

第二节 罪犯人身与基本权利的救济途径

一、罪犯矫正系统对罪犯人身与权利的救济

除了落实罪犯人身与权利保障的实体法规定,很多国家设置了罪犯诉怨听证程序(grievance procedures),在罪犯矫正系统内救济罪犯的人身与基本权利。

罪犯诉怨听证程序具有以下功能:①第一,促进狱内公正与公平;第二,给抱怨的罪犯提供正当机会;第三,降低可能的起诉数量;第四,协助罪犯在矫正机构解决问题;第五,降低可能的暴力。

诉怨听证的范围包括:②涉及违法监规纪律的事项、关于矫正项目安排的事项;关于罪犯医疗问题的事项;关于罪犯个人财产的事项;关于对矫正官的检举、揭发等事项。

罪犯诉怨听证程序一般包括以下主要方面:③第一,成立听证委员会;第二,接受抱怨;第三,进行调查;第四,作出决定;第五,监狱长复议,如果罪犯不满意听证委员会决定可以提出复议;第六,罪犯矫正局委员会复议,如果不满意监狱长的决定,可以向监狱上级,如州罪犯矫正局委员会提出复议。

在美国联邦监狱系统内,如果罪犯轻微违纪,首先要进行调查。调查由监区监规纪律委员会(Unit Disciplinary Committee)进行。监区监规纪律委员会由罪犯认

---

① Schmalleger, F. & Smykla, J. O., *Corrections in the 21th Century*, McGraw Hill Education 2015, p. 360.

② Schmalleger, F. & Smykla, J. O., *Corrections in the 21th Century*, McGraw Hill Education 2015, p. 360.

③ Schmalleger, F. & Smykla, J. O., *Corrections in the 21th Century*, McGraw Hill Education 2015, p. 360.

识的官员组成，其类似基层法院。如果严重违纪，罪犯将被押入严管监区（The Restrictive Housing Unit）等待调查。调查者既可能是监区监规纪律委员会，也可能是监狱监规纪律委员会（Institution Disciplinary Committee）。监狱监规纪律委员会的主席是独立的审理官员。如果案件由监狱监规纪律委员会调查，委员会可以指定一名官员代表罪犯就证据进行讨论。如果作出惩罚决定。罪犯可以在联邦系统内上诉。第一层次是地区监狱局局长（Regional Director），第二层次是华盛顿的法律顾问（General Counsel）。①

在英国，为了防止禁闭的滥用，规定了“禁闭复议委员会”（Segregation Review Boards，SRBs）制度救济罪犯的权利。

根据《对监狱命令 1700 号确定方针的修正规定》（Amendment to Policy set out in PSO 1700）②第 1 段，政府为维护监管秩序有权根据监狱命令（Prison Service Orders）1700 号对罪犯予以禁闭。根据第 2.3 段，“禁闭复议委员会”在罪犯被禁闭后 72 小时内进行讨论，以后在不超过 14 日周期内对罪犯监禁情况进行讨论。根据第 6 段，“禁闭复议委员会”成员包括禁闭监区监禁长、具体负责官员、牧师、心理学工作者、罪犯管理部门负责人。根据第 2.14 段，罪犯也要参加“禁闭复议委员会”。根据第 2.28 段，罪犯对禁闭决定不服，可以进行诉怨。

根据《监狱工作指导》（PSI 02/2012），罪犯如果对监狱管理与矫正事项不满，可以口头向“独立监督委员会”（Independent Monitoring Board）诉怨。“独立监督委员会”是独立于监狱的机构。如果罪犯对于诉怨结果不满意，可以提出正式的书面诉怨。书面诉怨的处理由指定的官员负责。如果罪犯对于诉怨结果仍然不满意，可以提出保密诉怨（Confidential Access）。保密诉怨的处理通常由监狱长负责。

二、法院对罪犯人身与权利的救济

在美国，法院曾经长期坚持不干预监狱实务的原则（Hands - off Doctrine）不插手监狱管理的事务，但是在 1941 年这一做法改变了。③ 如果罪犯不满意监禁条件与待遇，可以向法院请求权利救济。在 Stovall v. Bennett（1979）案中法院禁止矫正

---

① Keohane, P. W., *Discipline*, in North American Association of Wardens and Superintendent eds., A View from the Trenches: A Manual for Wardens by Wardens, North American Association of Wardens and Superintendent, 2007, (part 5) p. 11 - 14.

② National Offender Management Service, *Amendment to Policy Set Out in PSO* 1700, National Offender Management Service, 2015.

③ Schmalleger, F. & Smykla, J. O., *Corrections in the* 21th *Century*, McGraw Hill Education, 2015, p. 354.

官打击罪犯行使诉怨权利。[①] 在 Ex Parte Hull(1941)案中,美国最高法院不允许任何人与机构妨碍罪犯向法院提出诉讼。在 Coffin v. Riichard(1944)案中,法院肯定罪犯具有民事权利。[②]

罪犯提起诉讼的类型,主要是两类:一类是涉及罪犯实体权利的诉讼,另一类是涉及罪犯监禁条件的诉讼。案件到达法院的通道有五个。第一,根据州人身保护令,向法院请求权利保护。第二,根据联邦人身保护令,向法院请求权利保护。这种情况需要符合一个前提,即当州的救济措施用尽。第三,根据州侵权诉讼,向法院请求权利保护。第四,根据联邦 1871 年民权法第 1983 部分(Section 1983 of the Federal Civil Rights Act of 1871)向法院请求权利保护。根据该规定,因财物损害、医疗、被殴打、宗教表达、正当程序、定罪事项可以向法院请求权利保护。第五,根据 1980 年《被监禁人民事权利法》(The Civil Rights of Institutionalized Persons Act of 1980)规定,向法院请求权利保护。这个规定是关于不平等而诉讼的规定。[③]

在美国,罪犯人身与权利救济的主要根据是宪法修正案与联邦 1871 年民权法第 1983 部分。[④]

在美国,罪犯向法院提出的诉讼类型非常多。根据美国宪法第一修正案,罪犯向法院提出诉讼包括通信权的诉讼、出版权的诉讼、言论自由权的诉讼、集会权的诉讼、信仰宗教的诉讼、探视权的诉讼。在"普里威特案"(Previtt v. Arizona EX rel. Eyman,1969)中法院判决:邮寄给法院的邮件不能干预。美国宪法第一修正案是关于言论自由、宗教自由、出版自由和集会自由的修正案。根据美国宪法第四修正案,罪犯向法院提出诉讼包括非常搜查、非常没收的案件。在 Bell v. Wolfish(1979)中,美国最高法院判决:清监不需要搜查证。在"格里芬案"(Griffin v. Wisconsin,1987)中,法院允许社区矫正官对社区矫正的罪犯无证搜查。根据美国宪法第五修正案,罪犯所提出的诉讼包括讯问、正当程序、财产权。在"匹克斯特案"(Baxter v. Palmigiano,1976)中,最高法院根据美国宪法第五修正案,认为监规惩罚听证程序不是刑事诉讼程序,但是如果罪犯被迫提供证据,在以后的刑事诉讼中将

---

① Carlson, N. A., Hess, K. M. & Orthmann, C. M. H., *Corrections in the 21 Century: a Pracitical Approach*, West/Wadsworth, 1999, p. 491.

② Carlson, N. A., Hess, K. M. & Orthmann, C. M. H., *Corrections in the 21 Century: a Pracitical Approach*, West/Wadsworth, 1999, p. 504.

③ Carlson, N. A., Hess, K. M. & Orthmann, C. M. H., *Corrections in the 21 Century: a Pracitical Approach*, West/Wadsworth, 1999, p. 505 – 506.

④ Carlson, N. A., Hess, K. M. & Orthmann, C. M. H., *Corrections in the 21 Century: a Pracitical Approach*, West/Wadsworth, 1999, p. 508.

不认定为犯罪。[1] 在"莫尔西案"(MorrIssey)中法院要求在假释撤销中适用正当程序:对罪犯作出书面说明;向罪犯出示违反假释规定的证据;进行听证,向罪犯提供人证与书证;交叉询问;由中立机构裁决,假释委员会撤销假释的出具书面文书。[2] 美国宪法第八修正案规定了免受残酷与非正常的惩罚的规定。根据第八修正案,罪犯向法院提出诉讼包括:监狱拥挤事项、单独监禁事项、体罚事项、武力使用事项、矫正的权利事项、不被矫正的权利事项、死刑事项。美国宪法第十四修正案主要是获得平等保护的修正案。根据第十四修正案,罪犯向法院提出的诉讼有:种族歧视、性别歧视、对残疾人的歧视。[3] 罪犯人权诉讼的新领域包括吸烟环境、过度武力。[4]

在罪犯起诉的案件中法院努力寻求罪犯权利保护与监狱法律职责履行的平衡。[5] 根据宪法修正案,罪犯可以与法律代理人通信,在"沃尔夫案"(Wolf v. Mcdonnell,1974)中法官判决,矫正官可以在罪犯在场的情况下检查信件,以防走私物品,但是,不能阅读或者浏览信件内容。对于非法律性的通信,可以检查。在"普鲁克涅尔案"(Procunier v. Martinez,1974)、"特纳案"(Turner v. Safley,1987)中法官肯定了监狱对罪犯非法律性信件的检查权力。[6] 虽然法官努力寻求罪犯权利保护与监狱法律职责履行的平衡,但是也难免出现有争议的判决。2012 年联邦法官沃尔夫(Wolf,M)命令马萨诸塞州罪犯矫正局向一名罪犯提供变性手术[7]便有争议。

随着罪犯起诉案件的增加,监狱中出现了"罪犯律师"。在"约翰逊案"(Johnson v. Avery,1969)中法院禁止罪犯之间彼此予以法律帮助,包括法律代理。但是 8 年后在"邦哲案"(Bounds v. Smith)中允许罪犯中懂法律的人予以"有意义"的帮助。不仅如此,大多数州监狱建立法律图书馆,允许罪犯担任"律师"。当然,一些

---

① Carlson, N. A., Hess, K. M. & Orthmann, C. M. H., *Corrections in the 21Century: a Pracitical Approach*, West/Wadsworth, 1999, p. 510 - 521.

② Carlson, N. A., Hess, K. M. & Orthmann, C. M. H., *Corrections in the 21Century: a Pracitical Approach*, West/Wadsworth, 1999, p. 309.

③ Carlson, N. A., Hess, K. M. & Orthmann, C. M. H., *Corrections in the 21Century: a Pracitical Approach*, West/Wadsworth, 1999, p. 522 - 534.

④ Carlson, N. A., Hess, K. M. & Orthmann, C. M. H., *Corrections in the 21Century: a Pracitical Approach*, West/Wadsworth, 1999, p. 313.

⑤ Carlson, N. A., Hess, K. M. & Orthmann, C. M. H., *Corrections in the 21Century: a Pracitical Approach*, West/Wadsworth, 1999, p. 364.

⑥ Belbot, B., *Prisoner Constitutional Rights and Releated Litigation*, in Blackburn, A. G., Fowler, S. K. & Pollock, J. M. eds., Prisons Today and Tomorrow, Jones and Bartlett Learning, 2014, p. 233 - 265.

⑦ Carlson, N. A., Hess, K. M. & Orthmann, C. M. H., *Corrections in the 21Century: a Pracitical Approach*, West/Wadsworth, 1999, p. 369.

州允许公共律师在监狱中代理案件。[①] 监狱诉讼业务出现并发展。

三、其他机构对罪犯人身与权利的救济

除了法院，罪犯还可以向其他机构请求人身与权利的救济。在英国，根据《监狱工作指导》，罪犯可以向“监狱与社区矫正巡查员”（Prisons and Probation Ombudsman）请求帮助。监狱与社区矫正巡查员是独立于罪犯矫正机构，但是负责监狱与社区矫正巡查工作的人员，还可以向议员、女王寻求人身与权利的救济。

研究与思考

1. 为何需要保障罪犯的人身与权利？
2. 如何看待《纳尔逊·曼德拉规则》？
3. 如何看待罪犯人身与权利的救济问题？

① Mays, G. L. & Winfree. Jr. L. T., *Essentials of Corrections*, Thomson Wadsworth, 2005, p. 306 – 307.

主要参考文献

一、中文

[1][意]龙勃罗梭:《犯罪及其原因和矫治》,吴宗宪等译,中国人民公安大学出版社2009年版。

[2]《俄罗斯刑事执行法典》,黄道秀、李国强译,中国政法大学出版社1999年版。

[3][德]马克斯·韦伯:《新教伦理与资本主义精神》,于晓等译,生活·读书·新知三联书店1987年版。

[4][美]约翰·罗尔斯:《正义论》,何怀宏、何包钢、廖申白译,中国社会科学出版社1988年版。

[5][意]恩里科·菲利:《犯罪社会学》,郭建安译,中国人民公安大学出版社1990年版。

[6][德]康德:《法的形而上学原理——权利的科学》,沈叔平译,商务印书馆1991年版。

[7][意]贝卡里亚:《论犯罪与刑罚》,黄风译,中国大百科全书出版社1993年版。

[8][英]吉米·边沁:《立法理论——刑法典原理》,孙力等译,中国人民公安大学出版社1993年版。

[9]陈兴良:《刑法哲学》,中国政法大学出版社1997年版。

[10]陈兴良:《刑法的启蒙》,法律出版社1998年版。

[11]邱兴隆:《关于惩罚的哲学——刑罚根据论》,法律出版社2000年版。

[12]王海明:《公正　平等　人道——社会治理的道德原则体系》,北京大学出版社2000年版。

[13]章恩友主编:《罪犯心理矫治技术》,中国物价出版社2002年版。

[14]狄小华:《罪犯心理矫治导论》,群众出版社2004年版。

[15][加]西莉亚·布朗奇菲尔德:《刑罚的故事》,郭建安译,法律出版社2006年版。

[16]吴宗宪:《罪犯改造论——罪犯改造的犯因性差异理论初探》,中国人民公安大

学出版社 2007 年版。

[17]司绍寒:《德国刑事执行法研究》,中国长安出版社 2010 年版。

[18]刘旭、李深、田越光:《俄罗斯联邦刑事执行制度研究——刑罚执行机关及其工作监督制度》,载《中国监狱学刊》2012 年第 2 期。

二、外文

[1] Abadinsky, H., *Probation and Parole: Corrections in the Community*, Pearson, 2018.

[2] Akers, R. L., *Social Learning and Social Structure: a General Theory of Crime and Deviance*, Northeastern University, 1998.

[3] Alexander Uss & Anna Pergataia, *Russia*, in Dirk van Zyl Smit & Frieder Dunkel eds, Imprisonment Today and Tomorrow: International Perspective on Prisoners' Rights and Prison Condition, Kluwer Law International, 2001.

[4] American Correctional Association, *Resolution the the Term "Correcitonal Officer"*, Corrections Today, 1993.

[5] Andrews, D. A. & Bonta, J., *LSI – R User's Manual*, MHS, 2001.

[6] Armstrong, J. J., *Cause of Institutional Unrest*, in Carlson, P. M. & Garrett J. S. (Eds.), Prison and Jail Administration: Practice and Theory, An Aspen Publication, 1999.

[7] Ward, D. A., *Supermaximum Facilities*, in Carlson, P. M. & Garrett J. S. eds., Prison and Jail Administration: Practice and Theory, An Aspen Publication, 1999.

[8] Arnold, H., *The Experience of Prison Officer Training*, in Bennett, E. J., Crewe, B. & Wahidin, A. (Eds.), Understanding Prison Staff. Devon: Willan Pubishing, 2008.

[9] Auerhahn, K., *Dangerousness and Incapacitation: A Predictive Evaluation of Sentencing Policy Reform in California*, NCJRS189734, 2001.

[10] Auerhhn, K., *Incapacitation*, in Kerley, K. R. ed., The Encyclopedia of Corrections, Volume 2. Hoboken: Wiley Blackwell, 2017.

[11] Austin, J. & McVey, D., *The 1989 NCCD Prison Population Forecast: The Impact of The War On Drugs*, National Council on Crime and Delinquency, 1989.

[12] Baechtold, A., *Switzerland*, in Smit, D. v. Z. & Dunkel, F. eds., Prison Labour: Salvation or Slavery? International Perspective, Ashgate, 1999.

[13] Banks, C. , *Punishement in America: A Reference Handbook*, ABC – CLIL, Lnc. ,2005.

[14] Barnes, H. E. & Teeters, N. K. , *New Horizons in Criminology*, Prentice Hall, 1959.

[15] Barnes, H. E. ,*The Story of Punishment: A Record of Man's Inhumanity to Man*, Paterson Smith, 1972, originally published in 1930.

[16] Bentham, J. ,*An Introduction to the Principles of Morals and Legislation*, Doubleday, 1961.

[17] Bercovitz, J. , Bemus, B. & Hendricks, W. S. , *Probation Case Classification & Workload Measures System for Indiana*, Indiana Judicial Center 1993.

[18] Biley, B. , Mullings, J. L. , *Classification and Correctional Programming*, in Blackburn, A. G. & Fowler, S. K. eds. , Prison Today and Tomorrow, Joycelyn M. Pollock, Jones and Bartlett Learning, 2014.

[19] Blackburn, A. G. , Fowler, S. K. & Pollock, J. M. eds. , *Prisons Today and Tomorrow*, Jones and Bartlett Learning, 2014.

[20] Bolger, M. & Bennett, J. , *Training and Developing Prison Staff, Understanding Prison Staff*, in Bennett, E. J. , Crewe, B. & Wahidin, A. eds. , Understanding Prison Staff. Devon: Willan Pubishing, 2008.

[21] Bonta, J. , Wallace – Capretta, S. & Rooney, J. , *A Quasi – Experimental Evaluation of an Intensive Rehabilitation Supervision Program*, 27 Criminal Justice and Behavior 312(2000).

[22] Borzycki, M. , *Interventionsr for Prisoners Returning to the Community: A report prepared by the Australian Institute of Criminology for the Community Safety and Justice*, Australian Government Attorney – General's Department, 2005.

[23] Bottoms, A. E. ,*Limiting Prison Use: The Experience of England and Wales*, 26 Howard Journal 177(1987).

[24] Brien, P. O, *The Prison on the Continent: Europe*, 1865—1965, in Morris, N. & Rothman, D. eds. , The Oxford History of the Prison: the Practice of Punishment in Western Society, Oxford University Press, 1995.

[25] Brownlee, I. , *Community Punishment: A Critical Introduction*, Addison Wesley Longman, 1998.

[26] Bryans, S. , *Prison Governors: Managing Prisons In a Time of Change*, Willan

Publishing, 2007.

[27] Bucklen, K. B., *Correctional Education Association's Three State Recidivism Study*, Research in Review, 2001.

[28] Bureau of Justice Statistics, *Correction Populations in the United States*, Government Printing Office, 2000.

[29] Bureau of Justice Statistics, *Dollar Comparisons Are Given in Constant Dollars*, Sourcebook of the Bureau of Justice Statistics, 1998.

[30] Caldwell, R. G., *Criminology*, Roland Press, 1965.

[31] Camp, G. M. & Camp, C. G., *The Corrections Yearbook* 1997, The Criminal Justice Institute, 1997.

[32] Carlson, N. A., Hess, K. M. & Orthmann, C. M. H., *Corrections in the* 21st *Century: A Practical Approach*, Wadsworth Publishing Company, 1999.

[33] Carter, P, *Manageing Offenders*, *Reducing Crime*: *A New Approach*, Correctional Service Review, 2003.

[34] Cavadino, M. & Dignan, J., *The Penal System*, Sage Publications, 1997.

[35] Champion, D. J., *Measuring Offender Risk*: *A Criminal Justice Sourcebook*, Greenwood Press, 1994.

[36] Champion, D. J., *Corrections in the United States*: *A Contemporary Perspective*, Pearson Education Inc., 2005.

[37] Chlup, D. T., *Chronology of Corrections Education*, 7 Focusing on Basics: Connecting Research and Practice 21 (2005).

[38] Cho, R. M. & Tyler, J. H., *Does Prison – based Adult Basic Education Improve Postrelease Outcomes for Male Prisoners in Florida*? 59 Crime & Delinquency 975 (2010).

[39] Chute, C. & Bell, M., *Crime*, *Courts and Probation*, Macmillan, 1956.

[40] Clear, T. R. & Dammer, H. R., The Offender in the Community, Wadsworth / Thomson Learning, 2003.

[41] Correctional Services Accreditation and Advice Panel, *Currently Accredited Programmes*, Ministry of Justice, 2020.

[42] Corrections Victoria, *Incentive based Regimes*, Corrections Victoria, 2014.

[43] Council of Europe, *Education in Prison*, 1990.

[44] Crank, B. R. & Marcum, C. D., Prison Gangs and Security Threat Groups, in

Hilinski - Rosick, C. M. , et al. eds. , Issues In Corrections: Research, Policy, and Future Prospects, Lexington Books, 2017.

[45] Crawley, E. & Crawley, P. , *Understanding Prison Officers: Culture, Cohesion and Conflicts*, in Bennett, E. J. , Crewe, B. & Wahidin, A. eds. , Understanding Prison Staff, Willan Pubishing, 2008.

[46] Creighton, S. & King, V. , *Prisoners and the Law*, Butterworths, 2000.

[47] Cripe, C. A. , *Inmate Disciplinary Procedures*, in Carlson, P. M. & Garrett, J. S. , Prison and Jail Administration: Practice and Theory, An Aspen Publication, 1999.

[48] Cromwell, P. F. , Carmen, R. V. del & Alarid, L. F. , *Community - based Corrections*, Wadswroth & Thomson Learning, 2002.

[49] Crow, L. , *The Treatment and Rehabilitation of Offenders*, SAGE Publications, 2001.

[50] Cullen, F. & Gilbert, K. , *Reaffirming Rehabilitation*, Anderson Publishing Co. , 1982.

[51] Cullen, F. T. & Appedgate, B. K. (Eds.), *Offender Rehabilitation: Effective Correctional Intervention*, Ashgate Publishing Company Limited, Dartmouth Publishing Company Limited, 1997.

[52] Dammer, H. R. , *The Practice of Rehabilitation in German Prisons*, 24 Journal of Offender Rehabilitation 1 (1996).

[53] Davis, L. M. , et al. *How Effective Is Correctional Education and Where Do We Go from Here? The Results of a Comprehensive Evaluation*, The RAND Corporation, 2014.

[54] Davis, L. M. & Tolbert, M. C. , *Evaluation of North Carolina's Pathways from Prison to Postsecondary Education Program*, RAND Corporation, 2019.

[55] Dea, P. O', *The Probation and Welfare Service: Its Role in Criminal Justice*, in Mahony P. O'ed. , Criminal Justice in Ireland, the Institute of Public Administration, 2002.

[56] Delisi, M. , & Conis, P. J. , *American Corrections: Theory, Research, Policy, and Practice*, Jones and Bartlett Publishers, 2010.

[57] Denney, A. S. , *Faith - Based Programs*, in Kerley, K. R. ed. , The Encyclopedia of Corrections, Volume 2, Wiley Blackwell, 2017.

[58] Department of Correctional Services, *Volume 5 Revised Procedure Manual: Supervision*, Department of Correctional Services, Republic of South Africa, 2017.

[59] Dershowitz, A. M., *Background Paper*, in Twentieth Century Task Force on Criminal Sentence, Fair and Certain Punishment, McGraw - Hill, 1976.

[60] Donald, C., *The Process of Prisonization*, in Radzinowicz, L. L. & Wolfgang, M. eds., The Criminal in Confinement, Basic Books, 1971.

[61] Duff, R. A., *Punishment, Communication and Community*, Oxford University Press, 2001.

[62] Duwe, G. & Clark, V., *The Effects of Prison - Based Educational Programming on Recidivism and Employment*, 94 The Prison Journal 454(2014).

[63] Ellison, M., et al, *Rapid Evidence Assessment of the Effectiveness of Prison Education in Reducing Recidivism and Increasing Employment*, 64 Probation Journal 108(2017).

[64] Vazquez - Cano, E., Holgueras - González, A. I. & Fombona - Cadavieco, *Studying for a University Degree in Penitentiary Centers in Spain: Challenges and Difficulties from the Internee's Perspective*, 99 The Prison Journal 593(2019).

[65] Gimenez - Salinas, E., *Spain*, in Smit, D. v. Z. & Dunkel, F. eds., Prison Labour: Salvation or Slavery? International Perspective, Ashgate, 1999.

[66] Farrall, S. & Calverlay, A., *In What Ways Does Imprisonment Impact on Processes of Desistance?* 25 Prison Service Journal 25(2006).

[67] Farrington, D. P., *Human Development and Criminal Careers*, in Caffrey, S. & Mundy, G. eds., Crime, Deviance and Society, Greenwich University Press, 1996.

[68] Federal Bureau of Prisons, *Legal Resource Guide to the Federal Bureau of Prisons*, 2019.

[69] Feeley, M. & Simon, J., *The New Penology: Notes on the Emerging Strategy of Corrections and Its Implications*, 30 Criminology 449(1992).

[70] FETL, *Leadership in Prison Education: Meeting the Challenges of the New System*, The Further Education Trust for Leadership, 2020.

[71] Fransen, P., *The Rise of Open Prisons and the Breakthrough of the Principle of Normalisation from the 1930s Until Today*, in Smith, P. S. & Ugelvik, T. eds., Scandinavian Penal History, Culture and Prison Pracitce, Palgrave Macmillan,

2017.

[72] Frieder Dunkel & Dieter Rossner, *Germany*, in Dirk van Zyl Smit & Frieder Dunkel eds, Imprisonment Today and Tomorrow: International Perspective on Prisoners' Rights and Prison Condition, Kluwer Law International, 2001.

[73] Garland, D., *Punishment and Modern Society—A Study in Social Theory*, Clarendon Press, 1990.

[74] Garland, D., *Punishment and Welfare: A history of penal strategies* Gower, 1985.

[75] Gendreau, P., Goggin, C., & Cullen, F. T., *The Effects of Prison Sentences on Recidivism*, Solicitor General Canada, 1999.

[76] Gerhard Ploeg & Jan – Eeik Sandlie, *Mapping Probation Future: Norway*, 58 Probation Journal 386(2011).

[77] Gill, H. B., *Correctional Philosophy and Architecture*, 53 Journal of Criminal Law, Criminology and Police Science 312(1962).

[78] GillyT., *France*, in van Kalmthout, A. M., Derks, J. T. M., eds., Probation and Probation Services: A European Perspective. Utrecht: Wolf Legal Publishers, 2000.

[79] Glover, E., *Probation and Re – education*, Routledge & Kegan Paul, 1956.

[80] Gratz, W., Held, A., & Pilgram, A., Austria, in Dirk van Zyl Smit & Frieder Dunkel eds, Imprisonment Today and Tomorrow: International Perspective on Prisoners' Rights and Prison Condition, Kluwer Law International, 2001.

[81] Greenwood, P. & Abrahamse, A. F., *Selective Incapacitation*, RAND. Corporation, 1982.

[82] Haag, E. van den, *Punishing Criminals: Concerning a Very Old and Painful Question*, Basic Books, 1975.

[83] Hanser, B. D., *Community Corrections*, SAGE Publishing, 2010.

[84] Hardman, P., *The Origins of Imprisonment*, 177 Prison Service Journal 16 (2008).

[85] Hardyman, P. L., Austin, J. & Peyton, J., *Prisoner Intake Systems: Assessing Needs and Classifying Prisoners*, National Institute of Corrections, 2004.

[86] Harris, L., *The Public Look at Crime and Corrections*, Joint Commission on Correctional Manpower and Training, 1968.

[87] Harris, R., *Probation Round the World – Origins and Development*, in Hamai, K. et al. eds., Probation Round the World: A Comparative Study, Routledge, 1995.

[88] Hartmut Wegener, *Germany*, in Anton M. van Kalmthout, Jack T. M. Derks eds., Probation and Probation Services: A European Perspective, Wolf Legal Publishers, 2000.

[89] Hepburn, J. R., Griffin, M. L. & Shade, T. V., *The Use of Force in Correctional Institutions*, in Carlson, P. M. & Garrett J. S. eds., Prison and Jail Administration: Practice and Theory, An Aspen Publication, 1999.

[90] Hicks, S. D., *The Corrections Yearbook*, Criminal Justice Institute Inc., 1981.

[91] Hinds, L., *Crime Control in Western Countries* 1970 – 2000, In Pratt, J., et al., eds., The New Punitiveness: Trends, Theories, Perspectives, Willan Publishing, 2005.

[92] Hinds, L., *Crime Control in Western Countries* 1970 – 2000, in Pratt, J., et al., The New Punitiveness: Trends, Theories, Perspectives, Willan Publishing, 2005.

[93] HM Prison and Probation Service, *Policy Framework Name: Incentives Policy Framework*, HM Prison and Probation Service, 2020.

[94] Hoffman, P. B., *Screening for Risk: A Revised Salient Factor Score* (*SFS*81), 11 Journal of Criminal Justice 539 (1983).

[95] Holda, Z., *Poland*, in Smit, D. v. Z. & Dunkel, F. eds., Prison Labour: Salvation or Slavery? International Perspective, Ashgate, 1999.

[96] Hollin, C. R. & Palmer, E. J, Skills Training, in C. R. Hollin ed., Handbook of Offender Assessment and Treatment, John Wiley & Sons. Ltd, 2001.

[97] Hollin, C. R., *To Treat of Not to Treat?* In C. R. Hollin ed., An Historical Perspective. Handbook of Offender Assessment and Treatment, John Wiley & Sons. Ltd., 2001.

[98] Home office, *Rebalancing the Criminal Justice System in Favour Of the Law – Abiding Majority: Cutting Crime, Reducing Reoffending and Protecting the Public*, Home Office, 2006.

[99] Jaan Sootak, Rando Antsmae & Olave Isreal, *Estonia*, in Dirk van Smit & Frieder Dunkel eds., Imprisonment Today and Tomorrow, Kluwer Law Internation, 2001.

[100] Jack T. M. Derks & Anton M. van Kalmthout, *A Palette of European Probation*

Service System, in Anton M. van Kalmthout & Jack T. M. Derks eds., Probation and Probation Services: A European Perspective, Wolf Legal Publishers, 2000.

[101] Jaman, D. R., Dickover, R. M. & Bennett, L. A., *Parole Outcome as a Function of Time Served*, 5 British Journal of Criminology 5(1972).

[102] Jenkins, H. D., *Education and Vocational Training*, in Carlson, P. M. & Garrett, J. S. eds. Prison and Jail Administration, An Aspen Publication, 1999.

[103] Johnson, B. R., *The Faith – based Prison*, in Cullen, F. T., Jonson, C. L. & Stohr, M. K., The American Prison: Imagining a Different Future, SAGE, 2014.

[104] Jones, J., *OASIS: A Restorative Justice Programme*, 145 Prison Service Journal 30(2003).

[105] Von Kalmthout, A. M. & Vinding, S., *A Palette of Probation systems in European Accession Countries*, in Von Kalmthout, A. M., Roberts, J. & Vinding, S. (Eds.), Probation and Probation Service in the EU Accession Countries, Wolf Legal Publishers, 2003.

[106] Kemshall, H., et al., *Strengthening the Multi – Agency Public Protection Arrangements*, in Home Office ed., Development and Pratice Report No. 45., Home Office, 2005.

[107] Kemshall, H., *Dangerous Offenders: Release and Resettlement*, in Hucklesby, A. & Hagley – Dickinson, L. eds., Prisoner Resettlement Policy and Practice, Willan Publishing, 2007.

[108] Keohane, P. W., *Discipline*, in North American Association of Wardens and Superintendent ed., A View from the Trenches: A Manual for Wardens by Wardens, North American Association of Wardens and Superintendent, 2007.

[109] Kerrison, E. M., *Meditation Programs*, in Kerley, K. R. ed., The Encyclopedia of Corrections 4, Wiley Blackwell, 2017.

[110] Koichi Hamai et al. *Introduction*, in Koichi Hamai, Probation Round the World: A Comparative Study, Routlegde, 1995.

[111] Koichi Hamai & Renaud Ville, *Volunteer Probation Personnel*, in Koichi Hamai, et al., eds., Probation Round the World: A Comparative Study, Routledge, 1995.

[112] Langelid, T., *The Development of Education in Norwegian Prisons*, in Smith,

P. S. & Ugeivik T. ,eds. , Scandinavian Penal History, Culture and Prison Practice,Palgrave Macmillan, 2017.

[113]Larry, G. , Mays, L. & Thormas Winfree, Jr,*Essentials of Corrections*,Thomson Wadsworth, 2005.

[114]Latessa, E. J. & Smith, P. , *Corrections in the Community*,Anderson,2007.

[115]Leinson, R. B. ,*Classification: The Cornerstone of Corrections*, in Carlson, P. M. & Garrett, J. S. , Prison and Jail Administration: Practice and Theory, An Aspen Publication, 1999.

[116]Lenka Ourednickova, Pavel Stern & Dagmar Doubravova, *The Czech Republic*, in Anton M. Von Kalmthout, Jenny Roberts & Sandra Vinding eds. , Probation and Probation Service in the EU Accession Countries, Wolf Legal Publishers, 2003.

[117]Lindsey Livingstong Runell, *Sex Offender Programs*, in Keyley, K. R. , ed. , The Encyclopedia of Corrections,Wiley Blackwell, 2017.

[118] Lipton, D. , Martinson, R. & Wilks, J. , *The Effectiveness of Correctional Treatment: A Survey of Treatment Evaluation Studies*,Praeger, 1975.

[119]Logan, C. A. , *Criminial Justice Performance Measures for Prisons*, *Performance Measures for the Criminal Justice System*, Bureau of Justice Statistics, 1993.

[120]Loney, M. , *Community Against Government*,Heeinemann, 1983.

[121]Luisa Gandini,*Italy*, in Anton M. van Kalmthout & Jack T. M. Derks eds. , Probation and Probation Services: A European Perspective,Wolf Legal Publishers, 2000.

[122]MacGuinness, P. , *Dealing with Time:Factors that Influence Prisoners to Participate in the Education Programmes*, in Reuss, D. W. A. ed. , Prison Education, Waerside Press, 2000.

[123]Mackenzie, D. L. , *Sentencing and Corrections in the 21st Century: Setting the Stage for the Future*,the U. S. Department of Justice, 2001.

[124] Management & Training Corporation Institute,*Data Spotlight:Recidivism*,Management & Training Corporation Institute, 2003.

[125]Martin, J. B. , *Break Down the Wall: American Prison - Present*, Past, and Future,Balantine Books, 1954.

[126]Martin, S., *Educational and Vocational Programs*, in Kerley, K. R. ed., The Encyclopedia of Corrections, Wiley Blackwell, 2017.

[127]Martine Herzog - evans, *Probation in France: Some Things Old, Some things New, Some things Borrows, and Often Blue*, 58 Probation Journal 345(2011).

[128]Maruna, S., Immarigeon R. & Lebel, T. P., *Exoffender Reintegration: Theory and Practice*, in Maruna, S. & Immarigeon, R. eds., After Crime and Punishment, Willam Publishing, 2004.

[129]Mays, G. L. & Wenfree, Jr. T., *Essentials of Corrections*, Thomson Wadsworth, 2005.

[130]McCarthy, B. R. & McCarthy Jr., B. J., *Community - based Corrections*, Brooks/Cole Publishing Company, 1991.

[131]McGuire, J., *Alternatives to Custodial Sentences: Effectiveness and Potential for Development, Memorandum of Evidence to the Home Affairs Committee*, Houseof Commons, UK, 1998.

[132]McGuire, J., *Integrating Finding from Research Reviews*, in McGuire, J., ed., Offender Rehabilitation and Treatment: Effective Programmes and Policies to Reduce Re - offending, John Wiley and Sons, Ltd., 2002.

[133]McKelvey, B., *American Prisons: A History of Good Intentions*, Patterson Smith, 1977.

[134]McNil, F. & Whyte, B., *Reducing Reoffending: Social Work and Community Justice in Scotland*, Willan Publishing, 2007.

[135]Menninger, K., The Crime of Punishment. New York: Penguin Books, 1966.

[136]Miethe T. D. & Lu, H., *Punishment: A Comparative Historical Perspective*, Cambridge University, 2005.

[137]Ministry of Justice, *Offender Management Statistics Quarterly Bulletin, April to June* 2011, *England and Wales*, Ministry of Justice, 2011.

[138]Moore, D. & Hannah - Moffat, K., *The Liberal Veil: Revisiting Canadian Penality*, in Pratt, J., et al., The New Punitiveness: Trends, Theories, Perspectives, Willan Publishing, 2005.

[139]Morris, N. & Tonry, M., *Between Prison and Probation: Intermediate Punishment: Toward a Rational Sentencing System*, University of Chicago Press, 1990.

[140]Morris, T., *British Criminology*: 1935 - 48, in Rock, P. ed., A History of

British Criminology, 1988, Oxford University Press.

[141] Mullen, J. & Smith, B., *American Prisons and Jails, Volume 3: Conditions and Costs of Confinement*, National Institute of Justice, 1980.

[142] Nagy, F., *Hungary*, in Smit, D. v. Z. & Dunkel, F. eds., Prison Labour: Salvation or Slavery? International Perspective, Ashgate, 1999.

[143] National Advisory Commission on Criminal Justice Standards and Goals, *Task Force Report on Corrections*, Government Printing Office, 1973.

[144] National Offender Management Service, *Amendment to Policy Set Out in PSO* 1700, National Offender Management Service, 2015.

[145] National Offender Management Service, *Incentives and Earned Privileges*, National Offender Management Service, 2017.

[146] Nellis, M., *Community Penalties in Historical Perspective*, in Bottoms, A., Gelsthorpe, L. & Rex, S. eds., Community Penalties: Change and Challenges, Willan Publishing, 2001.

[147] Newel, M. L., *A New Paradigm of Decarceration*, 150 Prison Service Journal 2 (2003).

[148] Norris, B., *Prison Bureaucracies in the United States, Mexico, India, and Honduras*, Lexington Books, 2018.

[149] Norwood, M., *Recreation Programs*, in Kerley, K. R. ed., The Encyclopedia of Corrections 4, Wiley Blackwell, 2017.

[150] Oakford, P., et al., *Investing in Futures: Economic and Fiscal Benefits of Postsecondary Education in Prison*, Georgetown Center on Poverty and Inequality and Vera Institute of Justice, 2019.

[151] Office for Criminal Justice Reform, *Restorative Justice: Helping to Meet Local Needs*, Office for Criminal Justice Reform, 2005.

[152] Office of the Inspector of Custodial Services, 2016 *Inspection of Casuarina Prison*, Office of the Inspector of Custodial Services, 2017.

[153] Ortiz, J. M., *Security Levels*, in Kerley, K. R. ed., The Encyclopedia of Corrections Volume 2, Wiley Blackwell, 2017.

[154] Ostrom, B. J., et al., *Truth in Sentencing in Virginia*, the National Institute of Justice, 2001.

[155] Parent, D., et al, *Day Reporting Centers*, National Institution, 1995.

[156] Peter, E. M., *Prison Before the Prison: The Ancient and Medieval World*, in Morris, N. & Rothman, D. eds., The Oxford History of the Prison: the Practice of Punishment in Western Society, Oxford University Press, 1995.

[157] Petersilia, J., *When Prisoners Come Home*, Oxford University Press, 2003.

[158] Pettit M. D., & Kroth, M., *Educational Services in Swedish Prisons: Successful Programs of Academic and Vocational Teaching*, 24 Criminal Justice Studies 215 (2011).

[159] Philippe Combessie *France*, in Smit, D. V. Z. & Dunkel, F. eds., Imprisonment Today and Tomorrow: International Perspective on Prisoners' Rights and Prison Condition, Kluwer Law International, 2001.

[160] Polaschek, D. L. L., *Violent Offender Programs*, in Keyley, K. R. ed., The Encyclopedia of Corrections, Wiley Blackwell, 2017.

[161] Powell, Z. A., *Work Release Programs*, in Kerley, K. R. ed., The Encyclopedia of Corrections Volume 2, Wiley Blackwell, 2017.

[162] Presser, L., *The Restorative Prison*, in Cullen, F. T., Jonson, C. L. & Stohr, M. K. eds., The American Prison Imagining a Different Future, SAGE, 2014.

[163] Raymond, W., et al., *Anger Treatment with Offenders*. in C. R. Hollin ed., Handbook of Offender Assessment and Treatment, John Wiley & Sons. Ltd., 2001.

[164] Raynor, P., *Theoretical Perspectives on Resettlement: What It Is and How It Might Work*, in Hucklesby, A. & Hagley – Dickinson, L. eds, Prisoner Resettlement Policy and Practice, Willan Publishing, 2007.

[165] Rex, S., *Punishment as Communication*, in Bottoms, A., Rex, S. & Robinson, G. eds, Alternatives to Prison: Option for an Insecure Society. Devon: Willan Publishing, 2004.

[166] Robinson, G. & Crow, L., *Offender Rehabilitation: Theory, Research and Practice*, SAGE Publications Ltd., 2009.

[167] Robinson, D. & Porporino, F., *Programming in Cognitive Skills: The Reasoning and Rehabilitation Programme*, in Hollin, C. R. ed., Handbook of Offender Assessment and Treatment, John Wiley & Sons. Ltd., 2001.

[168] Robinson, D., *The Impact of Cognitive Skills Training on Post – Release Recidivism among Canadian Federal Offenders*, Correctional Service Canada, 1995.

[169] Robinson, G. & Crow, L., *Offender Rehabilitation: Theory, Research and Practice*, *SAGE Publications Ltd.*, 2009.

[170] Ross, R. R. & Fabiano, E. A, *Time to Think: A Cognitive Model of Delinquency Prevention and Offender Rehabilitation*, Institute of Social Sciences and Arts, 1985.

[171] Rotman, E., *The Failue of Reform: United States*, 1865 – 1965, in Morris, N. & Rothman, D. eds., The Oxford History of the Prison: the Practice of Punishment in Western Society, Oxford University Press, 1995.

[172] Ryan, T. A. & McCabe, K. A., *Mandatory vs. Voluntary Prison Education and Academic Achievement*, 74 The Prison Journal 450(1994).

[173] Samaha, J., *Criminal Justice*, West Publishing Company, 1994.

[174] Sandra Winding, *Denmark*, in Kalmthout, A. M. van & Derks, J. T. M., eds., Probation and Probation Services: A European Perspective, Wolf Legal Publishers, 2000.

[175] Schmalleger, F. & Smykal, J. O., *Corrections in the 21st Century*, McGraw – Hill, 2007.

[176] Schrag, C., *Rediscovering Punitive Justice*, in B. Krisberg & J. Austin eds., The Children of Ishmael: Critical Perspectives on Juvenile Justice, Mayfield, 1978.

[177] Schuessler, K. F., *Parole Prediction: Its History and Statue*, 45 Journal of Criminal Law and Criminology 425(1955).

[178] Schwalb, S., *Prison Industries: The History and the Debate*, in Carlson, P. M. & Garrett, J. S. eds., Prison and Jail Administration: Practice and Theory, Aspen Publishers, Inc., 1999.

[179] Scottish Prison Service Learning and Skills, *Learning and Skills Strategy*, Scottish Prison Service, 2016.

[180] Shea, E., *Why Work? A study of prison labour in England, France and Germany*, Duncker & Humblot, 2007.

[181] Sim, J. *An Inconvenient Criminological Truth: Pain, Punishment and Prison Officers*, in Bennett, E. J., Crewe B., & Wahidin, A., eds., Understanding Prison Staff, Willan Pubishing, 2008.

[182] Simpson, R. M., Prison Stagnation since 1900, 26 Journal of the American Insti-

tute of Criminal Law and Criminology 870(1936).

[183] Smith, P., Goggin, C. & Gendreau, P., *The Effect of Prison Sentences and Intermediate Sanctions on Recidivism: General effects and Individual Difference, User Report*, Solicitor General, 2002.

[184] Southerland, E. H., *A Sociological Theory of Criminal Behavior*, in Cote, S. ed., Criminological Theories, Sage Publications, Inc., 2002.

[185] Spierceburd, P., *The Body and the State: Early Modern Europe*, in Morris, N. & Rothman, D. eds., The Oxford History of the Prison: the Practice of Punishment in Western Society, Oxford University Press, 1995.

[186] Steurer, S. J., et al., *The Top – Nine Reasons to Increase Correctional Education Programs*, 72 Corrections Today 40(2010).

[187] Stevens, A., *Rehabilitation*, in Kerley, K. R. ed., The Encyclopedia of Corrections, Volume 2, Wiley Blackwell, 2017.

[188] Taft, D. R., Implication of the Glueck Methodology for Criminological Research, 42 Journal of Criminal Law and Criminology 300(1951).

[189] The Campaign for College Opportunity, *The Possibility Report from Prison to College Degrees in California*, The Campaign for College Opportunity, 2021.

[190] The Council of State Governments, *The Report of the Re – Entry Policy Council: Charting of Safe and Successful Return of Prison to the Community*, The Council of State Governments, 2005.

[191] The House of Commons, *Home Affairs – First Report*, the House of Commons, 2004.

[192] The National Advisory Commission on Criminal Justice Standard and Goals, *Corrections*, U. S. Government Printing Office, 1973.

[193] The Social Exclusion Unit, *Reducing Re – offending by Ex – prisoners: Report by the Social Exclusion Unit*, the Social Exclusion Unit, 2002.

[194] Thc Stationary Officc, *A Five Year Strategy for Protecting the Public and Reducing Re – offending, Presented to Parliamentary by the Secretary of State for the Home Department, by Command of Her Majesty*, The Stationary Office, 2006.

[195] Tonry M. & Petersilia, J., *Prisons Research at the Beginning of the 21st Century*, in Tonry M. & Petersilia, J., eds., Prisons, the University of Chicago Press, 1999.

[196]U. S. Department of Justice Office of Justice Program & National Institute of Justice, *Work in American Prison: Joint Ventures with the Private Sector*, U. S. Department of Justice Office of Justice Program, 1995.

[197]UNESCO Institute for Education, *Basic Education in Prison*, UNESCO Institute for Education, 1995.

[198]Verdeyen, R. J., *Correctional Industries: Making Inmate Work Productive*, 57 Corrections Today 108(1995).

[199]Van Voorhis, P. Braswell, M. & Lester, D., *Correctional Counseling & Rehabilitation*, Anderson Publishing, 2000.

[200]Voorhis, P. V. & Salisbury, E. J., *Correctional Counseling and Rehabilitation*, Elesevier, 2014.

[201]Wakelin, R., *Reducing Reoffending: The Role Education Plays in the Netherlands and Norway*, Winston Churchill Memorial Trust, 2017.

[202]Ward, D. A., *Supermaximum Facilities*, in Carlson, P. M. & Garrett J. S. eds., Prison and Jail Administration: Practice and Theory, An Aspen Publication, 1999.

[203]Wexler, H. K., et al., *The Amity Prison TC Evaluation: Reincarceration Outecomes*, 26 Criminal Justice and Behavior 147(1999).

[204]White, J., et al., *Improving Educational Connection for Young People in Custody* (*Final Report*), Victoria University, University of Tasmania and Deakin University, 2019.

[205]Whitehead, J. T., Pollock, J. M. & Braswell, M, C., *Exploring Corrections in America*, Anderson Publishing Co., 2003.

[206]Whitehead, P. & Statham, R., *The History of Probation - Politics, Power and Cultural Change* 1876 - 2005, Shaw & Sons Limited, 2006.

[207]Wilson, J. Q., *Thinking About Crime*, Random House, 1975.

[208]Wilson, D. B., Bouffard L. A. & Mackenzie, D. L., *Quantitative Review of Structured, Group - Oriented, Cognitive - Behavioral Programs for Offenders?* 32 Criminal Justice and Behavior 172(2005).

[209]Wilson, M., Alamuddin, R. & Cooper, D., *Unbarring Access A Landscape Review of Postsecondary Education in Prison and Its Pedagogical Supports*, Ithaka S + R, 2019.

[210]Withrow, P. K., *What is a Warden?*, In Wardens, North American Association

of Wardens and Superintendent eds. , A View from the Trenches: A Manual for Wardens, North American Association of Wardens and Superintendent, 2007.

[211] Wong, K. , *Community Service*, in Kerley, K. R. ed. , the Encyclopedia of Corrctions, Wiley Blackwell, 2017.

[212] Worrall, A. & Hoy, C. , *Punishment in the Community – Managing Offenders, Making Choices*, Willian Publishing, 2005.

[213] Wright, J. D. & Rossi, P. H. , *Armed and Considered Dangerous: A Survey of Felons and Their Firearms*, Aldine de Gruyter, 1986.

[214] Wright, R. L. , *Governing: The Human Side of Personnel Management*, in Carlson, P. M. & Garrett, J. S. , eds, Prison and Jail Administration: Practice and Theory, An Aspen Publication, 1999.

[215] Wuthnow, R. , *Sharing the Journey: Support Groups and America's New Quest for Community*, The Free Press, 1994.

[216] Yuichi Kaido & Katsushiko Iguchi, *Japan*, in Smit, D. v. Z. & Dunkel, F. eds. Prison Labour: Salvation or Slavery? International Perspective, Ashgate, 1999.

[217] Zedner, L. , *Wayward Sisters: The Prison for Women*, in Morris, N. & Rothman, D. J. eds. , The Oxford History of the Prison: the Practice of Punishment in Western Society, Oxford University Press, 1995.

[218] Zehr, H. , *Changing Lenses: A New Focus for Crime and Justice*, Herald Press, 1990.

后　记

在监狱学专业的学习与研究中，了解、学习、研究乃至追踪国外罪犯矫正理论与实践的基本情况、前沿动态非常重要。这一点对于大国的专业学习与研究者是必需的。

编撰国外罪犯矫正制度教科书，其价值不言而喻，但是，我个人一直缺乏勇气。

在我看来，具有一定质量的国外罪犯矫正教科书应当满足下列要求。第一，所使用的材料具有可信性。第二，体系性编撰国外罪犯矫正制度教科书至少需要具备三个方面的充分准备：一是要充分阅读国外一手资料，以保证信息的准确性与全面性；二是在大量阅读基础上将有关材料消化吸收、融会贯通，能够鉴别主流的概念、基本知识与基本理论；三是能够选择立场，能够将具有中国价值的内容纳入课本中。虽然2003年我参加了郭建安教授主编、由周勇教授与我共同副主编、由法律出版社出版的《西方监狱制度概论》一书，并在2004年后先后赴欧、赴澳、赴美访学，但是，我还是没有做好编写教材的准备。

为了补足教材类型的不足，作为司法部唯一直属的大学，也是开设监狱学专业的中央司法警官学院拟编写有关教材，并安排我编写国外罪犯矫正制度教材。我本能地想逃避，但是"国家留学基金管理委员会"毕竟两度支持我出国研究国外监狱制度，拒绝显然不合适，我便接受了工作安排。本书便是初步的成果。

由于能力有限，所阅读的资料仍有不足，加之时间不够充分，所以，本教材难免不尽如人意，还望读者谅解，并给予改正的机会。

本教材在写作中得到中央司法警官学院章恩友教授、王雪峰教授、任莉桃教授等的有力支持，监狱学学院2018级心理矫治班杨楚玥、马琳智、冯奕璇三位同学参加了我组织的"外国监狱制度深度学习组"并给予了我帮助，在此一并表达致谢！

翟中东于中央司法警官学院

后　记

[illegible]